西安交通大学本科"十三五"规划教材

新媒体营销与策划

XINMEITI YINGXIAO YU CEHUA

主编 刘 斌 任天浩

西安交通大学出版社
国家一级出版社
全国百佳图书出版单位

图书在版编目(CIP)数据

新媒体营销与策划/刘斌,任天浩主编.—西安:西安交通大学出版社,2020.12(2022.8 重印)
ISBN 978-7-5693-1978-1

Ⅰ.①新… Ⅱ.①刘… ②任… Ⅲ.①网络营销-高等学校-教材 Ⅳ.①F713.365.2

中国版本图书馆 CIP 数据核字(2020)第 250007 号

书　　名	新媒体营销与策划
主　　编	刘　斌　任天浩
责任编辑	柳　晨
责任校对	魏　萍
出版发行	西安交通大学出版社 (西安市兴庆南路 1 号　邮政编码 710048)
网　　址	http://www.xjtupress.com
电　　话	(029)82668357　82667874(市场营销中心) (029)82668315(总编办)
传　　真	(029)82668280
印　　刷	西安明瑞印务有限公司
开　　本	787 mm×1092 mm　1/16　印张 12.25　字数 303 千字
版次印次	2020 年 12 月第 1 版　2022 年 8 月第 2 次印刷
书　　号	ISBN 978-7-5693-1978-1
定　　价	45.00 元

如发现印装质量问题,请与本社市场营销中心联系、调换。
订购热线:(029)82665248　(029)82667874
投稿热线:(029)82668133
读者信箱:xj_rwjg@126.com

版权所有　侵权必究

"自带干粮"补上新媒体的课

无界新媒体创始合伙人、执行主编张凤安在一篇题为《想象,比什么都重要》的序文中这样写道:"关于新媒体的未来在哪里,深深困扰着我们这一代自嘲是最后一批坚守的传统媒体人。我们深知要奔跑在新媒体大道上,但环顾四周,既没有出现一代战略性的大师,也没有一位新媒体领袖脱颖而出,指引我们去预见新媒体的未来。这是一种遗憾,也是一种失落,更是一颗火种。"

李晓晔在《新媒体时代》中指出:"新媒体当然不仅限于微信公众号,就如我们对新媒体的思考不限于操作案例本身一样。你把阿里巴巴、京东掰碎了,也未必造出一个新的来。——新媒体时代的商业世界,在没有大师和领袖的时代,我们只能自带干粮自学。"

把这两段话放在序言前端,是一种态度。

我曾经就是一个传统媒体人,干过报纸、电台记者、编辑8年之后,在高校教授新闻采写课程16年。殊不知,时代、环境、媒体行业等,一切皆在改变,让我深刻明白《易经》乃中国十三经之首的道理。

当新媒体这匹黑马冲撞出来的时候,我没想过我会因为工作调动,从中央财经大学文化传媒学院调到西安交通大学新闻与新媒体学院;我没想到我会承担起我从来没学过、教过的"新媒体营销与策划"这门课程。当我被带入新媒体营销、运营、策划这些崭新的领域,多少有些措手不及和惶惶不安。

怎么办?只有"自带干粮",边看、边学、边思索、边汇集、边教学、边总结。

这对我是挑战,亦是机遇。

2018年下半年,我第一次上这门新课,上得真是好辛苦,备课量大大超出想象。但奇怪的是,经过一学期的历练,我不再惶恐,而是乐在其中。我常喃喃着:新媒体呀,我来了。我来看你,我来学习你。

我主动向学生们承认,我是"小白",但我愿尽最大努力与同学们一起成长。

我愿放开课堂,充分利用互联网思维进行资源整合,大家互动学习,翻转课堂,共同担当。我说,以前在"新闻采访与写作"课堂上,我教大家如何成为有专业素养的新闻记者;现在上"新媒体营销与策划"课,我希望大家成为有新闻专业背景、有人文关怀、尊重生命、灵活应对、能挣钱的新媒体产品营销经理。

记得有一句电影台词大概是这样的:出来混,都是要还的。

对于新媒体,我欠着债,亦是要还的:我来还我对它的认知,还我对它学习的态度与过程。因为,我曾与它擦肩,不怎么看或几乎不用网络媒体近20年之久。

1999年,我在中国人民大学新闻学院读研究生的时候,当时还在人大新闻学院的彭兰老师上课讲的就是网络新媒体。当时的新媒体就在我身边鲜活着、怒放着,而我却固守传统媒体思维,对这"第四媒体"(网络新媒体)不理不睬。因为我不感兴趣,说白了,我就是懒得改变自己,所以只留下了一个新浪免费邮箱(彭兰老师上新媒体课,手把手教我们建立起人生第一个免费邮箱)孤零零地作为纪念。

2017年上半年,我被西安交通大学新闻与新媒体学院公派到清华大学新闻传播学院专门学习彭兰老师教授的新媒体传播课程。再一次听彭兰老师讲"新媒体新闻传播实务"课的时候,第四媒体已被移动互联网代替,此时的新媒体已被称为"第五媒体";此时的彭兰老师已从人大调到清华,我又一次成为学生坐在第一排座位时,已是49岁。好在这次我的态度端正、诚恳,倍加珍惜这来之不易的学习机会。

那半年,我每次上课的笔记都是密密麻麻的,我知道我是来补课的,我是来还我20年来欠下的关于新媒体的学习债。我还得艰难却高兴,因为我认真了。这次,我主动揽它衣袖,端详复端详。我开始改变自己,我变得包容了许多、开放了许多。我在移动互联网的大海边驻足,涉水,不深,但却是有温度的触碰,弥足珍贵。

所以,2017年在清华进修的半年时间里,我主动回归母校——中国人民大学新闻学院,旁听了宋建武教授的"媒体融合技术"课、方洁老师的"数据新闻基础"和"新媒体报道与运营实务"课;所以,2018年、2019年我主动去杭州、厦门、北京等地,多次参加"新媒体运营""小屏变现"等一系列业务培训活动;所以,我请来有新媒体营销策划经验、长期在一线工作的朋友刘星、雷浩、邹雪等,让他们向学生们面授业内"真经";所以,我利用互联网众包思维来启发学生们的智慧,分组讨论相关话题、形成论文,除了课堂展示成果之外,精彩之处悉入这本教材。

难忘西安交通大学新闻与新媒体学院第一批网络新闻专业的本科生——新

媒体61班全体同学,他们是我这门"新媒体营销与策划"课程的第一批学生,也是我教学相长的合作伙伴。

感谢我的研究生同学刘星,我俩当时在人大住一个宿舍,她是积极学习、运用、实践新媒体者,从事新媒体工作15年,经验丰富。除了给我的课堂开讲座外,她还气吞山河般把四万字有关新媒体运营的资料给了我,我悦纳,汲取营养,编入本教材。

唯有感恩!感恩前面所提到的所有人对我的帮助、支持!

曾任《21世纪经济报道》《第一财经日报》记者的李晓晔,是野马财经新媒体平台创始人。她在主编的《新媒体时代》一书的序言中提道:"这个世界的进步是由懒人推动的!各种互联网移动端的革命用于解决用户的关键,归根结底是在便捷性上下功夫。"[1]

愿我这个懒了20年的新媒体新人编著的教材,能抓住"便捷性"这个关键,能让看过、用过本教材的人受益,用得上。

虽然由于疫情,教材出版耽搁多时,但是,我知道,我欠新媒体的这个债已还,我已脱胎;我对"新媒体营销与策划"课的彷徨期、苦恼期已过;我紧张不宁的心绪已开解,我在成长与收获中笑迎新媒体61班之后的学生们——以这本教材。

我的责任编辑柳晨为我编辑这部教材时,正值她孕育新生命的当口,她殚精竭虑,付出辛勤劳动。现在,她的孩子已平安落地,茁壮成长。我亦以这部教材为新生儿祝福,也为我们经历过的所有过往祝福;同时,我真诚地祝愿所有的生命健康、有用地活着,能更好地实现自己的价值并服务他人!

刘斌修改于2020年春季疫情网课期间

---

[1] 李晓晔.新媒体时代[M].北京:中国发展出版社,2015:1-2.

目 录

第一章 新媒体概论 (1)
- 第一节 新媒体概念 (1)
- 第二节 新媒体生成的条件 (4)
- 第三节 新媒体的主要特征 (10)
- 第四节 新媒体的四大功能 (13)
- 第五节 新媒体传播的特色 (18)
- 本章思考题 (21)

第二章 新媒体的技术支撑 (22)
- 第一节 新媒体内容相关技术 (22)
- 第二节 新媒体渠道融合技术 (28)
- 第三节 新媒体平台融合技术 (31)
- 第四节 新媒体营销融合技术 (32)
- 第五节 新媒体管理融合技术 (34)
- 本章思考题 (36)

第三章 新媒体用户研究 (37)
- 第一节 新媒体用户 (37)
- 第二节 用户智慧与众包、众筹 (40)
- 第三节 新媒体理论 (44)
- 本章思考题 (47)

第四章 新媒体营销模式 (48)

- 第一节 病毒式营销 (48)
- 第二节 整合营销 (55)
- 第三节 UGC营销 (60)
- 第四节 品牌营销 (65)
- 第五节 其他新媒体营销模式 (68)
- 本章思考题 (75)

第五章 新媒体内容营销与策划 (77)

- 第一节 守正创新全媒体内容传播 (77)
- 第二节 新媒体内容营销与策划 (81)
- 第三节 短视频内容营销 (83)
- 第四节 爆款短视频策划 (89)
- 本章思考题 (93)

第六章 新媒体广告营销与策划 (94)

- 第一节 新媒体广告营销的生态环境 (94)
- 第二节 新媒体广告的特点及形式 (98)
- 第三节 互联网思维下的新媒体广告营销 (100)
- 第四节 新媒体广告营销类型 (105)
- 第五节 新媒体广告营销策划要点 (107)
- 本章思考题 (110)

第七章 互联网四大基础运营 (111)

- 第一节 内容运营 (111)
- 第二节 活动运营 (114)
- 第三节 用户运营 (122)
- 第四节 渠道运营 (129)
- 本章思考题 (136)

第八章 移动互联网运营 (137)

- 第一节 微博运营 (137)
- 第二节 微信公众号运营 (142)

第三节　微信群运营……………………………………………………（149）
第四节　头条号、小程序及短视频运营………………………………（154）
本章思考题…………………………………………………………………（157）

第九章　新媒体营销变现途径……………………………………………（159）
第一节　软文广告与平台补贴……………………………………………（159）
第二节　"IP＋品牌"携手变现……………………………………………（162）
第三节　"内容＋电商"携手变现…………………………………………（167）
第四节　事件传播带来变现………………………………………………（169）
本章思考题…………………………………………………………………（172）

第十章　新媒体监管与危机公关…………………………………………（173）
第一节　新媒体的网络监管………………………………………………（173）
第二节　新媒体危机公关…………………………………………………（177）
本章思考题…………………………………………………………………（182）

参考文献………………………………………………………………………（183）

第一章

新媒体概论

第一节 新媒体概念

笔者认为,在提到新媒体概念时,有必要先介绍一下被称为"传播学大师"的加拿大人马歇尔·麦克卢汉最闻名的观点:媒介即讯息,媒介是人的延伸。他50多年前所预言的像"数字化生存""信息高速公路""网络世界""虚拟世界""电脑空间""全球一体"等内容,如今一一兑现。我们都成为这位20世纪传播学先驱者所构想的"地球村"中的村民了。

一、媒介即讯息

麦克卢汉的"媒介即讯息"这一观点,说的是媒介改变了人类认知世界、感受世界和以行为影响世界的方式。泛媒体的概念由他提出,即任何使人和事物之间产生联系的都是媒介[1]。

麦克卢汉把人类所有技术进步与工具发展都视为媒介的成长。具体解释为:衣服是皮肤的延伸,石斧是手的延伸,车轮是脚的延伸,电话是声音和耳朵的延伸,印刷品是眼睛的延伸,广播是耳朵的延伸,电视是耳朵和眼睛的同时延伸,电子技术则是人类整个中枢神经系统的延伸……

要定义现在的新媒体概念,麦克卢汉的观点绝不能被绕过。

在《理解媒介:论人的延伸》一书的序言中,麦克卢汉写道:"我们正在迅速逼近人类延伸的最后一个阶段——从技术上模拟意识的阶段。在这个阶段,创造性的认识过程将会在群体中和在总体上得到延伸,并进入人类社会的一切领域,正像我们的感觉器官和神经系统凭借各种媒介而得以延伸一样。"[2]

1980年,麦克卢汉去世后不久,他与同事合著的《地球村》一书出版。

本教材以此为开端,向马歇尔·麦克卢汉致敬!

---

[1] 吴华清.麦克卢汉的视角:读《理解媒介》随感[J].新闻前哨,2005(1):75-76.
[2] 麦克卢汉.理解媒介:论人的延伸[M].何道宽,译.北京:译林出版社,2019:4.

二、媒介与人和社会的关系

人和社会与媒介密不可分。

如今,人们熟练操作与开拓着各种新兴的技术,却也日益被其控制而深陷其中。那么,媒介、人和社会的关系应该是什么样子呢?

以人为本是媒介传播的基础。媒介与人的关系应该是相互的:一方面,人们日常通过媒介获取大量的信息;另一方面,媒介人必须要有良好的素质,选择性地进行媒介活动。媒介不仅如麦克卢汉所言是人的延伸,更应该是人精神的延伸。而媒介与社会更是友好的关系。媒介借助了社会发展提供的技术,反馈给社会获取信息及连接万物的便利,双方能够互利互惠,从而让"人"获得更大的利益。

三、新媒体的出现

新媒体总是相对于旧媒体而言的。"新媒体"(new media)一词最早提出的具体时间,学界有不同的看法。主流观点倾向于新媒体概念正式现世于1967年,即由美国哥伦比亚广播电视公司(CBS)技术研究所所长、NTSC电视制式的发明者P.戈尔德马克首创。"新媒体"见于他当年发表的一份关于开发EVR(电子录像)商品的计划书。

1969年,美国传播政策总统特别委员会主席E.罗斯托在向尼克松总统提交的"罗斯托报告"中也曾多处提到"新媒体"概念。从此,"新媒体"一词开始在美国风行,并影响了全世界[①]。

新与旧长久以来都是相对存在的,新媒体亦然。正如吴信训在《世界传播新潮》中所言:"从传播史的角度来看,新媒介与旧媒介也可以说是世事沧桑必然的推陈出新的相对概念。"[②]它与传统媒体相对应,并且不断发展变化。

从媒体发展历史看,媒体也叫媒介,是人类生存、生产、生活过程中不可避免的产物。

人类传播媒介首先是口头传播媒介;之后文字出现,造纸术、印刷术相继问世,报纸、杂志大放光彩,纸媒成为主宰;随着广播、电视技术的发展,广电媒体后来居上。1998年5月,在联合国新闻委员会年会上,互联网正式作为"第四媒体"被提出,也叫网络媒体。之后,基于新的移动互联网技术支撑体系而出现的复杂多样的媒体形态,被称为"第五媒体",即新媒体。

新媒体相对于四大传统媒体而言,是新兴的、新鲜的、新型的媒体。它的出现使得传统的信息传递过程发生了翻天覆地的改变。传统媒体的传播过程主要是发现信息源,通过媒介传播信息,再由受众接收到信息。而新媒体改变了这三方依次传递的顺序,或者说改变了三方功能的定位。以"两微"(微博、微信)的出现为例,它们让广大的受众变成了潜在的信息源,从而实现了"受众"对"受众"的传播;而搜索引擎的发展,则实现了受众直接接收信息,省略了通过媒介采集和发布信息的过程[③]。

[①] 廖祥忠.何为新媒体?[J].现代传播(中国传媒大学学报),2008(5):121-125.
[②] 吴信训.世界传播新潮[M].成都:四川人民出版社,1994:29.
[③] 陈小莉.论新媒体编辑的基本素养[J].科学咨询(科技·管理),2013(11):47-48.

四、新媒体的定义

中国传媒大学教授黄升民指出:"构成新媒体的基本要素是基于网络和数字技术所构筑的三个无限,即需求无限、传输无限和生产无限。"[1]这是基于社会关系层面的理解。

清华大学教授熊澄宇认为:"新媒体是一个不断变化的概念,在今天网络基础上又有延伸,无线移动的问题,还有出现其他新的媒体形态,跟计算机相关的,这都可以说是新媒体。"[2]

上海大学影视艺术技术学院教授吴信训:"新媒介是以全新的技术实现既往未有的传播功能,或对既存媒介在传统技术与功能上实现了某种质的超越的媒介。"[3]

中国传媒大学电视与新闻学院教授宫承波表示,门户网站、搜索引擎、虚拟社区、电子邮件、网络文学、网络游戏都属于新媒体[4]。

而美国《连线》杂志定义新媒体为"所有人对所有人的传播"[5]。

也有人认为,新媒体构成的基本要素一定要有别于传统媒体。否则不过是在原来传统媒体基础上的变形或改进提高[6]。

另外,因为其近乎零费用的信息发布,受众多为免费接收,新媒体对传统媒体的新闻产品制作成本也发出了挑战[7]。

凡·克劳思贝(Vin Crosbie)是格林尼治一家数字媒体发行咨询公司的合伙人,同时兼任锡拉丘兹大学新媒体方面的客座教授。克劳思贝不仅是一位资深的出版人,而且也是一位对新媒体有很多研究的专家。

克劳思贝将互动性、个性化等特征作为判定新媒体的标准,他认为,新媒体融合了人际媒体(interpersonal medium)和大众媒体(mass medium)而成为人类的第三种媒体形态[8]。

在 What is "New Media"? 一文中,他进一步解释,新媒体发扬了人际媒体和大众媒体的优点:完全个性化的信息可以同时送达无数的人;每个参与者(不论是出版者、传播者,还是受众)对内容拥有对等的和相互的控制。同时,新媒体又免除了人际媒体和大众媒体附加的缺点:当传播者想与每个接收者个性化地交流独特的信息时,不再受一次只能针对一人的限制;当传播者想同时与大众交流时,能针对每个接收者提供个性化的内容[9]。

克劳思贝明确指出了技术的发展对于新媒体的重要意义,如果没有数字化等新兴科技,新媒体完全不可能存在。

基于以上诸位专家学者的定义,本教材认为,第五媒体——新媒体是一种建立在数字、网络、通信、人工智能等诸多新技术基础上,迅速兴起的一种新的媒介。这种新媒体离不开移动

---

[1] 刘帅.当代新媒体发展关键问题初步讨论[J].科技风,2009(15):261,265.
[2] 冯锐,金婧.论新媒体时代的泛在传播特征[J].新闻界,2007(4):27-28.
[3] 吴信训.世界传媒产业评论(第1辑)[M].北京:中国国际广播出版社,2008:6.
[4] 匡文波."新媒体"概念辨析[J].国际新闻界,2008(06):66-69.
[5] 同[4]。
[6] 周进.新媒体之我见[J].广播电视研究,2005(3/4).
[7] 张毓强.新媒体:威胁还是机遇[J].中国记者,2005(8):32-33.
[8] 王东熙.论新媒体之"新":从传播模式角度谈新媒体的分类和定义[J].东南传播,2009(5):25-27.
[9] Crosbie. What is "New Media"? [EB/OL]. (2006-04-27)[2020-09-20]. http://rebuilding-media.corante.com/archives/2006/04/27/what_is_new_me-dia.php.

互联网与智能手机的发展与普及;呈现出一种新的人际关系、圈层传播特色;这种新媒体没有时间、空间的限制,拓展了人们社交的时间与范围;这种新媒体只要是在线状态,新闻单位、媒介公司或是网民,都可以随时随地进行信息编辑、发布、观看,传者与受者两者互动反馈及时,参与者广,传播的内容丰富多彩。这种新媒体并没有消灭传统媒体,大众传统媒体与新媒体的融合形式多样并存,蓬勃发展。

第二节 新媒体生成的条件

新媒体生成的条件总体说来,共有以下六个方面的内容:一是互联网的出现;二是让互联网诞生的那些人及其理论;三是TCP/IP协议(人类至今共同遵循的网络传输控制协议);四是互动终端介质的形成及成熟使用(智能手机、家庭大屏等成为新媒体的载体);五是网民与移动互联网用户规模的扩大;六是新媒体技术的发展与应用。下面分别进行阐述。

一、互联网的出现

关于互联网的名称,中国社会科学院新闻与传播研究所副研究员闵大洪于2001年发表的《全球化时代中文网络的价值》一文中解释:"因特网,即Internet,全国科学技术名词审定委员会于1997年7月18日确定公布。此前在大陆曾被译作'国际互联网络'而广泛使用,实际上今天'因特网''互联网'在大陆处于混用状态。台港澳及海外则将'Internet'译为'网际网路'。"[①]

(一)互联网的诞生

1957年10月4日,苏联成功发射了世界上第一颗人造地球卫星。10月8日,时任美国总统艾森豪威尔发表讲话,提出美国"必须给科学技术和教育以优先权",并成立高等研究计划局,即现在的美国国防部高级研究计划局(ARPA),立项"阿帕"计划。

1965年,鲍勃·泰勒(Bob Taylor)担任该局信息处理技术处处长。当时的计算机非常昂贵,而且每台计算机都使用不同的系统。他第一个萌发了新型计算机网络试验的设想,并筹集到资金启动试验,即互联网的前身——阿帕网(ARPANet)[②]。

最开始的阿帕网由国防部提供经费,到了20世纪80年代,其资金来源变成美国国家科学基金会,之后美国人把阿帕网改名为互联网,沿用至今。

(二)中国互联网的早期应用、构建

1994年以前可称为中国互联网的史前阶段。由于互联网初期的技术门槛较高,资源极为紧缺,因此仅有少数科技工作者、科研技术人员使用互联网,使用的范围被限制在科学研究、学术交流等较窄领域。中国全功能接入互联网前对其最早的应用,可以上溯到1986年中国第一

---

① 闵大洪.全球化时代中文网络的价值[J].新闻与传播研究,2001(1):34.
② 方兴东,王俊秀.鲍勃·泰勒:数字时代的精神领袖[J].软件工程师,2008(Z1):15-19.

封电子邮件的发出。

1. 第一封电子邮件

北京的高能物理所,创立了中国第一套国际电子邮件系统。1986年8月25日,瑞士日内瓦时间4点11分24秒,即北京时间11点11分24秒,中国科学院高能物理研究所的吴为民在北京710所的一台IBM-PC机上,通过卫星连接,向位于日内瓦的斯坦伯格发出了中国第一封国际电子邮件(见图1-1)[①]。

```
#13        25-AUG-1986 04:11:24                           NEWMAIL
From:    VXCRNA::SHUQIN
To:      STEINBERGER
Subj:    link

dear jack,i am very glad to send this letter to you via computing link which
i think is first succsful link test between cern and china.i would like
to thank you again for your visit which leads this valuable test to be success.
now i think each collaborators amoung aleph callaboration have computing link wh
ich
is very important.ofcause we still have problems to use this link effectively
for analizing dst of aleph in being. and need to find budget in addition,but mos
t
important thing is to get start.at the moment,we use the ibm-pc in 710 institute
to connect to you,later we will try to use the microwave communicated equipment
which we have used for linking m160h before,to link to you dirrectly
from our institute.
lease send my best regards to all of our colleagues and best wishes to you.cynt
hia
and your family.
by the way,how about the carpet you bought in shanghai?
weimin
```

图1-1 吴为民向瑞士的斯坦伯格教授发出的中国第一封电子邮件原件

2. 我国第一个电子邮件节点

1987年9月,我国王运丰教授和李澄炯博士等人在合作伙伴德国卡尔斯鲁厄大学理工学院维纳·措恩教授带领的科研小组的帮助下,于北京计算机技术及应用研究所建成了一个电子邮件节点。随后,在1987年9月20日于北京向德国成功发出了一封电子邮件,邮件内容为:"Across the Great Wall,we can reach every corner in the world."[②](越过长城,走向世界)由此揭开了我国互联网应用的序幕。

3. IHEP网和NCFC网

第一个电子邮件节点建成之后,中国快速步入了计算机网络时代。

IHEP网,即中国科学院高能物理所(Institute of High Energy Physics)网络,初步建成于1988年,是中国最早建立的高性能计算机网络,当年便实现了与欧洲核子研究中心的计算机网络的连接。1991年3月,为满足国际合作的需要,建立了与美国斯坦福直线加速器中心(SLAC)计算机网络的连接。1994年4月,IHEP成为中国首家进入国际计算机互联网络(Internet)的机构[③]。

NCFC,即北京"中关村地区教育与科研示范网"(The National Computing and Networking Facility of China),是国内第一个示范网络。中国科学院在1990年4月由国家科委正式

---

① 吴为民.中国第一封电子邮件[J].现代物理知识,2009,21(3):57-61.
② 邓冠文.中国互联网宽带技术的历史与发展方向[J].中国新技术新产品,2011(9):26-27.
③ 闵大洪.中国步入计算机网络时代[J].新闻与传播研究,1996(1):22-29.

立项,并利用于1989年8月26日通过论证的国家计委组织的世界银行贷款,在北京中关村地区开始建立国内规模最大的全光缆计算机网络。它包括一个主干网和中国科学院、北京大学、清华大学3个院校网,总投资7000万元人民币。1994年4月正式接连互联网[①]。

(三)中国全功能接入互联网

1994年初,正值中美双边科技联合会议召开之际,时任中科院副院长胡启恒专程赴美拜访主管互联网的美国自然科学基金会,重申了加入互联网的要求。4月20日,中国实现了与国际互联网的全功能连接,翻开中国互联网发展史首页[②]。

1994年是中国互联网初始年,而很多业界人士会称1994年出生的人是互联网原住民。

二、让互联网诞生的那些人及其理论

(一)万尼瓦尔·布什

科学家万尼瓦尔·布什曾参与第一颗原子弹和第一台电子计算机的研发。早在1945年,他在《诚如所思》(As we may think)一文中提出了微缩摄影技术和麦克斯储存器(memex)的概念,即记忆延伸,展望了关于信息检索、搜索引擎和网络通信的前景[③]。他提出的诸多理论预测了二战后计算机的发展,许多后来的计算机领域先驱都是受到这篇文章的启发,后来的鼠标、超文本等计算机技术的创造都是基于这篇具有理论时代意义的论文。

(二)利克里德

美国国防部高级研究计划局的传奇人物、阿帕信息处理技术处的第一任处长、心理学家利克里德,被称作互联网思想的奠基者。他在1960年发表了著名论文《人机共生》,预言人们通过计算机的交流将变得比人与人面对面交流更为有效[④]。

(三)保罗·巴伦

1964年,波兰裔美国工程师保罗·巴伦(Paul Baran)发表了有关通信系统的学术论文,题目是《分布式通信网络》(On Distributed Communication Network),文章中提出了很多关于计算机联网的可能性和实现途径的独创设想,也就是"网"这个概念的来源[⑤]。数年之后,他的天才构想成为ARPANet的理论基础,最终催生出现代意义上的互联网。

(四)罗伯特·卡恩和温顿·瑟夫

罗伯特·卡恩和温顿·瑟夫因共同设计了TCP/IP协议和互联网数据传输基础架构而被共同称为"互联网之父"。

---

① 闵大洪.中国步入计算机网络时代[J].新闻与传播研究,1996(1):22-29.
② 吴晓芳,姜奇平,张明.昨天篇:互联网的中国之路[J].世界知识,2011(11):14-17.
③ 王知津,王金花.布什的memex构想对后世的影响[J].图书与情报,2008(5):13-17+40.
④ 魏宁.信息技术教材中的科学史探秘之六:互联网是如何发明的[J].中国信息技术教育,2008(11):38-40.
⑤ 吴鹤龄.Internet诞生记(上)[J].中国计算机用户,1997(29):14-15.

罗伯特·卡恩在20世纪80年代首创了"National Information Infrastructure"(NII)这个广泛传播的名字,即"信息高速公路"。

温顿·瑟夫帮助设计了数据包如何在网络上移动,是互联网领域的巨人,是谷歌公司副总裁兼首席互联网专家,也是谷歌公司里唯一打领带的人。

2004年,罗伯特·卡恩和温顿·瑟夫因在互联网协议方面所取得的杰出成就而荣膺美国计算机协会颁发的图灵奖,即计算机界的诺贝尔奖。

(五)克兰罗克

计算机科学家、美国加州大学洛杉矶分校特聘教授克兰罗克,是互联网"信息包交换"理论的重要贡献者。

1969年10月29日晚上10点30分,克兰罗克在位于加利福尼亚大学洛杉矶分校的一个房间,准备通过网络向身在500多公里外的斯坦福研究所的研究员比尔·杜瓦传递一个简单的单词"LOGIN",这次标志着网络技术诞生的试验,事实上只传递了两个字母"L"和"O",因为在敲出第三个字母"G"时,传输网络系统突然崩溃了!"LO"成为互联网历史上第一条传输的信息(当然在系统修复后,LOGIN这个单词最终被完整地传输了)。

(六)蒂姆·伯纳斯·李

万维网的发明者蒂姆·伯纳斯·李创制了HTTP(超文本传输协议)和HTML(超文本标记语言)。1990年12月25日,他在日内瓦的欧洲核子研究组织开发出了世界上第一个网页浏览器。

我们每次键入网址时出现的"http"及相关协议就是蒂姆·伯纳斯·李贡献的超文本浏览器,而"www"就是他命名的万维网(World Wide Web)。正是蒂姆·伯纳斯·李发明的万维网,使得早期局限于专业人士用复杂代码进行专业领域研究的互联网真正走向普通大众的世界[①]。同时他放弃了万维网的专利申请,无偿贡献自己的发明。

2012年伦敦奥运会开幕式,蒂姆·伯纳斯·李坐在一台NEXT电脑前,在Twitter上发布消息"This is for everyone."(献给每一个人),体育馆内的灯光随即显示出巨型文字。

三、TCP/IP协议

在互联网早期发展阶段,不同的国家、不同的领域、一个国家内不同的地区都有各自的局域网、科研网、校园网等,如何突破各自限制将这些网络连接在一起,需要一个规范的电子设备和数据传输的共同标准。

TCP/IP协议定义了电子设备如何连入因特网,以及数据如何在它们之间传输的标准,是国际性互联网的基础。

TCP/IP是一个协议族的统称,里面包括了IP协议、ICMP协议、TCP协议等。网络中的计算机都采用这套协议族进行互联。IP地址使得使用者在全球互联网中,可以联系到任何一台想要联系到的计算机,让不同的网络在一起工作,让不同网络上的不同计算机一起工作。

---

① 洪颖.互联网+:"你"的时代[J].华北国土资源,2016(1):4-6.

四、互动终端介质的形成及成熟使用

互联网媒体,特别是移动互联网与智能手机密切协作,直接促进了新媒体的产生与发展。新媒体一定是互联网与技术媒体融合的一个互动终端介质,比如电脑、手机等。

下面主要讲讲手机,特别是智能手机的出现与普及。

(一)手机的发明

20世纪20年代,首先出现了步话机、对讲机等。20世纪40年代中期到60年代初期,移动通信开始从专用移动网向公用移动网过渡,无线电话开始进入人们的视线。

手机的发明者是美国人马丁·库帕。在他的不断努力下,无线电话体积越来越小,到了1987年,无线电话的体积像一块砖头大,这就是所谓的"大哥大"。从那以后,无线电话的发展越来越迅速。1991年,无线电话通常的重量为250克左右。1996年秋,摩托罗拉公司的无线电话重量已减少到100克,真正意义的手机诞生了。

(二)智能手机的出现与普及

智能手机(smart phone)是掌上电脑(pocket PC)演变而来的。最早的掌上电脑并不具备手机通话功能,但是随着用户对于掌上电脑个人信息处理功能的依赖加深,又不习惯于随时都携带手机和掌上电脑两个设备,所以厂商将掌上电脑的系统移植到手机中,才出现了智能手机这个概念。

智能手机比传统手机具有更多的综合性处理功能。

梨视频研究院院长任大刚认为,"现在的智能手机,名为手机,但已经不再是当初通信工具的概念,而是集10年前的PC、移动电话、固定电话、导航仪、短信、QQ、MSN、照相机、摄像机、游戏机、报纸、杂志、图书馆、收音机、电视机、碟片、软硬盘、影碟机、影院、计算器、钱包、自动取款机、小卖铺、大卖场等于一身的智能终端。手机,已经是一种生活方式,是人类身体和智能延伸出来的新型人造器官。在这个器官上,大众传播的一切形态都被囊括其中,而且每一个器官都是一个传播平台。"[①]

2019年6月12日,被称为"互联网女皇"、美国KPCB风险投资公司知名分析师玛丽·米克尔发布2019年互联网趋势报告,这是她第24年公布互联网报告。报告显示,2018年互联网用户达到38亿人。随着全球智能手机用户增长,移动端设备的重要性凸显。报告以美国为例指出,2019年美国人每天在移动端时间达到226分钟,首次超过电视端。2018年全球有50亿的移动电话用户,其中智能手机用户约为15亿,相比2017年增加了4亿用户。另外,智能手机的持有量增长迅速。移动流量继续迅猛增长,占整个互联网流量的15%。

报告最后一部分,对中国宏观趋势做了分析,给出了长期稳健的评价。报告指出,2018年中国移动互联网用户达到18亿,同比增长9%;中国互联网数据流量同比增长189%。从2017年4月到2019年4月,中国短视频App日均使用时长从不到1亿小时,增长到6亿小时。

---

① 任大刚.极致传播时代,梨视频如何保持定力赢得发展?[J].新闻战线,2018(21):102.

由此可见,智能手机在我国发展迅速。

五、网民与移动互联网用户规模的扩大

2018年1月31日,中国互联网络信息中心在京发布第41次《中国互联网络发展状况统计报告》(以下简称为《报告》)。

《报告》显示:截至2017年12月,我国网民规模达7.72亿,普及率达到55.8%,超过全球平均水平(51.7%)4.1个百分点,超过亚洲平均水平(46.7%)9.1个百分点。我国网民规模继续保持平稳增长,互联网模式不断创新、线上线下服务融合加速以及公共服务线上化步伐加快,成为网民规模增长的推动力。

截至2017年12月,我国手机网民规模达7.53亿,网民中使用手机上网人群的占比由2016年的95.1%提升至97.5%;与此同时,使用电视上网的网民比例也提高3.2个百分点,达28.2%;台式电脑、笔记本电脑、平板电脑的使用率均出现下降,手机不断挤占其他个人上网设备的使用。以手机为中心的智能设备,成为"万物互联"的基础,车联网、智能家电促进"住行"体验升级,构筑个性化、智能化应用场景。

我国移动支付用户规模持续扩大,用户使用习惯进一步巩固,网民在线下消费使用手机网上支付比例由2016年底的50.3%提升至65.5%,线下支付加速向农村地区网民渗透,农村地区网民使用线下支付的比例已由2016年底的31.7%提升至47.1%;我国购买互联网理财产品的网民规模达到1.29亿,同比增长30.2%,货币基金在线理财规模保持高速增长,同时,P2P行业政策密集出台与强监管举措推动着行业走向规范化发展。

这些数字给我们什么样的启示?

那就是舆论场就在我们每个人的手机里,新媒体发展方兴未艾,前途光明。

六、新媒体技术的发展与应用

人类社会的重大变化总是伴随着重大技术的诞生。

随着连接不同计算机的技术、分布式通信理论、TCP/IP协议、分组连接等各类理论技术的相继出现,世界范围内的网络登录开始了。与此同时,通信技术、电信技术、数字技术、物流技术、芯片技术等日渐成熟,传感器、云计算的飞速发展让万物相连和无处不在的智能化更为普遍,计算机、互联网与生物技术的结合正呈现出人机共同进化的可能。物联网、人工智能的新媒体时代正向我们走来。

我们确实进入了一个史无前例的阶段,我们从以物质为基础的社会、以黄金为基础的社会进入了以能源为基础的社会,进入了以信息为基础的社会。我们将进入从未见过的未来,而我们也才开始应对这样的转型。——英国牛津大学互联网研究所教授卢恰诺·弗洛里迪

与其说互联网是一场技术革命,不如说是一场社会革命。——《连线》杂志高级制作人、《长尾理论》作者克里斯·安德森

第三节 新媒体的主要特征

随着互联网的高速发展,新媒体时代已经到来,也有人称之为"后网络传播时代"。新媒体利用数字、网络、移动技术,通过多种网络渠道,在智能手机、电脑、家庭大屏幕等终端向用户提供信息和娱乐服务,成为人们生活、工作、学习不可分割的一部分。

一、新媒体的本质特征是连接

阳光文化集团首席执行官吴征认为,"相对于旧媒体,新媒体的第一个特点是它的消解力量——消解传统媒体(电视、广播、报纸、网络)之间的边界,消解国家与国家之间、社群之间、产业之间的边界,消解信息发送者与接收者之间的边界,等等。"[①]

本教材理解吴征的看法,他认为新媒体的第一特点是消解,其实就是另一个层次的融合与连接。新媒体时代边界消解恰恰反映的是万物相连,人人在网,事事物物都在连接之中。因此,本教材认为,新媒体最主要的特征就是连接。

世界的连接方式已经进入以互联网为主要的连接手段的时代。围绕着互联网所开展的新连接,从连接的方式方法到连接的层次都发生了本质的变化。

(一)信息交换的对象变化

之前的连接主要是指人与人之间的信息交换,现在还包括人与机器、机器与机器(物与物,物联网)之间的信息交换。

(二)信息交换的内容变化

之前是以公共信息为主的内容交换,现在还包括个人信息的交换和沟通,以及各类实用、服务类信息,信息交换的内容丰富起来。

基于互联网的连接方式已成为主要的连接方式,主流媒体必须适应这样的需要,必须建立基于互联网的广泛连接。无论是媒体以"内容为王"去吸引用户,还是以"渠道为王"到达用户,本质上来说,内容和渠道都是实现连接的工具。

整个社会的信息沟通方式发生变革,我们正逐步进入平台型(平台化)媒体时代,即我们所说的新"平媒"时代。

二、平台连接是新媒体时代的特点

媒体搭建平台取其多功能的聚合连接之意,意味着媒体发展从单一向多方位、多专业、多维度发展。

2017年2月19日,正值习近平总书记在党的新闻舆论工作座谈会上发表重要讲话一周

---

① 廖祥忠.何为新媒体?[J].现代传播(中国传媒大学学报),2008(5):121-125.

年之际。在这一天,人民日报社、新华通讯社、中央电视台纷纷亮出媒体融合成绩单:搭建移动互联网平台,争做"移动直播"成为三大媒体一致的关键词。中央媒体在坚守价值观的同时,开始更加突出地运用产品思维和用户思维,通过产品功能的设计,打造服务平台的基石,降低内容生产与分发的门槛,从而保证后续整个机制的高效运转。

在这种跨平台的分发和连接里面,先进的技术、新的应用形态、新的用户使用习惯和用户注意力的聚焦,毫无疑问都应该是我们关注的重点。

为什么从2017年开始,我国三大央媒都开始建立移动直播平台?

在哪个现场很重要!

移动互联网提供了人人直播事件、人人上传视频、人人公布内幕的机会,人人都可以在现场播发新闻、评论新闻。要想做现场报道,媒体的专业记者再多也不够用,媒体的专业记者不够用,采写的稿件就有限。面对移动互联网发展迅速、智能手机的普及,人人是记者、人人是麦克风、人人是通讯社的时代变革,大众传统媒体自然不甘落伍,要占领更多的途径获取一手数据。

2015年,天津滨海新区爆炸事故最早的新闻图片、视频均不是专业记者采制,是在现场的网友上传至互联网的。

现在的人多用手机上网,所以主流媒体必须抓住移动互联网和智能手机这个阵地,开设移动直播平台。传统媒体就是大型的自媒体,只强调内容不强调连接是不行的,越来越多的用户在使用移动客户端。

抓住现场,就抓住了消息来源,即使现场没有人在,也有监控镜头、卫星数据,事后都可以找到原始数据,所以,各主流传统媒体都发力网络直播平台,新媒体呈现平台化趋势。

三、新媒体较传统大众媒体的优势

新媒体较传统大众媒体突出一个"强"字。

(一)强互动性

新媒体区别于传统媒体最突出的特点就是具有强互动性,相较于传统媒体单向的传播方式,新媒体时代的用户具有更多的主动权,能够最大限度地参与信息的制作、发布、反馈等各个过程,实现有效互动。

(二)强娱乐性

随着技术的不断进步,全民娱乐、全民参与得到了高速发展,在此基础上,通过游戏、网络电视平台等进行的营销活动被更多的人所接受和认可。

新媒体时代下企业品牌运营可以通过结合游戏、网络电视剧的内容特点,植入相应的具有趣味性、娱乐性内容和形式的广告。

(三)强精准性

在新媒体时代,如何最大限度地挖掘用户需求,占领市场份额,开展能够广受关注的营销活动,是品牌营销策略最重要的课题。作为企业,必须了解广大群众之所想、所需、所关注,才有机会在激烈的市场竞争中脱颖而出。因此,只有精准对接受众,才能获得最佳的品牌运营效果。

四、新媒体的主要特征

新媒体的本质特征是连接化向平台化发展;其技术特征是数字化;传播特征则是互动化。由此来分析新媒体的主要特征,主要包含以下五个方面内容。

(一)新媒体传播呈现内容和技术的完美结合

2018年"双十一",优酷的"猫晚"与东方卫视、浙江卫视跨平台携手,海内外同步直播,共覆盖了2.4亿用户,晚会收视率破2,电视市场占有率18%,双双位居第一。

阿里文娱集团大优酷事业群总编辑张丽娜详细介绍了技术如何赋能内容创作,"整个直播过程,优酷采用了智能编解码技术,把bits分配到最能产生价值的地方,以此保证在同等画面质量下为用户节省更大带宽。比如对演员、舞蹈动作等主体做高保真编码,对人眼容易忽略的部分,如背景、观众席等不重要的细节信息做弱化处理。"①

在优酷的平台上,这样完美融合的案例正在优化一切内容生产环节。利用"鱼脑"技术,可以完成剧本、演员、投资人的筛选,极大减少投资的风险和偏差。完美利用机器"智能生产",日均视频产量增长100余倍,可用率达到90%。

2018年的世界杯上,优酷全网独家50帧/秒的球赛直播,辅以1080p窄带高清转码,提供独一无二的沉浸式看球体验,在法国和乌拉圭对决赛上,3分钟即自动生成了进球短视频,这些都是技术和内容完美结合的直观体现。

(二)新媒体信息呈现方式是多媒体组合

多媒体组合,即文字报道、图片、数据可视化、音频、短视频等融合在一起,呈现满汉全席式表达,这种多媒体形式充分考虑到用户需求,任由用户选择点击进入,实现阅读、分享、评论等二次或多次传播。

(三)新媒体具有全天候和全覆盖的特征

泽传媒CEO杜泽壮在2018年11月28日举办的网络视听数据论坛中谈到,新媒体传播从数量和时效两大方面,都颠覆了传统媒体的传播量级。譬如前几年斯坦·李去世的话题,在网络上阅读量达到了14.3亿次。这样的传播量级,在传统媒体时代是很难想象的。于是在这样的情境下,不少传统媒体开始发力移动端,将"第一时间"转化为新媒体的"零时差"。

杜泽壮提到的新媒体"零时差"的说法即本教材所提的全天候、全覆盖特征。

杜泽壮还首次提出"回音壁"的概念,"网络化的浪潮产生了海量数据,这为媒体'回音壁'的职能提供了无数可能。"

杜泽壮说,媒体不光是"采编播",而是"采编播传收",其中"收"显得尤为重要。因为这样

---

① 李思垣. 未来媒体什么样? 他们用"移动"与"数据"画了个像[EB]. (2018-11-29)[2019-04-07]. 人民日报客户端.

可以实现为用户画像,知道用户是谁、在哪里,在此基础上能够满足用户需求,知道他们需要、关注、喜欢什么,最终可以完成对用户的引导,普及常识,传递正能量。

(四)新媒体智能化发展成为趋势

新媒体智能化是2018年传统媒体融合发展中的关键词。

新华社副社长刘思扬撰文提出,新媒体智能化发展要实现"三大实力",即智能化基础设施的硬实力、"数据+算法"的软实力和人机协作的巧实力。

"所谓硬实力,核心是计算能力。要构建一个基于GPU+CPU(图形处理器+中央处理器)混合云服务的智能化技术平台,支撑智能应用的大规模矩阵计算和高性能计算,支撑对全量数据的采集、存储、加工和处理。

"所谓软实力,核心是数据和算法。要调整优化数据结构,构建新型智能数据库,做到互通互用;还要将主流价值取向导入机器算法,建立精品内容池,逐步形成以主流价值取向为主、价值与兴趣并重的新型主流算法。

"所谓巧实力,核心是人机协作。要以智能技术重塑采编流程,将数据录入、处理、产出有效连接,贯通策划、采集、编辑、发布、供稿、反馈等新闻生产链条;同时,优化组织结构,打造统一、高效、协同的智能化采编运行架构。"[①]

(五)未来媒体正在到来

"随着新一代信息技术进步和媒体融合进程的不断深化,未来媒体时代正在到来。"这是国家广播电视总局发展研究中心主任祝燕南,2018年11月28日在网络视听数据论坛上做出的分析。

祝燕南指出,未来媒体正在到来。一是移动创新、智能创新、场景创新将成为视听媒体未来的创新热点;二是区块链、5G、无界面交互等技术将带来未来媒体发展新思路、新空间、新交互。

第四节 新媒体的四大功能

新媒体的四大功能分别是社会的传感器、生成与汇聚数据、病毒式传播和有痕记录。下面进行具体分析。

一、社会的传感器

美国著名报人普利策曾说:"倘若一个国家是一条航行在大海上的船,新闻记者就是船头的瞭望者。他要在一望无际的海面上观察一切,审视海上的不测风云和浅滩暗礁,及时发出警报。他所考虑的并不是自己的薪水,也不是他的船长的利益。他在那里是为了看护信任他的

---

① 刘思扬.变革:数字化社会的媒体智能化发展[J].中国记者,2018(10):32-33.

人民的安全和利益。"①

普利策所说的新闻记者瞭望者功能在新媒体时代依然存在,且视野更广阔、立体了,瞭望者变成了传感器。社会方方面面存在的各种摄像头就是新闻材料的原始聚焦库,警察办案要调动、查找的就是摄像监控汇集记录的大量的原始数据。它们是新媒体传感功能所在。

2018年10月28日,重庆万州区一辆公交车与一辆小轿车在万州区长江二桥相撞后,公交车坠入江中,致使15名驾乘人员落水遇难。究竟是什么原因造成此恶性事故?

让我们仔细阅读一下记者就此事件发表的新闻报道,题目是《重庆万州公交车坠江原因公布:乘客与司机激烈争执互殴致车辆失控》(来源:《人民日报》,发表时间:2018-11-02)。

内容节选如下:

公安机关先后调取监控录像2300余小时、行车记录仪录像220余个片段,排查事发前后过往车辆160余车次,调查走访现场目击证人、现场周边车辆驾乘人员、涉事车辆先期下车乘客、公交公司相关人员及涉事人员关系人132人。10月31日凌晨0时50分,潜水人员将车载行车记录仪及SD卡打捞出水后,公安机关多次模拟试验,对SD卡数据成功恢复,提取到事发前车辆内部监控视频。

公安机关对22路公交车行进路线的36个站点进行全面排查,通过走访事发前两站(南山岔路口站、回澜塔站)下车的4名乘客,均证实当时车内有一名中等身材、着浅蓝色牛仔衣的女乘客,因错过下车地点与驾驶员发生争吵。经进一步调查,该女乘客系刘某(48岁,万州区人)。综合前期调查走访情况,与提取到的车辆内部视频监控相互印证,还原事发当时情况。

10月28日凌晨5时1分,公交公司早班车驾驶员冉某(男,42岁,万州区人)离家上班,5时50分驾驶22路公交车在起始站万达广场发车,沿22路公交车路线正常行驶。事发时系冉某第3趟发车。9时35分,乘客刘某在龙都广场四季花城站上车,其目的地为壹号家居馆站。由于道路维修改道,22路公交车不再行经壹号家居馆站。当车行至南滨公园站时,驾驶员冉某提醒到壹号家居馆的乘客在此站下车,刘某未下车。当车继续行驶途中,刘某发现车辆已过自己的目的地站,要求下车,但该处无公交车站,驾驶员冉某未停车。10时3分32秒,刘某从座位起身走到正在驾驶的冉某右侧,靠在冉某旁边的扶手立柱上指责冉某,冉某多次转头与刘某解释、争吵,双方争执逐步升级,并相互攻击性语言。10时8分49秒,当车行驶至万州长江二桥距南桥头348米处时,刘某右手持手机击向冉某头部右侧,10时8分50秒,冉某右手放开方向盘还击,侧身挥拳击中刘某颈部。随后,刘某再次用手机击打冉某肩部,冉某用右手格挡并抓住刘某右上臂。10时8分51秒,冉某收回右手并用右手往左侧急打方向(车辆时速为51公里),导致车辆失控向左偏离越过中心实线,与对向正常行驶的红色小轿车(车辆时速为58公里)相撞后,冲上路沿、撞断护栏坠入江中②。

清华大学新闻传播学院彭兰教授在朋友圈对此做了如下的评论:"如果没有公交上的监控视频,可能司机是我们唯一的关注焦点。现在视频告诉了我们真相。作为传感器的一种,各种空间里的摄像头,给我们查证新闻提供了一种新可能,虽然时不时地,某些摄像头会'坏掉'。"

---

① 曹茸.浅析普利策新闻奖的价值取向[J].新闻传播,2003(12):36-38.
② 重庆万州公交车坠江原因公布:乘客与司机激烈争执互殴致车辆失控[EB/OL].(2018-11-02)[2019-09-30]. http://cq.people.com.cn/n2/2018/1102/c365401-32235920.html.

二、生成与汇聚数据

大数据(big data, mega data)或称巨量资料,是指以多元形式,自许多来源搜集而来的庞大数据组,往往具有实时性。这些数据可能得自社交网络、电子商务网站、顾客来访记录,还有许多其他来源。

2016年11月8日,特朗普通过其竞选阵营发出了题为"最后的号召"的邮件。在这一邮件中,特朗普说:"还记得民调曾说我们只有1%的胜算和媒体说我们永远赢不了初选的时候吗?今晚我们将有机会证明他们再一次是错误的。今晚,将是我们书写美国政治历史上最伟大的大逆袭章节的机会。"特朗普大选成功了。

为什么美国传统媒体与社交媒体对特朗普当选的民调结果不同?关键之处应该是这一点:传统媒体对民意调查的报道是信息发布,而facebook等社交媒体对特朗普将胜出的判断则是根据原始数据发布。

信息和数据是不同的:信息是结构化了的数据,有可伪性;数据,尤其是大数据,原始化、本真化、规模大,可解读的方面全而且客观,所以如果媒体不能作为数据的总汇,还仍只是信息的总汇时总是有欠缺的,不能本真地表达事物的原貌。如果传统媒体还不能及时更新、升级内容的获取方式,被社交媒体冲击是必然的。

获取大数据是关键!

现在的新媒体要有强大的数据生成能力和强大的数据汇聚能力,媒体要从信息总汇变成数据总汇才能成为新媒体。而在新闻行业的新平台面前,完善数据与人的关系尤为重要。

四川广播电视台副台长王红芯在2018年11月28日网络视听数据论坛上发言,她认为,数据不是遮天之手,更不是障目之叶。应用数据能够帮助人做判断,更引发了智能化时代对于人类位置的思索。新媒体人要心中有"数"、目中有"人"[1]。

同时,在人才培养的过程中,把数据思维融入教育教学也至关重要。

中国传媒大学新闻传播学部部长高晓虹认为学习数据新闻应有三个要点:"第一是要学会引用数据,要用得对、用得准、用得精、用得巧。第二是要做好数据的比较,让数据在表达中'会说话',而不是冰冷的罗列。第三就是对接前沿的需求,开展数据研究。"[2]

因此,高校新闻与新媒体教育中,一定要提升学生的数据素养,教会学生研究和分析数据,以提高他们挖掘数据、选择数据和应用数据的能力。

三、病毒式传播

(一)病毒式传播的含义

病毒式传播又名"精神病毒",也可称之为信息裂变、核爆。英文写作"virality",是指不是

---

[1] 网络视听大会首办网络视听数据论坛:用"移动"与"数据"为未来媒体画像[EB/OL]. (2018-11-30)[2019-09-30]. http://news.cctv.com/2018/11/30/ARTIIdQYAYDVs86cllXfYJug181130.shtml.

[2] 李思垣.未来媒体什么样?他们用"移动"与"数据"画了个像[EB].人民日报客户端,(2018-11-29)[2019-04-10].

通过公众媒体或者其他一些主流新闻媒体传播的事物。通常用来形容普通人发布的、很快流行起来的东西。通过个人传播的过程称为"结构性病毒式传播"(structural virality)。

病毒式传播是网络传播方式的一种。举个简单的例子：将你想要传播的东西发到网上，别人看了觉得不错，就会分享，与分享人有关的人看到了会再次分享，这样信息到达的受众就会呈指数增长，与病毒分裂方式相似。

病毒式传播的概念源自病毒式营销，"在传播学中病毒式传播的名称由生物学导入，因病毒式传播模式与生物病毒的感染、扩散机制类似而得名。"[①]它是一种与人际传播、口碑传播相结合，巧借传播平台、发掘受众潜力的高效率传播战术，也是人们自发行为的表达和文化热潮，早期并没有明显的功利目的。

(二)病毒式传播方式

1. 天生自发传播

这是最基础且原始的一种病毒式传播类别。如果产品具有较高用户好感度或良好的品质，用户会自然自发地转变为"传播者"，在经过一段时间的口碑效应传播后，会呈现爆炸性的增长。

2. 协同传播

协同传播指当用户与其他人共同使用新媒体时，将获得比单独使用时更多的价值，广义上亦指用社会化分工和合作的方法，互动连接沟通多方面信息与渠道，更广泛地生成复杂多效的信息网来传递信息。

新媒体病毒式传播重视线上线下协同宣传，重视新兴社交媒体、自媒体、传统大众媒体联手，协同打造全媒体平台。多媒体内容传播、广告品牌创意传播、营销软文传播等，就是在进行协同传播。

3. 沟通效应传播

沟通效应传播在微博、微信等社交媒体中经常出现，通常以微信朋友圈分享及微信好友一对一或现实生活中实际沟通等相对私人的沟通方式进行传播。这种传播更容易发生在具有私密关系、相互信任、相互关注的熟人群体中，由熟人特别是家人朋友分享转发的信息，接收者更容易接受、点开阅读或进行再次分享转发。

4. 激励效应传播

激励效应传播是指在网站上邀请了其他人加入进来时，系统会给予相应的奖励，经常用于商家通过让用户分享自己购买使用某种产品的信息或游戏进程来换取优惠，从而达到产品信息的进一步广泛传播。在移动互联网时代两微一端(微博、微信、新闻客户端)等新媒体进行病毒式传播与营销时，要适时抓住此激励效应进行传播。

2014年秋季，苹果公司发布了iPhone 6和iPhone 6 plus等新款机型，随后电小二公司发布了它专门为iPhone 6打造的充电宝——锋6和锋6 plus。

《南方都市报》承接电小二的广告营销任务。

首先在2014年10月16日，用头版整版发表一封电小二总裁孙中伟致乔布斯的信，引起广泛关注。

---

① 和飞.从媒介历史的角度看病毒式网络传播的潮起潮落[D].成都：四川大学，2007：22.

随后,《南方都市报》连续推出市场上充电宝及其数据线的安全调查,适时推出电小二总裁的专访,说明电小二是中国第一家充电宝企业,并于2004年生产出中国第一个充电宝,生产了多款苹果电子设备的充电宝,此次的宣传语是"专为iPhone 6打造的充电宝"。

与此同时,《南方都市报》微信公众号南都供销社发布一条福利,题目是《福利:给你换个新充电宝可好？1块钱》。用户进入微店可以秒杀此充电宝。除此之外,《南方都市报》在其微信、微博上又推出iPhone 6 plus电小二充电宝降价拍活动,借此营销激励效应增加电小二充电宝的曝光量为了调动用户参与感,还推出私人定制理念,实现销量破冰。比如,一名昵称为宝哥的大学生购买之后,凡是他推荐购买的同学就可直接享受"宝哥的同学们专属价",再优惠129元。

5. 可植入性传播

这种方式大多适用于内容性产品,原创者会把原创信息或广告等植入内容(文章、视频、资料等),以优质内容的大面积传播带动产品推广度的提升。

6. 签名式传播

签名式传播一般出现在查看信息或使用程序时,即使用分享或保存功能时,在传播的信息中附加产品个性化签名,以吸引用户注意力,达到传播的目的。

7. 社交化传播

这种传播依附现有的社交网络,当用户使用该产品的时候,社交网络会将用户相关信息或用户当前状态显性或隐性地传播给其他用户,促使其好友参与进来。

8. 话题性传播

话题性事件是指某时段内人们愿意讨论这款产品或和这款产品相关的事件。话题性传播注重在某一时期吸引社交媒体及用户的话题讨论度,话题有好有坏,这种产品或内容一般具有话题度高、娱乐性强、争议性大的特点,所以更容易在短时间内获得更大的传播范围。

四、有痕记录

只要你曾经在网上发言过、行动过,别人提到过你、你提到过别人,这一切就会记录在网络里,不可能完全删除。只要技术到位,一切都有迹可循。因为,原始数据都存储在网络里或运营商的数据库中,用户没有隐私。

从互联网时代到新媒体时代,每个人的隐私权时刻受到挑战。

新媒体时代,移动互联网深入每个人的生活、工作、学习,虽然你认为自己没有交际圈,没有过多的社会交往,但是你的手机、你的微信、你的支付宝、你的电话与邮件,种种你关注过的地方,数据在注视着你,它们是被记录的。

智能手机俨然已成为你的皮肤,成为你生命的重要组成部分了！

美国曾经做过实验,以十天为限,大学生志愿者被要求不能使用手机。结果,这些大学生志愿者最多坚持四天不用手机。离开了你的手机意味着什么？你立刻跟整个世界彻底脱离关系了。有它,它就是世界,世界就跟你合在一起了。这个叫超联结,新媒体时代的特色。

我们可能都会有此观察,地铁、公交、高铁等交通设施上,或是大街小巷中,工作、家庭环境中,经常你会发现某个人,他(她)有时哭了、有时笑了、突然之间又发脾气了,他(她)的面部在做着各种表情,这意味着什么呢？他(她)在玩手机呢。虽然他(她)表面上是一个人在走着或者坐着,但他(她)一点不会孤单。因为手机的存在,因为移动互联网的深入,我们与各种关系紧密相连。

你开机的同时,自然也期待着别人开机,这样你和你所有的关系就随时随地都能够接触上、联系上,发生各种各样的交集,网上的"云"记录了你联网后的状况。一切皆有踪迹可觅,一切皆有记录在"案",我们在互联网面前无处可逃,除非你从此果断切除与互联网的关联,以后可以无新的痕迹可循,但是过往云烟并未散去,还在"云"数据里。

第五节　新媒体传播的特色

一、新媒体时代信息的特点

(一)信息海量化

新媒体时代,信息海量化成为人们的共识。互联网搜索引擎的发展让用户更多依赖搜索与互联网存储。正确树立对待信息海量化的态度十分重要。一方面,我们要承认,信息海量化这是现代信息传播使然,应坦然面对、接受这个事实;另一方面,我们还要培养信息定力,有能力应对和过滤过量的信息。

每个人的精力和接受能力都是有限的,面对海量信息,我们不可能面面俱到,有所疏漏是非常正常的。我们要清醒地按照自己的需要来寻找自己刚需、急需的信息,过滤大量无效的内容。

(二)信息碎片化

移动互联网的发展,特别是因智能手机屏幕大小所限,信息传播不适用于全面长篇呈现,加之现代人的生活节奏快,获取信息渠道大多数依赖于手机,灵活碎片化的阅读已然成为风气。思维跳跃、缺少深度、碎片化阅读、专注力丧失等,都是新现象。

1971年,经济学家赫伯特·西蒙就对现代人的注意力匮乏症做出了最好的诊断:信息消耗的是接收者的注意力,而过量的信息会导致注意力的贫乏。

"碎片化",信息阅读使读者注意力无法集中。我们每天拿着智能手机,在上面刷微信、刷博客、晒朋友圈,在搜索引擎上查找要知道的东西;我们在醒来的三五秒钟内就拿起手机看新闻、查微信,在吃饭时、坐公交车时乃至在生活的各个间隙获取信息,晚上要睡觉了还不能从互联网上撤退。手机如同一把镰刀,把我们的时间切得七零八落。

微信的内容更加碎片、快捷,从文字到图片,从音频到视频,分散的各种信息形式填充着人们的生活。一天24小时,碎片渗透到1分钟,拆分到30秒、15秒,这就是短视频火爆的原因,它见缝插针地被用户利用,以为不会花费太多时间就可以看到别人的美好生活,结果进去就出不来了。

这些"碎片化"的时间虽不起眼,但被重聚之后能够产生巨大的效果。打车软件,银行、饭店、医院等的自动取号机都是通过减少碎片化时间的方式实现价值套利。这一点,随着移动互联网的发展,将变得日益普遍。

(三)信息共享化

在互联网上,无论传统媒体还是新媒体、自媒体,都公开公布资源,共存于一种不限地域、行业、年龄等的资源共享平台上,共享文章、视频、新闻等内容,用户可以上传自己的原创内容或是转发分享自己喜爱的东西,也可以按己所需下载互联网上公布的资源,即使有些是要付费的。资源共享是互联网带给每位用户的红利。

信息共享的好处是用户可以互相分享资源,方便、快捷、高效地将有效的资源最大化利用。信息共享的坏处是给少部分不负责任或恶意的人提供了传播病毒木马的渠道,另外也会涉嫌侵犯受保护的知识产权,用户在分享转发信息时忽略了版权与知识产权保护,会造成侵权纠纷。

二、新媒体传播的基本特色

(一)互动性

新媒体传播过程中,各种先进的内容采集、编发技术和渠道融合、管理技术纷纷诞生并进入人们的生活,产生各种形式的互动,这使传播的方式发生了根本的转变。

在新媒体时代,用户可以自主参与到传播系统中,可以主动地按照自己的喜好去搜索感兴趣的信息内容,编辑发布自己原创的内容或者转发相关资料,在此过程中可及时得到网络用户的响应,而且可以基本上不受时空限制,实现即时通信交流,互动性比较强。

(二)大众性

普通大众都在互联网上展示自己的技能、反映自己的生活、传输自己的价值观与理念。支付、购物、住宿、交通等各种服务深入大众生活、工作、学习,使新媒体的大众性越来越强,尤其近年来短视频 App 火爆,其流行的内容恰恰是大众性的体现。

(三)多元性

与传统媒体相比,新媒体更具开放性,传播途径更具多元化。新媒体是即时传播,速度快且方式向扁平化发展,其发展带来了传媒领域技术和理念的双重革命。

新媒体的门槛低,人人都可踏入,多元化的文化、兴趣、爱好、专业、行业等内容融汇在一起,这就是多元性。

(四)超文本、超链接的应用

新媒体支持多种文件格式,以及文字、表格、音频、视频、图像等多种呈现方式,超文本与超链接使得网民能够非常方便、快捷地使用网络资源。

三、新媒体传播突出一个"全"字

(一)全天候传播

信息传播的时效性有四个发展阶段:定时、即时、实时、全时。全时,即全天候传播,指的是信息随时可以进行发布。

早在2013年,腾讯网络媒体事业群总裁、集团高级执行副总裁刘胜义就在腾讯智慧峰会上明确表示,人们已经进入了一个"Always on"的世界。移动互联网让广大的用户无所不在,无论身在何方,在"Always on"的使用行为和需求之下,移动化的媒体已经变成了全天候的[①]。

(二)全媒体方式传播

信息不单只是文字或者图片,还附有音频、视频等多媒体形式。

(三)全民化传播

传播不再是大众传媒的事情,每一位民众都可以参与其中,所谓人人都是记者,人人都是麦克风,人人都是编辑。全民化传播就是用户生产内容,即 UGC(user generated content),这是一种用户使用互联网的新方式,即由原来的以下载为主变成下载和上传并重。用户的交互作用更为明显,用户既是信息的浏览者也是创造者。越来越多的内容不再来自传统媒体或互联网PC端,而是直接来自用户创作内容,手机功能的日渐强大使得用户可以随时随地利用手机制作图片、视频,将自己的心情和所见所闻用手机记录下来,以移动互联网为桥梁,随时随地将这些内容传递给他人[②]。

BBC总部在2015年7月7日伦敦爆炸案之后开始了大规模的机构革新和流程再造,专门增加了UGC社交网络媒体部,24小时搜集全球公民记者的最新报道。

(四)全互动传播

新闻线索的报料、搜集、采访、编辑、发布、运行、转发分享等一系列活动,用户都有机会参与进去,并且在事后都可以发表评论,充分体现了新媒体的互动性。

传统媒体为了跟上时代,应该展现自己回应用户提供信息的能力,拓展与用户的互动,开发更多接触用户的渠道。

(五)全渠道传播

从报刊、电视、广播等传统媒体形式到网站、手机等客户端,全媒体传播渠道呈现多样化,一篇稿件可拆分到纸媒、电子媒体、电脑、家庭大屏、户外大屏、智能手机等渠道,根据不同的渠道特色进行精准的信息发布。

---

① 智颖,王叔良.移动化时代的营销关键词:腾讯智慧营销峰会观点综述[J].中国广告,2013(7):136-138.
② 董平.UGC将是移动互联网的新热点[J].通信世界,2008(5):35-36.

四、新媒体传播突出一个"去"字

新媒体传播突出一个"去"字,这包括两层含义。

一是去中心化传播。新媒体不存在类似于传统报纸的头版头条,用户可以根据自己的兴趣爱好选择阅读,没有统一的主题内容的规定。平台分发新闻与信息也是突出个性化,精准推送。

二是去传统意义的议程设置传播。大众传媒时代由媒体选择设置公共话题,来吸引或转移受众的注意力。在新媒体时代,这种议程设置作用不大了,不是说议程设置完全不存在了、不起作用了,而是不同的消息发布人可以根据自己的需求来设置议程,众人关注的新闻或信息滚动太快、更迭太多了,个性化定制或推送成为用户首选。

新媒体传播借助微博、微信、App 客户端(门户新闻客户端、聚合推荐型新闻客户端)进行小众化、多层次、多领域、多地区、多维度的不同信息推送、精准性推送。各种垂直自媒体进行社交媒体传播,用户根据爱好选择转发二次传播,改变了议程设置的途径和过程。

五、新媒体传播关系

现在的新媒体传播是现代传播关系与现代传播手段和渠道的结合,其实质是一种"人—机"过程。这实际上反映的是一种新的社会关系,以及在新的社会关系基础上结成的新传播关系。这些都与以往的大众传播有本质的区别。

当前社会对媒体融合的共识有以下五点:一是以平台意识更新端口思维,现阶段媒体融合的关键是构建用户平台、创新用户模式,以平台意识更新原来大众传播中的端口意识;二是以数据化生存构建媒体新业态和商业模式;三是以大数据为基础生产新闻产品;四是以人的需求为核心获取用户数据;五是以多种服务提高用户黏性。

本章思考题

1. 新媒体是相对旧媒体而言的,你是如何定义新媒体的?
2. 新媒体生成的六大条件分别是什么,你是如何认识的?
3. 新媒体的本质特征是什么?
4. 新媒体较传统大众媒体突出哪一个字?试举例说明。
5. 新媒体的五个主要特征是什么?
6. 新媒体的四大功能是什么?试详细说明。
7. 你是如何理解数据与信息这两个概念的?
8. 如何在互联网时代保持信息的隐秘性?这可能吗?举例说明。
9. 新媒体时代信息的特点有哪些?
10. 新媒体传播的基本特色是什么?

第二章

新媒体的技术支撑

第一节 新媒体内容相关技术

新媒体内容相关技术可分以下三个内容:内容采集新技术、内容制作新技术、内容分发新技术。下面进行详细叙述。

一、内容采集新技术

(一)无人机

无人驾驶飞机简称无人机,是利用无线电遥控设备和自备的程序控制装置操纵的不载人飞行器。无人机成本低、易操纵、效率高,可以替代人力从事高危险性作业,用途广泛[①]。

无人机之所以被媒体广泛应用,一是便携快捷,二是能突破现场的屏蔽和限制,三是成本不高,四是安全性高,五是为人们提供了不同的视角。基于这些优势,无人机航拍在未来会被更广泛应用。

"无人机+媒体"的组合带来了内容采集的变革。

第一,"无人机+媒体"带来了新闻数据采集的变革。无人机用航拍视界开拓了新闻采集思路,也开创了信息传输的新思路。这超越了新闻记者的眼界与脚步,开阔了新闻采集和信息采集的视野,即所谓站在上帝的角度,客观立体地还原现场。

无人机在新闻报道中更为便捷、直接,因其航拍往往能够获取人力难及的画面,更加满足了观众对新闻现场即视感的好奇心与渴望。例如,2015年叙利亚冲突,无人机航拍到数万难民穿越欧洲田间,队伍绵延数公里,场面令人动容。

第二,"无人机+媒体"实现了无人机与新闻系统之间的对接与信息交换。无人机能在第一时间将采集到的数据传递到新闻媒体,独发原始内容。

2013年4月,美国公共电视台利用无人机俯拍焚烧草原场面,画面极具张力。

---

① 郑波,汤文仙.全球无人机产业发展现状与趋势[J].军民两用技术与产品,2014(8):8-11.

2013年11月,美国有线电视新闻网用无人机鸟瞰了菲律宾台风海燕重灾区。

2014年9月,中国无人机航拍钓鱼岛照片曝光,日本国旗清晰可见,引发了媒体、网民的热议。

2015年天津滨海新区爆炸事故中,在第一时间,携带无人机的专业队员在10公里外放飞翼展2米的大型固定翼无人机,加载红外相机,依靠GPS导航对火场上空进行红外摄影,不到2小时即获取了爆炸现场的精准红外照片。

第三,无人机与VR交互,可以身临其境,同步交互,实时实地体验新闻现场,让数据可以实时反馈,线索实时记录,新闻实时生成,用户实时接收。这样,无人机与VR交互采集内容可以实时匹配到相应的内容库中,根据需要可以碎片化抽取应用,进行虚拟演播。

第四,无人机采集内容带来信息安全与隐私保护的问题,这要求必须构建无人机新闻信息采集规范,强化隐私保护。

早在2009年,中国民用航空局就颁发了《民用无人机空中交通管理办法》和《关于民用无人机管理有关问题的暂行规定》。此后,《轻小无人机运行规定(试行)》《民用无人驾驶航空器系统空中交通管理办法》等的发布,使得无人机适用范围和分类、驾驶员资格等方面的规定逐渐清晰。

2017年1月,公安部发布的《中华人民共和国治安管理处罚法(修订公开征求意见稿)》,明确了对违规使用无人机行为的处罚。

客观地说,由于不少无人机是以塑料、玻璃纤维等非金属材料制造的,对其探测和预警的难度较大,而且无人机无须实名登记,难发现、难问责。因此,无论是公司还是个人,在利用无人机采集内容时,务必注意相关规定要求,取得有关部门的许可,不能越隐私安全的雷池,也不能到涉密的地方偷拍,更不能造成无人机扰航事件。

(二)网络爬虫

网络爬虫(web crawler)又被称为网页蜘蛛(web spider)、网络机器人(web robot),是一种按照一定的规则,自动抓取万维网资源的程序或者脚本。搜索引擎使用网络爬虫获取资源,再通过相应的索引技术组织整合这些信息,进而提供给用户进行查询[1]。

网络爬虫采集的是原始数据,是组成数据新闻的重要内容。其数据来源有以下四种:第三方的公司购买的数据;在免费的数据网站下载的数据(比如国家统计局);通过爬虫抓取的数据;人工收集的数据,比如问卷调查等。

网络爬虫的一般流程如下:第一,向起始url发送请求,并获取响应;第二,对响应进行提取;第三,如果提取url,则继续发送请求获取响应;第四,如果提取数据,则将数据进行保存。

在利用网络爬虫采集数据时要学习参考Robots协议。协议全称是"网络爬虫排除标准"(Robots Exclusion Protocol),网站通过Robots协议告诉搜索引擎哪些页面可以抓取,哪些页面不能抓取。

(三)传感器

传感器(sensor)是一种检测装置,能感受到被测量的信息,并能将感受到的信息按一定规

---

[1] [作者不详].详解网络爬虫与Web安全[J].计算机与网络,2012,38(12):38-39.

律变换成电信号或其他所需形式的信息输出,以满足信息的传输、处理、存储、显示、记录和控制等要求[①]。

传感器新闻是指新闻媒体利用各种各样的传感系统生产或收集数据,然后对数据进行分析、做可视化处理并形成报道或直接应用到新闻调查当中。

美国作为传感器新闻的发源地,已经成功地利用传感器技术完成了众多调查性报道。新华社近年来也推出了传感器新闻。

二、内容制作新技术

(一)VR 与 AR

1. VR

VR(virtual reality,虚拟现实)是一种可以创建和体验虚拟世界的计算机仿真系统,它利用计算机生成一种模拟环境,是一种多源信息融合的、交互式的三维动态视景和实体行为的系统仿真,使用户沉浸在该环境中。AR 技术主要包括模拟环境、感知、自然技能和传感设备等方面。

VR 技术可将用户带入任何一个场景,甚至可以让用户处在某个当事人的境地之中,不仅是在看故事、听故事,而是在经历与体验这个故事。在此技术下,虚拟增强现实后,媒体让受众从与文字、图片、影像互动转换到与虚拟世界互动。

2015 年 10 月,《纽约时报》宣布推出新闻 VR 应用程序——NTR VR。订阅者会收到一个免费的 VR 设备,然后通过 NTR VR 可以观看《纽约时报》首个新闻故事 *The Displaced*(《流离失所》)。

《纽约时报》利用 VR 技术报道叙利亚战争、叙利亚难民营、埃博拉病毒幸存者,这种崭新的报道形式给用户带来全新的体验和强烈的视觉冲击,身临其境读新闻成为新媒体新闻传播的趋势。

在叙利亚战争和难民营报道中,用户头戴 VR 设备,可以进入叙利亚城市街道的动画重建场景。一个小女孩唱着歌,但这时火箭弹袭来,用户立即感受到周围的人和物都被炸倒。然后场景切换到难民营。用户利用 VR 技术产生了自己与分身两人双重存在的感觉,感觉到自己明明在现实的"这里",却又在叙利亚的"那里",VR 技术带给用户的体验是发自内心的。VR 技术在新媒体中的运用带给用户非常独特的身心体验,比文字、广播、电视等任何其他形式的媒体讲出的事实都要生动感人。

目前国内的广电网络行业中,最先开始借力 VR 技术进行内容制作的两家广电媒体分别是湖北广电和湖南广电。如 2016 年 6 月,湖北广电探索的"VR+直播"第七届"世界华人炎帝故里寻根节暨拜谒炎帝神农大典";2016 年,湖南广电探索的"VR+综艺"《我是歌手(第四季)》节目。

2. AR

AR(augmented reality,增强现实)技术的目标是在屏幕上把虚拟世界套在现实世界并进行互动,AR 技术最早在 1990 年提出。迪士尼曾推出了一款游戏(*Disney Infinity*),利用 AR

[①] 詹建徽,张代远.传感器应用、挑战与发展[J].计算机技术与发展,2013,23(8):118-121.

技术使得玩家可以和动画中的人物进行互动,仿佛动画中的人物就在身边。

新媒体 AR 技术,超越了传统的媒体表现形式,将虚拟的信息应用到真实世界,使真实的环境和虚拟的物体实时地叠加在同一个画面或空间中,使之能够同时存在。用户体验到的不是一个画面、一种声音或一段文字,而是有真有假、真假结合的一种体验。

总之,无论 VR 技术还是 AR 技术,新媒体利用它们都可以让新闻记者能更直接、真实地抓到新闻要素,同时也让用户能更切身、自主地体验现实场景,实现了跨时空的新闻呈现。新闻在交互性、多感知性、沉浸性、自主性、构想性等方面有了新的探索。但是,到目前为止,VR 技术、AR 技术的成本,终端与技术标准问题,仍有待进一步解决。

(二)写稿机器人

1. 写稿机器人的应用

写稿机器人,就是能根据算法在第一时间自动生成稿件,瞬时输出分析和研判,一分钟内将重要资讯和解读送达用户的人工智能软件。

2015 年 9 月 10 日,Dreamwriter(梦幻写手)的《8 月 CPI 涨 2% 创 12 个月新高》新闻稿件在腾讯网财经频道发布,是第一次将 AI(人工智能)写稿机器人应用于国内。国内各家媒体也纷纷推出写稿机器人,如新华网的快笔小新,今日头条的"张小明"等。人机协同、相互校正进行内容生产的时代到了!

截至目前,机器人只能撰写消息类稿件,涉及深入的或人物的题材还无法胜任,但其每天可完成百篇稿件,因而胜在批量生产。未来如会计报表、法律司法文书等大量格式化文书化的内容,可以放心交由机器人来操作。

2017 年 12 月 1 日,腾讯写稿机器人 Dreamwriter 接收到 1180 千米外武汉长江大桥上的车流数据,在 0.5 秒内写出的 323 字稿件,被称为中国首篇机器人写的物联网新闻。

长江大桥 11 月日均车流量 9.2 万日高峰车流 10.4 万

根据武汉市交管局所提供的传感器数据显示,五桥一隧(长江大桥,长江二桥,白沙洲大桥,二七大桥,鹦鹉洲长江大桥,长江隧道)的 11 月车流总量达到了 1948.69 万车次,日均车流

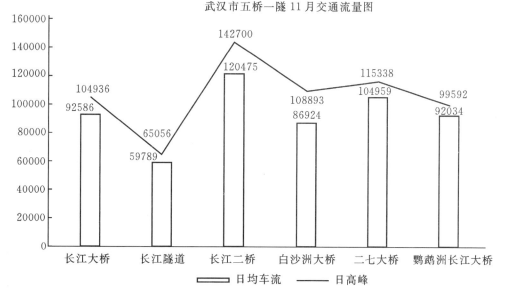

武汉市五桥一隧 11 月交通流量图

64.96万车次,相比较10月增长23.6%。

其中长江二桥日均车流量最高,每天达12万车次,日高峰车流达14.9万车次;长江大桥日均9.2万车次,日高峰车流达10.4万车次;长江隧道日均车流5.9万,日高峰车流达6.6万次车次,日均车流量最小。

以长江大桥数据最新数据为例,武汉长江大桥周一至周五工作日日均流量9.4万车次,周末日均流量为9.1万次,相比较周内的车流量下降3.38%,与上月相比较增长了22.84%。具体到每天时刻车流量来看,主要集中于早上6点至晚上23点,时均车流量为4556车次,平均每分钟就有76辆汽车通过。(本文由腾讯机器人Dreamwriter自动撰写)

武汉交警随后发布新闻,抓取60岁长江大桥联手腾讯2岁机器人写新闻这个新闻点。

武汉交警再创新!60岁长江大桥联手腾讯2岁机器人写新闻

12月1日上午9点23分,腾讯2岁写作机器人Dreamwriter接收到1180公里外,60岁武汉长江大桥发出的数据,两件"物体"合作,0.5秒时间内写了一篇323字的新闻稿。

这是全国首篇机器人参与的物联网新闻,"媒人"是武汉交警。

武汉交警善于在科技领域"尝鲜"。2013年"武汉交警"政务微信全国率先上线,并先后推出交通违法图片推送、微信缴罚平台、微信挪车、事故快处快赔等领先的功能。

今年,又探索与腾讯合作,将长江大桥等桥隧布局的地磁传感器感知的数据,通过物联网传到腾讯,再由Dreamwriter学习写作逻辑后写成新闻稿。

这篇已通过腾讯新闻平台发布的新闻稿件,报道了长江大桥车辆的日通行量和峰、谷流量。下一步,Dreamwriter还将整合电子眼、红绿灯等智能硬件TB级数据量,可智能调控城市交通,可整合提供新闻。

Dreamwriter自2015年9月问世以来,已写作稿件共计6000万字,每天产出2000~3000篇财经、体育、证券、科技、游戏电竞等多个领域的新闻资讯,7×24小时完成精准高效的写作工作。

腾讯Dreamwriter、企鹅智家团队、企鹅新媒体学院和大楚网、小步科技共同策划了这篇物联网新闻。腾讯智慧项目中心负责人、大楚网总裁余凯说,腾讯正在研发物联网操作系统,万物互联时代,数以亿计的硬件将成为人类器官延伸,它们既是数据采集者,也是新闻通讯员。

企鹅新媒体学院相关负责人耿小勇表示,传感器新闻将进化为智能化新闻,未来腾讯新闻会与各地气象、交通等部门深度合作,让更多智能硬件为用户创造更有价值的新闻。(完)

2017年12月26日,新华社在成都发布中国第一个媒体人工智能平台——"媒体大脑"(mp.shuwen.com),向海内外媒体提供服务,还发布了首条MGC(机器生产内容)视频新闻,这条时长2分08秒的视频由"媒体大脑"中的"2410(智能媒体生产平台)"系统制作,计算耗时只有10.3秒。

新华社副社长刘思扬评价"媒体大脑"时认为,"这在新闻生产历史上是具有标志性意义的重大突破。它让我们看到,人工智能可以帮助及时发现线索,快速生成新闻,采集海量数据,洞见独特视角;它让我们坚信,人工智能在新闻传播领域大有可为。我们要推动智能化视频生产常态化,优化内容产品供给结构,推出更多基于人工智能技术的可视化、个性化产品。"[1]

---

[1] 刘思扬.变革:数字化社会的媒体智能化发展[J].中国记者,2018(10):32-33.

2. 机器新闻未来发展趋势及对新闻生产的启示

2018年11月26、27日,腾讯芒种特训营西北区域公开课在西安开课,腾讯新闻短视频运营中心主编邱帅在"短视频运营的理念与实践"课程中谈到了机器新闻与算法问题。他说,很多媒体同行们在之前AI兴起时会经常担心它是否会替代人工的编辑和记者,后来大家发现,AI的核心在于助力,即帮助新闻人去做很多简单烦琐的事情。比如写稿方面,它能够按通稿的方式迅速把一个新闻发布会的稿件写完。在视频方面,AI也能在媒资库里寻找素材,进行简单的配音、剪辑、包装、成片。但需要强调的一点是,如今哪怕全球最厉害的AI,也做不到那种能够引发人真情实感的视频,只有人才能在事件发生以后,通过他自己的理解去展现视频内容,进而触发他人的情感。目前,大多数媒体并未省略人工审核这一关键步骤。因为机器并不具有独立判断新闻倾向和新闻价值的能力,其对材料的筛选更多源于对关键词句等数据的获取。

机器新闻是未来发展的必然趋势,其对目前新闻生产的启示可总结为如下六点:第一,人机一体的新闻报道体系将成为主流,AI的核心在于助力;第二,数据获取与物联网紧密相连,数据将成为新闻生产的新思维;第三,要实现更加个性化、可视化的机器新闻;第四,要开辟更多报道领域,不单是简单的消息类稿件,争取实现更广泛的应用;第五,新闻传播行业的核心是内容生产与传播,因此要注重培养复合型人才;第六,具备基本的编码知识正被纳入新闻记者核心技能培养体系[①]。

(三)大数据

大数据是指以多元形式,自许多来源搜集而来的庞大数据组,往往具有实时性。其类型复杂多样,内容庞大,不仅包括人们在互联网上发布的信息,也包含了全世界的工业、电器、化学相关的海量的数据信息[②]。

早在1980年,著名未来学家阿尔文·托夫勒便在《第三次浪潮》一书中,赞颂大数据是第三次浪潮的华彩乐章。

2013年5月10日,阿里巴巴集团董事局主席马云在淘宝十周年晚会上做卸任前的演讲。马云说,大家还没搞清PC时代的时候,移动互联网来了,还没搞清移动互联网的时候,大数据时代来了。

以大数据为导向的内容生产,已经成为新媒体内容制作的重要组成部分。

(四)HTML5技术

HTML5,简称H5,是万维网的核心语言,是对超文本标记语言HTML的第五次重大修改,具有语义特性、本地存储特性、设备兼容特性、连接特性、网页多媒体特性、三维图形及特效特性、性能与集成特性等诸多特性。

目前HTML5技术在新媒体内容生产领域应用广泛。

---

① 洪杰文,兰雪,李程.中国新闻机器人现象分析:数据与技术困境下的填字游戏[J].中国媒体发展研究报告,2017(00):205-223+243.
② 杨允.大数据技术对新闻传播的影响[J].科技传播,2019,11(5):96-97.

三、内容分发新技术

(一)推荐引擎

推荐引擎也是一种信息网络,它综合利用用户的行为、属性、对象的属性、内容、分类,以及用户之间的社交关系等,挖掘用户的喜好和需求,主动向用户推荐其感兴趣或者需要的内容。

推荐引擎不是被动查找,而是主动推送;不是独立媒体,而是媒体网络;不是检索机制,而是主动学习。推荐引擎利用基于内容、基于用户行为、基于社交关系网络等多种方法,为用户推荐其喜欢的商品或内容。

基于内容的推荐是分析用户正在浏览的内容特点,选择与当前内容有相似特点的对象推荐给用户。同时也分析用户浏览过的内容的特点,从而获取其偏好,然后将与用户偏好类似的对象推荐给用户。

基于用户行为的推荐则是利用群体智慧算法,分析用户的群体行为,综合分析用户与用户之间的相似度、用户对小众商品的个性化需求,从而同时提高推荐的精准性、多样性与新颖性。

基于社交关系网络的推荐是通过分析用户所在的社交关系网络,找到其最能够影响到的用户,或者最能够影响到该用户的用户,再综合每位用户的个性化偏好进行推荐。

当然,也存在着算法同质化推荐令用户头痛心烦的问题。

2012年上线的今日头条是国内领先的新闻客户端,它本质上就是一个强大的搜索引擎,完全是工程师逻辑,这些都表明机器学习算法日渐成熟。

(二)聊天机器人

聊天机器人(chatterbot)是基于人工智能技术,用来模拟人类对话或聊天的程序。当一个问题被抛给聊天机器人时,它能够通过算法,从数据库中找到最贴切的答案,并及时做出回复。Eliza和Parry是早期非常著名的聊天机器人。

聊天机器人的成功之处在于,研发者将大量网络流行的俏皮语言加入词库,当用户发送的词组和句子被词库识别后,程序将通过算法把预先设定好的回答回复给用户。而词库的丰富程度、回复的速度,是一个聊天机器人能不能得到大众喜欢的重要因素,因为千篇一律的回答不能得到大众青睐,中规中矩的话语也不会引起人们共鸣。此外,只要程序启动,聊天机器人24小时在线随叫随到,堪称贴心之至。

目前,随着技术的发展,聊天机器人技术也开始被应用到新闻信息的分发当中。比如Facebook Messenger推出聊天机器人(bot platform),无论是查看天气、预定餐馆,还是接收收据,用户都可以通过与聊天机器人对话完成。

第二节 新媒体渠道融合技术

随着互联网的迅猛发展,媒体融合进入了一个新的阶段,传播渠道的内涵和外延都发生了变化,其功能和作用超出了传送内容的范畴和信息通道的概念,导致了一种"大媒体"(mega media)系统渠道的形成,即一个技术上复合、内容上综合的系统。

当今渠道融合的关键即网络、终端、接入平台技术的发展。

新媒体渠道融合的技术包括三个方面:显示终端技术,接入平台技术,网络技术。

一、显示终端技术

(一)移动终端

1. 移动终端

移动终端,即移动通信终端,是指可以在移动中使用的计算机设备,大部分情况下是指具有多种应用功能的智能手机以及平板电脑。

随着集成电路技术的飞速发展,移动终端已经拥有了强大的处理能力,移动终端正在从简单的通话工具变为综合信息处理平台。这也给移动终端开辟了更加宽广的发展空间。

自2007年开始,智能化引发了移动终端的"基因突变",从根本上改变了终端作为移动网络末梢的传统定位。移动智能终端几乎在一瞬之间转变为互联网业务的关键入口和主要创新平台,新型媒体、电子商务和信息服务平台,互联网资源、移动网络资源与环境交互资源的枢纽,其操作系统和处理器芯片甚至成为当今整个ICT产业的战略制高点。

移动终端具有便携性、无线性、多样性、连通性、移动性和简单性等特点。

2. 新闻报道中移动终端技术的新应用

(1)全景相机。全景相机(见图2-1)是运动相机的高级版,一般由运动相机组合而成,可以360°无死角记录现场的每个细节,并实时在新媒体平台进行推送和传播。用户只要下载相应的应用程序,便可转动手机或拖动手机屏幕选择任意视角观看现场最真实的情况。

图 2-1 全景相机

(2)VR眼镜。VR眼镜,也称VR头盔,是虚拟现实头戴式显示设备。它个头比一般的眼镜大了不少,一个眼镜集成了数十个传感器,包括陀螺仪、加速计、激光位置传感器等,头部的轻微移动都会被精准追踪。用它录制的视频,能给人带来身临其境的沉浸感。

当地时间2015年10月13日晚,美国民主党5名总统参选人进行了首次电视辩论,引人关注的是,此次总统大选电视辩论首次采用了VR直播的方式。美国有线电视新闻网(CNN)

对此次 VR 新闻直播这样宣传:每一个观众都有座位,并可以新的视角观看总统竞选。

近百年来,新闻报道的模式就是文字、照片、声音、现场视频,VR 眼镜的出现颠覆了传统模式。

美国广播公司(ABC)推出一种虚拟现实新闻报道,通过 VR 技术可以让读者身处新闻现场并自由移动。首个 VR 新闻报道在叙利亚首都大马士革进行,ABC 的新闻用户得到了"亲临叙利亚战区"才能获得的浸入式体验。

(3)智能眼镜。智能眼镜只需说话、眨眼就能拍照、录制视频,简单方便。记者使用智能眼镜,只要连接 Wi-Fi,就可以将会场情况实时传送给后方编辑部,加快报道流程;同时,还能大大消除采访者面对笨重相机时的紧张感。

3. 移动终端技术的发展趋势

在硬件体系上,移动终端将成为具备通信功能的微型计算机设备;在软件体系上,需兼容 Windows Mobile、Android、iOS;在通信能力上,将具备灵活的接入方式和高带宽通信性能;在功能使用上,将更加注重人性化、个性化和多功能化;在技术上,将更多与 VR 技术、人工智能技术融合。

(二)家庭显示终端

家庭显示终端主要包括电视机、电脑、手机、录像机、游戏机等。其中,智能电视将逐渐发展成为一个开放的业务承载平台,成为用户家庭智能娱乐终端,因其能够不断给用户带来有别于使用有线数字电视接收机(机顶盒)的、丰富的、个性化体验。

二、接入平台技术

(一)IPTV

IPTV 是利用宽带有线电视网的基础设施,以家用电视机作为主要终端电器,通过互联网络协议来提供包括电视节目在内的多种数字媒体服务。用户可以得到高质量的数字媒体服务,有极大的自由度选择多样的视频节目。更重要的是,它可以实现媒体提供者和媒体消费者的实质性互动,也为网络发展商和节目提供商提供了广阔的新兴市场。

IPTV 还可以非常容易地将电视服务和互联网浏览、电子邮件,以及多种在线信息咨询、娱乐、教育及商务功能结合在一起,在未来的竞争中处于优势地位,市场用户群是家庭用户。

(二)OTT

OTT 是"over the top"的缩写,是指互联网公司越过运营商(电信、移动、联通),发展基于开放互联网的视频、社交、游戏、数据服务等增值业务。

我们平常所说的 OTT 其实是 OTT TV,又称 OTT 大屏或互联网电视,就是互联网公司以互联网电视或者"电视+盒子"为平台,在公共互联网上为电视前的用户提供视频、游戏、购物等服务。

人们已经离不开网络,习惯手机上的 OTT 行为。微信、抖音等的使用,都可以称为 OTT 行为。据勾正数据 2018 年第一季度报告显示,智能电视月到达率为 91%,用户日均使用时长

311分钟,相当于5个小时。

OTT到底有哪些优势与不足呢?本教材试做如下梳理。

OTT的优势:第一是有一块超强视频和音效效果的大屏,既有黑科技支撑,又更新迅速,用户可以在家中体验到最新的系统服务,比如看最火的网剧、电影及网络综艺节目等;第二是拥有海量内容资源,全网联动;第三是重视用户体验,配置多样的用户使用场景,用户既可以利用传统遥控器开机、选内容,也可以语音开机、语音搜索,遇到心仪的商品,还可以直接下单买同款,享受开放、便捷的观赏与购物体验。

OTT不足之处主要是暂时不能自由访问互联网,暂时不开放诸如世界杯直播类的电视节目,而且会依据与其合作的牌照商的实力来获取内容。

三、网络技术

(一)移动互联网技术

移动互联网是一种通过智能移动终端,采用移动无线通信方式获取业务和服务的新兴业务,包含终端、软件和应用三个层面。

伴随着移动终端价格的下降及Wi-Fi的普及,移动网民呈现爆发式增长趋势,手机保持着第一大上网终端的地位,这都标志着我国移动互联网发展进入全民时代。

(二)卫星宽带

卫星宽带通信系统,简单说就是卫星通信与互联网相结合的产物,也叫作卫星宽带或卫星上网。基于卫星的通信为许多新应用和新业务提供了机会。

由于互联网的驱动,卫星通信也转向满足数据通信的全面需求,正演变为真正的多媒体终端,可提供基本话音、数据和图像的传输。

(三)电力线

电力线载波通信是以输电线路为载波信号的传输媒介的电力系统通信。由于输电线路具备十分牢固的支撑结构,并架设3条以上的导体,所以输电线输送工频电流的同时,用之传送载波信号,既经济又十分可靠。

(四)有线电视网络

在中国,有线电视(CATV)宽带接入技术已经成熟并进入市场,电缆调制解调器技术就是基于CATV(HFC)网的网络接入技术。

第三节 新媒体平台融合技术

在媒体融合的语境里,平台主要是指媒体向用户分发信息,或与用户进行信息交换、分享的用户平台,主要包括用户入口和数据库的建设两个方面。

一、构建用户入口的相关技术

要建立起自身的用户入口,首先必须洞察哪些需求能够使用户和我们建立联系,然后再运用技术去满足用户的这些需求,完成对用户入口的建设。

用户的来源主要有两大类,一类是传统电视观众,另一类是互联网用户,需要运用不同的技术来实现用户转化和聚合。对于传统电视观众,可以采用摇一摇(多屏互动形式,实时内容扩展、观众参与、互动社交、及时消费、收视率调查等应用)、扫一扫(扫描电视屏幕上的二维码就可以跳转到电视节目相关的互动界面)等技术来完成其转化;而对于互联网用户,则可以通过一系列的视频制作与分发技术来实现。

二、构建数据库的相关技术

随着媒体融合的推进,未来的媒体平台要发展,就必须通过数据库和数据分析软件来对信息进行收集、存储并深度挖掘和分析,经过整合分析,将有价值的信息数据化,形成不同的数据库来服务不同的客户。

数据库将会成为未来媒体平台的主要资产,其主要内容包含三个方面:内容数据库——媒体积累的报道资源和社会各行业的数据;用户数据库——媒体积累的广告客户及其产品信息;产品数据库——媒体数据库的核心资源,用于深度挖掘用户需求。

(一)内容数据库的建设

内容数据库建设的必要性在于通过对内容进行数据化存储,使媒体工作者可以更加方便地搜索和提取已有内容,比如利用人脸识别技术和标签识别技术,确保信息精准分发。

(二)用户数据库的建设

所谓的"用户数据库"指的是基于用户行为大数据的数据库,它应该包括媒体集团所拥有的每一个用户具体的行为大数据。

用户数据库建设:首先,从媒体的传播效果来说,用户数据库可以让信息有效到达传播对象;其次,从信息精准分发的角度来说,只有掌握了大量的用户数据,才能形成用户画像,实现信息的精准分发。

(三)产品数据库

产品数据库主要指商品信息和服务信息的数据库,它是平台探索和发展赢利模式的基础。要构建商品数据库,首先要运用商品标签识别技术将入库的商品进行有效分类,然后再利用相关的信息匹配技术将商品信息和用户数据库中的用户需求信息进行匹配,达到产品的精准推送。

第四节 新媒体营销融合技术

新媒体经营主要包括:基于内容、用户、产品数据库的精准营销;利用大数据技术,与工业

4.0所需要的生产模式相匹配,展开数据库电商业务。

一、精准营销的含义

精准营销的一般含义是在精准定位的基础上,依托现代信息技术手段建立个性化的顾客沟通服务体系,将营销信息推送到比较准确的受众群体中,从而既节省营销成本,又能最大化营销效果。精准的含义是精确、精密、可衡量的。

精准营销的深层含义包括以下几方面。

第一,精准营销就是通过可量化的精确的市场定位技术突破传统营销定位只能定性的局限。

第二,精准营销借助先进的数据库技术、网络通信技术与顾客进行长期个性化沟通,使营销达到可度量、可调控等精准要求。摆脱了传统广告沟通的高成本束缚,使企业低成本快速增长成为可能。

第三,精准营销的系统手段保持了企业和客户的密切互动沟通,从而不断满足客户个性需求,建立稳定的企业忠实顾客群,实现客户链式反应增值,从而满足企业长期、稳定、高速发展的需求。

第四,精准营销借助现代高效广分散物流使企业摆脱繁杂的中间环节及对传统营销模块式营销组织机构的依赖,实现了个性关怀,极大降低了营销成本。

第五,精准营销与现今大数据营销思路相辅相成。

二、数据库电商平台技术

目前,随着网络运营成本和版权购买成本的增加,视频网站的广告收入难以平衡经营支出。未来的媒体平台将从以广告为主的相对单线式的盈利模式,转向以数据库电商为主的盈利模式。

近年来,区块链技术开发在多个不同领域引起了广泛关注,电商行业成为当前区块链热点研究的领域之一。在网购过程中,我们正在将越来越多的个人数据和支付数据交给电商企业,存储在中心化的数据库中。在黑客们垂涎于这些中心化数据库中可变现的数据信息时,作为消费者的我们却对这些私人数据的安全无能为力。因此,区块链技术在电商行业的应用可以说是势在必行。

区块链技术在电商行业应用的优势有三点:去中心化、支付方式更便捷安全、更能保障消费者权益。

(一)去中心化

在区块链时代,小商家可以透过区块链证明其自身信用,通过溯源和资产上链,小商家不再需要依赖电商平台上的评价来证明自己,商家可借此降低信用成本。对消费者而言,能够更透明且快速地了解商家的信用如何,买到最真实可靠的产品,因为产品信息从产地到物流一经上链,便无法窜改信息,消费者和商家在区块链电商平台上的每一步,都会被记载在区块链上,可供公开查询。未来,我们可能不再需要在网购平台上买东西,商家和消费者可直接联系,进行交易。

(二)支付方式更便捷安全

相较于现行电商平台普遍采用的信用卡或移动支付,加密数字货币是一种更安全的支付工具,因为在交易过程中,使用者没有暴露卡号或个人信息的风险,他人也无法从公钥地址和交易值辨识出个人信息。

(三)更能保障消费者权益

根据统计,目前全球有1‰～3‰的电商交易会产生交易纠纷,而区块链分布式记账的特性,可有效维护消费者权益,因为每笔交易记录都被记载在区块链上,无法被窜改,当消费者发起维权时,可以掌握更有效的证据,维护自己的消费权益。

"区块链与电商的结合,符合技术需要支撑纯数字信息技术之外的其他复杂应用场景落地的趋势,区块链技术在电商行业的应用已经开始,未来将全面改变电商行业发展方向。"①

第五节 新媒体管理融合技术

新媒体管理融合,指的是建立适应新的传播环境的舆论导向管理的体制和机制,实现网上网下统一传播尺度和口径及舆论导向管控一体化。

在内容管理方面,新媒体管理融合技术的应用主要涉及两个方面:一个是数据库内容的监管方面,包括对聚合内容进行快速审核、识别和保护原创内容知识产权的相关技术;另一个是整个数据库的安全方面,即保护数据库的安全技术、防范用户数据泄漏的相关技术。

一、数据库内容监管技术

在内容监管方面,新媒体管理融合技术的应用主要涉及两个方面:内容导向的监管,即通过技术手段对数据库中的内容进行监管,及时发现和清理导向不正确的内容;内容的版权保护,即通过技术手段对数据库中的版权内容进行保护,有效维护自身权益。

(一)内容导向的监管技术

1. 数据库比对技术

数据库比对具体来讲,就是将数据库中的文字、图像、视频等内容数据进行统一编码,然后对数据库中各种文字、图像、视频内容数据进行分类,以此实现对数据库内容的监控和管理。

2. 延迟直播技术

延迟直播又叫延时直播,其具体的技术实现方式是根据直播级别的高低,对直播流的延时进行配置,对违规内容或者视频质量较差的信源,视情节轻重,进行信源切断、切备播流或者切垫片的操作,防止违规内容扩散。

---

① 新创易网络科技. 区块链技术在电商应用中的优势[EB/OL]. (2018-11-16)[2019-04-15]. http://www.icl-network.com/information-industry/dfeq.html.

(二)内容的版权保护技术

1. 数字水印技术

数字水印技术指的是利用数字作品中普遍存在的冗余数据与随机性,将版权信息嵌入数字作品本身,从而起到版权保护、真伪鉴别和产品标识等作用①。

2. 内容跟踪技术

例如凡闻科技的新闻资讯大数据云服务平台,能够实现全网内容数据的采集、分析、标签、分类、存储、聚合、推送、发布、统计。通过对全网数据的抓取和分析,能够轻松掌握媒体发布信息的转载情况,并以直观的传播路径图的形式展现出来。

二、数据库安全技术

数据库的安全一般包含两层含义:一是系统安全,即运行数据库的服务器的安全,其所受到的威胁一般指不法分子利用网络或系统漏洞侵入电脑使其系统无法正常启动;二是系统信息安全,即数据库中数据的安全,其所受到的威胁一般指对数据的篡改、删除或盗取数据库中的资料等非法操作。

(一)系统安全技术

1. 防火墙技术

防火墙技术其实就是运用相关的防火墙软件来实现对数据库的保护,防火墙软件在电脑的使用中十分常见,比如卡巴斯基或是360电脑管家,其主要作用是完成软件的自动升级、修复漏洞、垃圾清理或是预防病毒入侵等。

2. 数据库审计技术

通过审计技术,可以把用户对数据库的所有操作自动记录下来放入审计日志中,这样数据库系统可以利用审计跟踪的信息,重现导致数据库现有状况的一系列事件,找出非法存取数据的人、时间和内容等,以便追查有关责任;同时,审计技术也有助于发现系统安全方面的弱点和漏洞。

(二)系统信息安全技术

1. 反爬虫技术

反爬虫技术指的是对阻止别人通过爬虫技术批量获取自己网站信息的技术的总称,其中比较实用和常见的有:通过反爬虫,即通过数据库后台对访问进行统计,对 headers(报文头)中的 user-agent(用户代理)进行检测,当发现单个 user-agent 访问超过阈值,便会自动对其予以封锁;基于用户访问行为反爬虫,即通过检测用户行为,当同一 IP 短时间内多次访问同一页面,或者同一账户短时间内多次进行相同操作时,便会自动进行封锁。

2. 数据库加密技术

数据库加密技术是指利用密码学的相关技术将一段明文信息经过加密密钥和加密函数进

---

① 赵翔,郝林.数字水印综述[J].计算机工程与设计,2006(11):1946-1950.

行替换或移位,变成不易被其他人读取的、没有任何意义的密文,信息接收方则可以通过解密密钥和解密函数对此密文进行还原,从而实现信息的隐蔽传输。

三、未来媒体正在到来

2018年11月28日下午,以"移动优先数据赋能"为主题的网络视听数据论坛成功为第六届网络视听大会"热身",这也是大会首次举办以网络视听数据为主题的论坛。

在当天的论坛上,国家广播电视总局发展研究中心合并发布了三份蓝皮书,其中一份即《中国未来媒体研究报告(2018)》。国家广播电视总局发展研究中心主任祝燕南指出,未来媒体正在到来。

随着新媒体技术的突飞猛进,新媒体的未来也将会日新月异。在此,本教材对未来媒体的发展做个粗浅的推测。

第一,未来媒体将拥有一个无所不在的无形屏,摆脱终端平台的限制,媒体的疆界将不断拓展,万物皆媒可能不是一句空谈。

第二,未来媒体将会给用户更加全息的身临其境之体验,浸入式新闻报道会增加,用户从目击者变为参与者。

第三,未来媒体将会给用户提供全能的、聪慧的服务,会加强同步交互体验,增加私人定制的内容、产品及配套服务。

第四,未来媒体将展开一场具有突破性的场景革命,用技术与智慧高维拓展现实场景。

本章思考题

1. 新媒体的技术支撑主要体现在哪些方面?
2. 举例说明"无人机+媒体"带来内容采集的变革。
3. 如何看待写稿机器人?机器新闻对新闻生产的启示是什么?
4. 今日头条运转的条件有哪些?如何看待搜索引擎带来的算法?
5. 新媒体渠道融合的技术包括哪三个方面?
6. 你是怎么理解用户画像技术的?
7. 什么是精准营销?其深层含义有哪些内容?
8. 谈谈你对未来媒体的看法。

第三章

新媒体用户研究

第一节 新媒体用户

一、什么是新媒体用户

用户,通俗地讲就是使用某个产品或服务的人,在商业领域通常指产品或者服务的购买者;在科技创新领域通常指科技创新成果的使用者;在IT领域通常指网络服务的应用者。

新媒体用户,即使用电脑或手机等方式享受网络服务的人。通常每个用户都拥有自己的一个用户账号,以用户名识别区分。

新媒体用户不再是指大众传媒时代的受众,而是更广泛的指代。新媒体用户不是传统大众传媒时代所说的读者、观众、听众这类泛指(统称受众),而是一个清晰的、具体的存在,他(她)有名有姓,有年龄,有性别,有国籍,有职业或无职业,有工作或是无工作,有自己独特的兴趣、爱好、特点及行为特征,他(她)是具备人口统计学特征的一个公民,是能够被新媒体技术追踪、捕捉、统计呈现的一个画像。

新媒体用户不再是大众传媒时代信息与内容的被动接受者和阅读者,鲜而发声、鲜而互动,而是新媒体内容的直接生产者,信息的传播者与评论者,同时也是新媒体运营中不可忽视的重要参与者、使用者、推动者。

新媒体用户不只是大众传媒时代的客户,只是被调研、被参考、被关注、被服务,而更是参与互动的新媒体内容营销的购买者,产品使用者、淘汰者与推广者,特别是同时具有真实的银行数据的消费者,他们是新媒体与之共存的一个长期、互动的合作者。

新媒体用户不只是大众传媒时代的百万千万的发行量、收听率、收视率下的受众概念,而是移动互联网社会中新媒体的使用者,内容制作者、传播者和产品购买者。

二、新媒体用户需求

债市观察创始人、零壹公司合伙人董云峰撰文《就这样小而美下去吧》,提到新媒体时代用户的需求问题。

"起初人们为什么会上网看新闻?因为报纸杂志太慢了,太不及时了,网络门户的出现解决了这些问题。后来进入Web2.0时代,人们开始对博客、SNS、微博更加感兴趣起来,门户模式走向衰落,背后的原因是快而全的工业化内容生产方式,敌不过用户生成内容的魅力。

"人们为什么不再那么热衷于通过门户去获取信息?因为门户太臃肿了,太大了,太不好玩了。人们为什么会关注你的博客、微博或公众号?因为他们关注你所关注的。比起微博,人们为什么更加喜欢公众号?因为微博依然是中心化的、带有一定强制的,而公众号给了受众更完整的选择权,让人们觉得更自由。

"总结起来,随着从内容饥渴到内容过剩,人们的需求发生了变化。海量、及时、严谨不再是第一位的,个性化、有趣、鲜活的内容更加为人们所喜爱,一切中心化的传播方式都很难被认可,人们愿意自主选择爱看的,人们更关注朋友所关注的,社交的、温热的东西,更容易被接受。"①

2016年,一部讲述中国匠人精神的纪录片《了不起的匠人》爆红网络。片子以缓视频、慢节奏的方式讲述了一个个传统文化故事。随后,《了不起的村落》开播,第二季在腾讯视频上创造了5400多万的专辑播放量。知了青年,这个几乎全由"90后"组成的创作团队,借此在短视频行业中脱颖而出。导演陈傲认为要以用户为核心和出发点,考虑创作的一切问题。

在《了不起的村落》策划之初,该创作团队基于了不起频道用户画像数据,将19岁到28岁的观众作为目标人群。基于目标用户的画像和喜好,团队确定了整个项目的基调,选择"逃离都市"这一出发点,通过呈现村落里的日常生活、村民的喜怒哀乐以及村民与村庄之间的关系,让用户从陌生的村落题材中找到自己的归属感,这是吸引用户的有效方法。

在《了不起的村落》中云南石头城里几位七八十岁的老人,他们身上呈现出难得的健硕和活力,与当代年轻人普遍蔓延的"丧文化"大相径庭,有痛点对应,因此产生情绪感染力。

重视用户需求永远是第一位的。

无论是豆瓣、知乎等知识网站,还是CSDN纯技术社区,在面临移动互联网冲击的时候,都在围绕用户社交扩展业务范围(包括软件、增值服务等),但事实证明,功能的不断叠加和杂乱只会让用户群体的分裂愈来愈严重,曾经火热的天涯社区成与败就在于一个"乱"字。人人网的衰落也告诉我们,没有内容、不重视用户需求的产品注定要失败。

那么怎样才能做出一个好产品,既能满足用户,又能建立一套成熟的商业模式呢?

扎克伯格曾说过:"社交网络、短信和搜索引擎服务的价值就在于它们是用户获得更多内容的门户。通过免费访问这些服务,用户就会发现有更多在此基础上衍生出来的可持续内容,然后他们便会使用更多流量以获取更多信息。最后,这会演化成为一个让运营商们非常喜闻乐见的商业模式。"②

三、新媒体用户体验

用户体验是指用户在使用产品过程中产生的一种纯主观感受。

---

① 李晓晔.新媒体时代[M].北京:中国发展出版社,2015:229-230.
② 宋长乐.移动时代如何找到用户新痛点?内容社区们在探路[EB/OL].(2015-04-17)[2019-05-04].http://m.tmtpost.com/225002.html.

现在,移动互联网技术等多种新型技术的发展,使得以用户为中心、以人为本越来越受到重视,用户体验也越来越被关注,特别是人工智能技术、人机交互技术使得用户体验越来越丰富和生动形象,用户的主观感受、动机、价值观等方面获得越来越多的拓展。

(一)用户体验定义

根据 ISO 9241—2010 标准,用户体验是"人们对于针对使用或期望使用的产品、系统或者服务的认知印象和回应"①。换句话说,就是觉得这个产品或服务好不好、喜不喜欢。因此,用户体验相当主观,直接决定于实际应用时产生的效果。

(二)感官体验是用户体验中最直接的感受

新媒体给用户呈现的是现场、立体、浸入式的视听体验,同时感受要舒适、自由。新媒体的内容生产、营销与策划中要充分考虑到目标用户的感官体验,包括新媒体自身的定位、设计风格,具体到发布平台页面的布局、图片的展示、字体的选择与大小、标识的位置与空间、新媒体内容的色彩搭配,是否有超链接的音频与视频,其点击效果是否快捷、通畅,观看时的网速与周围环境的影响,等等。

(三)交互体验强调易用、可用、好用

新媒体用户体验中非常重视交互体验的好用、可用,方便简易是非常重要的。因此,在用户的操作体验上,要抓住用户心理。

移动互联网智能手机用户受手机屏幕大小的限制,适合手机用户使用的交互体验环节是摆在文前、文中还是文后,是要横屏还是竖屏,是要不断刷屏还是在一屏之内通过点击交换到另一个页面,是在阅读体验之后能迅速返回原始点内容还是进展到另外相关的内容,这其中的链接要做到方便、快捷、可用与好用。

(四)顾及用户心理

用户心理中既有喜新厌旧,又有一劳永逸。新媒体要抓准目标用户的心理特点,因人而异,时刻顾及用户心理,采取要么及时更新,要么稳定平衡,要么两者并存小步微调等多种应对方式。

如果是以年轻用户为主,就要保持内容的持续更新和形式的多变;而如果是以老年用户或不喜欢变化的用户为主时,稳定平衡的用户体验则成为重点,包括常用的点击位置不能经常改变,内容、广告、营销之间已经建立的某种模式也应保持一定时间不变,否则用户体验打破后会产生不适、麻烦之感,这些会对用户产生干扰,可能导致用户选择放弃使用。

四、新媒体用户黏度与用户游离

(一)用户黏度

用户黏度,也叫用户黏性,是指用户对于品牌或产品的忠诚、信任与良性体验等结合起来

---

① Anon. User Experience-Wikipedia [EB/OL]. (2018 - 01 - 20)[2019 - 05 - 04]. https://en.wikipedia.org/wiki/User_experience,last accessed2018/1/20.

形成的依赖程度和再消费期望程度。

目前，绝大多数用户将智能手机作为增长见识的工具，因此，新媒体要充分利用移动互联网发布有针对性、有用、有趣、有价值的信息，让用户依赖、习惯于将这个新媒体作为他们的百宝库或专业资料库，当用户认定了从这个新媒体上可以不断获取真实有用的信息时，他们就会经常来浏览，建立对这个新媒体的黏度或黏性。

（二）用户游离

用户也会游离，好奇心使用户在有新的选择或不同的选择面前，去尝试获得更良好的体验。但是，也会有用户忠诚度很强、黏性不变。

举例来说，近年来MSN已经不再流行，有MSN用户表示长时间没有使用MSN并没有影响他的工作生活和人际交流。这便是MSN用户的身心游离。所以，业界有人戏说，用户黏性其实根本靠不住。

对用户黏性和用户游离，我们要辩证地看待：世上没有固定的模式可以适用所有的用户，世上也没有固定的思路、套路来吸引更多的用户，甚至也没有一个固定的媒体永远是主流，否则就没有新媒体的出现与发展。

作为新媒体运营的平台方或平台矩阵里的小平台方，如何抓取及留住用户？

本教材认为，要从以下四个方面入手：内容、技术、服务与社区群。

内容首先是优质的内容、真实的内容；其次是新鲜的内容，有智力、有活力的内容，也可以是有趣味的内容。

技术保障是必要的，但也不能频繁更新，普通大众的思维一般是稳定为上，好用、实用为上。

配套的、优质的、便捷的服务永远是必需的，而且是刚需。

另外，新媒体营销一定要有重视社区群的意识，要在了解某个社区的基础上有目标地投放广告，抓精准用户、抓用户口碑、抓经验丰富的社区精准营销。

总之，移动互联网时代，新媒体的用户研究越来越受到重视，数不尽的、未知的、丰富的用户是新媒体营销与策划取之不尽、用之不竭的庞大资源宝库。

第二节 用户智慧与众包、众筹

一、用户智慧

（一）用户智慧的概念

用户智慧是互联网时代最突出的运用。一些公司在传统PC端网络时代曾公开其产品源代码，意外地得到了众多用户创意并据此改进，这些免费的用户智慧促进了商业的飞速发展。表面上看，新媒体收入和利润来自广告客户营销手段，实际上广告客户看中的是新媒体掌握的用户数据，用户越多、数据越精准，广告营销的价值就越高。当一个经济体包括新媒体的收入和利润主要来源于用户时,此商业模式就叫作用户价值模式。由于用户数量无限,用户贡献的价值亦是无限的。

新媒体要充分利用用户智慧与用户价值模式,通过高科技搭建用户数据库来实现内容、广告、营销的最大化。

用户数据库就是新媒体广告、营销的强大后援,所有要与新媒体合作的广告方,比如家具、家电、服装、美容、培训、游戏、旅游、房地产等,都是看中新媒体本身的品牌与其所掌握的用户数据库,以此来实现销售、创造价值。一种全新的"湿市场"模式,开始渗透到人们的生活和意识中,它和21世纪以来全社会提倡的"以人为本"的理念相呼应。用户智慧在新媒体时代的真正价值,体现在这种新兴的"湿市场"上。

"湿市场"的概念,由金榕树创始人 Topal 首次提出。

"我们今天所说的干市场和湿市场,只不过是他们关注的对象不同而已,关心物的,就是干市场;关心人的,就是湿市场。"①

图 3-1 为 Topal 所绘干湿市场图表,他认为,从古到今,经济交易首先是建立在对人信任这个基础上,再延伸到对个人品牌的信任,构建的无疑就是一种对人信任的湿市场。

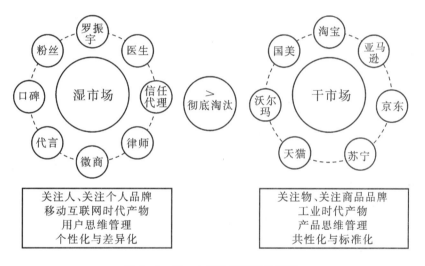

图 3-1 Topal 所绘干湿市场图表

随着移动互联网的普及,引发了一个新的个性化时代诞生;随着人性和个性被尊重、被张扬,市场基于对"人"(个人魅力、个人品牌)信任的商业行为也越来越普遍了。基于对"人"信任而产生交易行为、商业行为的市场现象层出不穷。类似的"湿市场"概念在国外近些年发展迅速,说法各异,但意思都差不多,比如"湿营销""利基市场""信托商务""信誉经济""信任代理"等,反映的都是在某些细分市场中,基于对人的信任而形成的经济现象。

这种带有明显"湿市场"性质的商业行为,在今天也比比皆是,譬如,粉丝(本教材中均指某明星的追崇者)经济、产品代言人、意见领袖、内容电商、网红电商、微商、IP、直播……这些火爆一时的名词背后,折射的无一不是对人的信任,无一不是"湿市场"的理念体现。

---

① TOPAL. 湿市场,一个你或许还不太熟悉的未来市场形态[EB/OL]. (2017-03-02)[2019-05-15]. http://www.sohu.com/a/127720599_116771.

(二)新媒体营销离不开用户智慧

"今天的媒体要更善于聚焦需求来连接观众、连接用户,要更善于强化新闻服务来赢得受众的忠诚度。"[1]

比如,微信公众号是基于运营者自主推送信息、用户自主订阅的传播载体,无论是栏目设定还是内容推送风格都有利于体现运营者的传播特色,用户自主订阅也可以显示出用户的选择偏向,契合用户的推送与传播是新闻流通的再生力。无论原来的传统大众媒体转型还是新媒体的"两微一端"等形态,都离不开用户智慧与用户思维。

以微信公众号为例,绝大多数传统媒体都有自己的微信公众号,其信息传播自带庞大的用户群,这为传统大众媒体转型新媒体奠定了用户基础,减少用户平台转移选择的成本。

人民日报"中央厨房"下的陕西分社微信公众号"208坊"以用户的需求为导向,触及社会的各个神经系统,从"传播者"转为"服务者",传播者的形象不再是传统的内容输送者,而是有独立的身份。"208坊"为自己量身打造了"坊叔""坊妹"等传播者形象,"坊叔"可能是一个诙谐的老头,"坊妹"可能是一个萌妹子,他们在坊上,每天聊一两个"严肃又活泼"的故事,成功地将"受众"变成"用户",拉近了传受双方的心理距离,定时推送让用户养成每天阅读的习惯,同时,用户对内容的认可度与传播力也成为新的传播态势,换言之,用户对内容阅读产生依赖性,用户就有可能成为新的传播主力军。

除了微信公众号及时推送消息之外,"208坊"的"坊叔""坊妹"们也会在自己的朋友圈第一时间转发公众号内容,充分利用坊间力量,形成传播者各自朋友圈的"坊叔粉""坊妹粉"。双渠道的粉丝积累体现了"208坊"以用户为中心,分析用户、沟通用户的新思维。

根据"208坊"数据调查显示,"208坊"的粉丝画像72%为党员;83.6%为党政机关和企事业单位职工;接近58.5%为本科学历,研究生学历占32.1%;其中包括省委、省政府主要领导,以及市县(区)各级党员干部等。

"208坊"以开放的姿态生产内容,既发布PGC内容,也利用用户智慧发布UGC内容,其用户既是信息的消费者,又是信息的生产者或再生产者。

"208坊"开通征稿渠道,整合用户资源,用户可参与到传播行列中,从"坊友"变成了"坊叔""坊姐""坊妹"。目前参与人员已从政府官员、高校教师、专家学者、其他媒体同仁发展到基层公务员、市民百姓等。此外,"208坊"经常邀请其用户(称为"坊友")进行线下交流,共同策划选题。

二、众包概念

(一)威客理论

在众包概念提出之前,中国最早提出威客理论。2005年7月,中国科学院研究生刘锋在研究生院管理学院网站bbs上提出威客理论。2006年6月美国人提出了同样的理念、不同的说法,叫作"众包",比威客理论要晚一年。

---

[1] 王晓红.让民生新闻走向新生[J].中国广播电视学刊,2016(2):56-59.

威客理论起源于bbs的互动问答功能。它承认人们的知识和智慧的价值性,并且鼓励他们积极地参与到问题的解决中去。威客理论认为,人类的知识和智慧将会因为互联网而被无限放大和传播,并创造出令人惊讶的社会财富。

(二)众包概念

2006年,在美国《连线》杂志6月刊上,记者Jeff Howe首次提出了众包的概念,即一个公司或机构把过去由员工执行的工作任务,以自由自愿的形式,外包给非特定的、大型的互联网络。换言之,就是通过互联网络做产品的开发需求调研,以用户的真实使用感受为出发点,充分重视用户创意、用户智慧。它使人释放出无限潜力,使每一个人得以在不止一种职业上追求卓越。越来越多的公司正在认识到它的重要价值。

众包是跨专业的"海选"与"网捞",各行各业的用户都可凭自己的创意与建议形成产品。这带来了无穷的创新可能,走出了此行业、此专业的思维定式与局限性,往往蕴含着巨大的潜力。

2015年7月28日,中国汽车行业首个众包造车平台——"凯翼+你一起造车"正式上线,主持人华少成为凯翼众包项目第一位造车合伙人。

知乎的运作便是一种众包概念的体现,知乎推出的每一位"大·人物",都是在各自专业垂直领域有着深度影响力的大师。通过这种方式,知乎不仅丰富了自身可持续发展的内容和专家网络,更奠定了知乎在知识分享与社交领域难以撼动的领头羊地位。

2017年9月20日,知乎开放了机构号的注册,凡是具有正规资质、合法合规的组织机构,均可直接注册开通机构号。机构的入驻,让更多专业的内容在知乎落地,形成"百家争鸣"的局面。知乎汇聚了互联网上不同领域最具创造力的用户,并保持着认真、专业、友善的社区氛围,知乎用户通过知识建立信任和连接,对热点事件或话题进行理性、深度、多维度的讨论、分享,打造和提升了个人品牌价值,发现并获得新机会。

这些都是用户智慧的具体体现。

三、众筹概念

众筹(crowdfunding),即大众筹资或群众筹资,是指一种向群众募资,以支持发起的个人或组织的行为。众筹的门槛低,内容多样,支持者通常是普通的民众,注重创意及可操作性。

众筹通过网络上的平台连接起赞助者与提案者,所得募资被用来支持各种活动,包含灾害重建、民间集资、竞选活动、创业募资、艺术创作、自由软件、设计发明以及科学研究等,也包括个人医疗诊治方面的求助。

2014年7月,距离中秋节还有两个月,罗辑思维(知识服务商和运营商)推出众筹的"真爱特供月饼",购买月饼的用户可以通过微信和支付宝两种方式进行支付。

罗辑思维众筹对象只针对其会员,在销售完成后会给众筹的合伙人分成。也就是说,由这些会员众筹组织月饼的销售,销售的成绩越好,这些会员获得的分成也就越多。众筹不仅能为罗辑思维自身带来话题与宣传优势,而且集用户智慧于一身,为活动不断注入新的活力。当任务取得令人满意的成绩时,用户的这种参与感就会转化为自豪感,在无形中加强了用户与公众号之间的联系,增强凝聚力。同时,"还众筹了战略合作伙伴(选出了顺丰优选)、众筹设计师

(选出了王杨)、众筹合伙人(200名罗辑思维的会员)。此次众筹可谓一箭双雕。一方面可以促进会员的增加,另一方面众筹到的设计师、战略合作伙伴、合伙人都会尽力为月饼做宣传,扩大活动的宣传面。"[1]100天后,罗辑思维最终以40038盒月饼的销量完美收场。

第三节　新媒体理论

一、六度空间理论

六度空间理论(Six Degrees of Separation)来源于一个数学领域的猜想,即你和任何一个陌生人之间产生关联的距离不会超过6个人。

根据这个数学猜想,哈佛大学的心理学教授斯坦利·米尔格拉姆在1967年完成了一次连锁信件实验,证实两个陌生人之间建立联系的最远距离是6个人。同年5月,米尔格拉姆教授在《今日心理学》杂志上发表了这次信函实验结果,正式提出六度空间理论的存在,从此这个理论风靡全世界。目前日益红火的社交网络,其理论基础正是六度空间理论。

六度空间理论并不是说任何人与其他人之间的联系,都必须只能通过6个人,而是表达了这样一个重要的概念:任何两个素不相识的人,通过一定的方式总能够产生联系,世上绝对没有关联的人是不存在的。

在场景电商框架里,六度空间理论正在被更多公司和品牌证实,即任何两个陌生的企业,通过寻找深层次的、强力的商务拓展,就能找出彼此形成互补的链条,找到接触点进行跨界合作,从而产生连接与合作。

场景实验室创始人吴声认为,场景本身将创造出最强势、最多变的连接,其最大的奥秘便是跨界,越是跨界的产品和品类组合,越能定义全新的品类。这里面离不开六度空间理论。

我们学习并了解六度空间理论,在新媒体营销与策划的实践中,可以开拓思维,寻找更多领域、更多层次、更多维度的沟通、交流与合作。

二、长尾理论

长尾(The Long Tail)由美国《连线》杂志主编克里斯·安德森在2004年10月提出。他在题为《长尾》的一篇文章中用这个词语来描述亚马逊等网站的商业模式。他认为,只要存储和流通的渠道足够大,需求不旺或销量不佳的产品联手,就会产生叠加效应,就可以和那些数量不多的热卖品竞争,甚至超过它们。

长尾理论的重要特点是它的可延伸性,这意味着用户的需求发生了重大的变化。用户真正想要的东西和获取此东西的渠道发生了重大的变化,热门畅销之外的一种崭新的商业思维开始普及,那就是:传统意义上认为不值得一卖的东西,它们并非没有价值,如果换个营销角度

---

[1] 不理朝的王爷.罗辑思维的真爱月饼是如何营销的？[EB/OL].(2014-11-01)[2019-05-20]. http://bbs.paidai.com/topic/306400.

与思维方式,深入挖掘它的特点,再与另外某个产品捆绑起来,可能还会使产品增值。

长尾理论的可贵之处,用一句话形容,即可谓无物不销,无时不售。

长尾理论实现了产品的价值重构,激发了人们发掘产品内在价值的需求,开拓出满足个性化、市场细分的经营模式与销售模式,那就是聚沙成塔,重新创立新的市场规模。

对于新媒体营销而言,长尾理论实操性很强。学习长尾理论,在新媒体营销活动中,可以让我们开阔思路,寻找深层次的、别具一格的价值点实现营销长尾,找出过去不可能实现销售的缝隙,突围成功。当前的市场已经分化成了无数不同的领域,凡是商品都有机会进行销售,传统市场观念里那条并非热销、热卖的长长的尾部,很可能会鲤鱼打挺,成为新的利润蓝海。

学习长尾理论最重要的一点,就是让我们避开思维定式,发现万物皆有用。如果你认为它没有用处,只是因为它还没有遇到一双发现它独特价值的眼睛。因此,在蕴涵着无数可能性的未知市场里,我们要学着提炼出用户的潜在需求和个性化需求,用心度量,找到独特的市场空间,适时推出与用户需求相应的产品和服务,让一切皆有可能进入营销活动创意和实践之中,获得自身价值与叠加效应。

三、邓巴数字

邓巴数字即 150 定律,由英国牛津大学的人类学家罗宾·邓巴在 20 世纪 90 年代提出。

邓巴在研究至今尚存的狩猎采集型社会时,发现一个宗族通常只有 150 名成员。同时,邓巴让居住在大都市的人们列出所有与其交往的人员名单,结果发现名单上的人数大约都在 150 人。为此,邓巴专门研究了猿猴的大脑与人的大脑组织结构,认为灵长类动物的大脑皮层空间有限,人类的认知能力只能让一个人与大约 150 个人维持相对稳定的人际关系。

邓巴认为,现代社会社交朋友圈应保持在 150 人左右,而且是由以下四层关系组成的:第一层关系是最亲密的朋友,人数一般在 5 个;第二层关系是好朋友,一般人数在 15 个,好朋友关系中包括前面那 5 个最亲密的朋友;第三层关系是朋友,包括 5 位最亲密朋友和 15 位好朋友在内,人数总共是在 50 个;第四层关系是熟人,包含以上三层关系在内,人数一般都在 150 人。

也就是说,人们可能拥有 150 名熟人,但在现实生活中,真正起活跃作用的是大约 15 个人的好朋友,这 15 人形成内部圈子,内部圈子最亲密的好友又集中在 5 个人身上。

邓巴数字这个理念深受社会各阶层的重视,他们纷纷在各自领域投入实践。

很多企业在设定办公组织架构制度时,常常首先考虑到邓巴数字,将每一个分支机构的成员上限定为 150 名。只要一超过 150 人,就会另外增加一个新的办公机构。因为根据经验发现,当员工数目超过邓巴数字时,原来人和人之间的沟通、交流、协作的方式会变得无法适用,企业常常陷入困境。如果企业追求人员规模,能参与重要决策的员工就会相对减少,每个员工的自我成就感就会减弱。

我们在进行群体管理时,必须正视邓巴数字的存在,群体人员上限尽可能不超过 150。另外,还要注意发挥每个小组和个体的作用,让每个成员有清晰的任务、目标和相应的奖励。

学习邓巴数字,我们会增加对每一个人的认识,挖掘每个人的潜在的朋友圈价值,因为每个人身后,都会有 150 名左右的亲朋好友。在新媒体营销实践活动中,要重视接触到的每一个人,谨慎处事,因为,在社交圈内,每个人都天然自带流量。

另外,要正视自己的潜力,每个人都不可小觑,做好我们自己最要紧。根据邓巴数字:我们的为人处事好与坏,都会直接间或接地影响着我们背后的150个人。

四、摩尔法则

摩尔法则是由英特尔创始人之一戈登·摩尔提出来的,其内容是当价格不变时,集成电路上可容纳的元器件的数目,约每隔18个月到24个月便会增加一倍。现在,摩尔法则关于芯片生产成本降低,用部分利润继续投资发展制程的逻辑,对半导体行业依然有效。业内专家们观测,至少在这一百年时间内,摩尔法则依然会起作用。

学习摩尔法则,可以让我们理解新媒体时代产品升级是必然的趋势,迭代是正常现象。

在产品更新换代的同时,我们的管理意识和形式、我们对用户的了解与认识、我们的心态等,也要同时更新换代,固守原有的模式是很危险的,这是非常重要的理念。新媒体时代的"新"背后,仍有摩尔法则的推动。

五、马太效应

1968年,美国科学史研究者罗伯特·莫顿提出马太效应一说。他认为,在研究领域,越是成就显赫的科学家越是获得更多的声望;越是不出名的研究者越是不被关注。马太效应反映赢家通吃的现象,目前在社会各领域被普遍关注。

马太效应这个名字,来源于圣经《新约·马太福音》中的一则寓言:

从前,一个国王要出门远行,临行前,交给3个仆人每人一锭银子,吩咐道:"你们去做生意,等我回来时,再来见我。"

国王回来时,第一个仆人说:"主人,你交给我的一锭银子,我已赚了十锭。"于是,国王奖励他十座城邑。

第二个仆人报告:"主人,你给我的一锭银子,我已赚了五锭。"于是,国王奖励他五座城邑。

第三仆人报告说:"主人,你给我的一锭银子,我一直包在手帕里,怕丢失,一直没有拿出来。"

于是,国王命令将第三个仆人的一锭银子赏给第一个仆人,说:"凡是少的,就连他所有的,也要夺过来。凡是多的,还要给他,叫他多多益善。"

我们了解了马太效应,可以提醒自己,任何个体、群体或地区,在某一个方面(比如金钱、名誉、地位等)如果获得成功与进步,就会产生一种积累优势,就会吸引更多的机会来到身边,吸引更多的关注和支持,从而取得更大的成功和进步。

在进行新媒体营销与策划中,要有信心把握每一个有特色、有内容、有创意、有影响力的方案和活动,每一次营销的成功必然会带来注意力效应,品牌的知名度和社会的关注度就会像雪球一样越滚越大。

当然,如果我们仅仅知道马太效应带来的好处是不够的,还要了解,即使我们的策划、方案、活动、广告、营销失败了,或做得不够有影响力时,也可以尝试冲出马太效应的负影响怪圈,再次把握新的机会。

另外,知道了马太效应是能者更能、更被关注、被支持、被奖励的同时,我们更要有战略眼光,从强势的人、事、物中跳出、转移,关注那些弱势或不常被注意、被资助、被鼓励的人、事、物,反其道而行之,破冰亦可有收获。

本章思考题

1. 谈谈你对新媒体时代用户概念的认识。
2. 在考虑新媒体用户体验问题时,要注意哪些方面的内容?
3. 用户黏性与用户游离是一对矛盾吗?举例说明。
4. 谈谈用户智慧在新媒体时代与新兴的"湿市场"有何关联?
5. 谈谈众筹的特征,举出一个典型案例进行分析。
6. 你如何看待六度空间理论?
7. 什么是长尾理论?试举例说明。
8. 新媒体时代还需要摩尔法则吗?
9. 神奇数字"150"是怎么回事?
10. 谈谈你对马太效应的理解。

第四章

新媒体营销模式

什么是营销?《现代汉语词典》给出的解释简明扼要:"营销即经营销售。"

新媒体营销当然也离不开经营与销售两大板块。

目前业界常常提到营销与运营这两个概念,其实内容大致相同,都不外乎经营与销售这两块,只是说营销时侧重点会偏向销售,说运营时侧重点会偏向经营。本教材的观点是将经营与销售两者兼顾,在第四、五、六三章里详细阐述新媒体营销方面的内容,在第七章和第八章中具体讲述新媒体运营的知识。

新媒体营销是针对传统媒体营销而言的,指的是利用新媒体平台进行的经营、销售活动。

传统媒体营销依靠的媒体平台主要有五种,即广播、电视、报纸、杂志和户外媒体。而新媒体营销依靠的平台明显增多,除了仍在这五种传统媒体平台发布之外,还在微信、微博、客户端和新媒体平台等新媒体上发布。

现在,人们使用新媒体的时间越来越多,新媒体营销逐渐成为现代营销模式中最重要的部分。新媒体营销模式五花八门,本章会重点介绍病毒式营销、整合营销、UGC 营销和品牌营销。除此之外的其他新媒体营销模式,会集中在第五节介绍。

第一节 病毒式营销

一、病毒式营销及理论基础

病毒式营销来源于传统的口碑营销。口碑营销,即消费者因为使用的产品质量好、服务周到等诸多因素产生良好的信任感,自发评价推广这种产品或服务,形成所谓的"口碑",一传十,十传百,递增开来。

大约是在 1997 年,美国的风险投资专家史蒂夫·朱尔维特森基于 Hotmail 公司营销策略的探讨,第一次提出了 Hotmail 公司采用了病毒式营销的概念。从此,病毒式营销就用来形容一种基于互联网络的口碑营销。

病毒式营销以互联网作为传播平台,基于用户口碑传播原理,充分利用用户的自发传播心理、社交网络和外部资源等条件,采用视频(包括短视频)、微信、微博、电子邮件、社交软件、社群等形式,让营销信息作为"病原体",向四周迅速传播、弥漫开来。这是节约营销成本、传播效果较好的一种营销手段,可以在短时间内达到推广宣传相应产品或品牌的目的。

病毒式营销具有传播速度快捷、成本相对低廉、传播途径灵活、"杀伤力"强大等特点。

病毒式营销的理论基础有模仿学习理论、羊群效应与信息瀑布两个方面的内容。

(一)模仿学习理论

社会学家、心理学家班杜拉提出模仿学习理论,他将"社会模仿学习分为注意、保持、生成和动机四个过程,分别决定着个体对观察对象的选择、记忆,以及在一定的学习动机下观察者生成示范行为的过程"[1]。

(二)羊群效应与信息瀑布

羊群效应是一种从众行为,是社会经济生活中的一种常见现象,在舆论传播领域也十分普遍,即人们倾向于跟随他人行动而行动。

信息瀑布,又名信息级联,是在羊群效应的基础上提出的,它指出,当他人决策偏向达到一定水平时,决策者就会放弃私人信息,最终形成信息瀑布[2],从而出现盲目追随他人的行为。

二、新媒体病毒式营销的特点

(一)内容具有吸引力

病毒式营销突破了消费者对于广告传播的戒备心理,不再使用赤裸裸的营利性广告,取而代之的是经过加工的、吸引力强的,只与产品或品牌相关的内容,这样不仅不会引起消费者的反感,反而因其生动形象、巧妙独特,充分激发和利用了消费者的参与热情,促使其完成从纯粹受众到积极传播者的变化。

如果传播的内容所涉及的产品,具有较高用户好感度或良好的品质,用户会自然、自发地转变为传播者,在经过一段时间的口碑效应传播后,会呈现爆炸性增长。

(二)几何级传播速度

传统大众媒体的广告营销方式是辐射状传播,一点对多点,事实上无法有效确定广告信息是否被目标受众真正接收到。而病毒式营销,是自发自愿进行扩张性信息推广,主要途径是人际传播和群体传播,"让大家告诉大家",实现四两拨千斤的杠杆效果,这正是病毒式营销所要达到的传播效果。

(三)传播效果显著

原来传统大众媒体的广告营销存在天然的劣势,诸如强烈的信息干扰、复杂的接收环境、消费者的戒备心和抵触情绪。而新媒体病毒式营销中的营销内容(即所谓的病毒),是受众主

---

[1] 文金凤.模仿带来的病毒式传播:以抖音视频中的模仿行为为例[J].传播力研究,2018,2(20):120.
[2] 尹芳,吴敏.基于信息瀑布模型的回报式众筹中的羊群行为分析[J].知识经济,2015(10):83+85.

动获得或搜索而来的,这种非强制性的接收过程使受众的接收心态趋于自愿自觉,而不是被动、令人抵触或反感的;并且,受众接收途径趋于私人化,如微信群、朋友圈等,极大克服了传播中信息干扰及环境不确定性的缺陷,显著地增强了传播效果。

(四)在受众的免疫力产生前行动

病毒式营销的时效性很重要,其传播过程通常是呈S形曲线,初始速度较缓,当传播到某个时段时,速度会迅速变快,产生裂变,当临近最大饱和点时又会立即开始减速,直至终止。因此,一定要在受众对信息产生免疫力前行动,及时收网,取得最佳的营销效果。

三、病毒式营销的优缺点

纵观病毒式营销在各个领域和平台的应用,其独特的优势以及存在的问题也是显而易见的。在这种模式被泛用的现状下,我们应该保持清醒和理性。

(一)优点

1. 内容本身即广告

从产品角度来看,产品内容的吸引力大大提高,内容本身已经成为一种广告,企业或营销方要集思广益,力争创出更有价值的、更有观赏魅力的作品来吸引受众,从而获得营销变现。

2. 整合营销成为最主要方式

从病毒式传播与营销渠道来看,全媒体协同、有效聚合多平台传播优势的整合营销已经成为最主要的方式。这种整合营销包括采用大众传媒报纸、广播、电视等多种形式,也包括新媒体新闻客户端、微信、微博、短信、邮件、社区论坛、抖音等多种形式、多种角度的信息传输与接收形态,不仅拓展了传播渠道,而且使得病毒式营销尽可能地克服了信息传播过程中其他信息的干扰及受众的逆反心理,真正实现了渗透式传播,增强了传播的效果。

3. 口碑效应与熟人传播带动消费

从病毒式营销的经济效益来看,在病毒式传播过程中,群体无意识效应扩大了病毒的传播范围,显著的口碑效应与熟人传播成为主力拉动消费,不仅有效地减少了营销推广费用,而且通过线上反哺线下,促进了实体经济利益的增长。

(二)缺点

1. 缺乏创新,跟风者众

很多病毒式营销从产品角度出发,过于注重趣味性,却忽略产品的实际价值,并且缺乏相应的自主创新,盲目跟风模仿者甚多。

目前,在病毒式营销的过程中还没有形成相对完善的流程体系,更缺乏对应的管理体系。一些爆款综艺大多数是"借鉴版"(从国外同名节目复制而来),各类火爆的短视频也存在大量跟风模仿。这种盲目的、海量的信息复制,对于网络传播和新媒体时代的受众心理建构都会产生不良影响。

2. 营销效果并不佳

从营销的过程和实际效果来看,不少企业和组织缺乏整体化的病毒式营销推广计划,不重视营销方案的整体设计,虎头蛇尾,在中后期时,常常是即兴添加一些应急和补救措施,导致营销效果不佳。这也是当今不少产品信息表面上传播广泛,但实际转化率低的原因。

3. 部分内容品质低下,三观不正

从病毒式营销的社会影响来看病毒式传播的内容,部分内容的信息纷繁复杂、品质低下、媚俗、低级趣味、赤裸裸追求利益等,这些对广大用户,特别是对青少年的人生观、世界观与价值观产生了不良影响。

新媒体时代网络信息海量更迭,内容庞杂无序,用户的信息挑选更加困难。很多用户产生依赖心理,喜欢看那些简单不过脑子的信息,功利心比较强。

如果病毒式营销内容仅仅是赤裸裸的经济利益最大化,是千方百计诱导用户直接产生购买消费,而其他诸如文化素养、社会责任、人文关怀等了无痕迹,那么无形中会降低用户对这个营销内容的信任度,降低相关品牌的美誉度。这样的病毒式营销一次两次可能会是成功的、产生利润的,但是三次、五次之后,用户即会捂紧腰包,三思后行,甚至避之甚远了。

四、病毒式营销在新媒体中应用的案例分析

(一)"官宣"

2018年10月16日,影视演员冯绍峰和赵丽颖在微博发文宣布结婚,晒出了二人的结婚照和结婚证书,并配文"官宣",立刻引起了粉丝的热烈讨论。随后,多方有影响力的官微也纷纷发文"官宣为敬"。网友们纷纷跟风"官宣"发文转载,使得"官宣"体在一时间迅速刷屏,呈现病毒式传播。

此次"官宣"现象的参与者可分为五大主体:一是全国各大高校;二是众多网友;三是消防、公安、刑侦局等诸多官方机构的微博;四是多家权威媒体;五是各类商家。其中联想手机在各大手机厂商纷纷跟风"官宣"之时,别出心裁地发了一张一个人摔倒在一堆未拆封的手机上的照片,并配文"官摔",成为此次"官宣"现象中的一股清流,实现了自身的另类营销。

从"官宣"本身看病毒式营销,要注意以下四个方面的内容。

1. 事件内在的趣味性

演员本身具有流量,演员结婚增加了流量关注,具有了天生的传播特性。冯赵"官宣"引发了全民参与。

2. 艺人的话题永远是热点

在当今时代,涉及艺人的话题永远是经久不衰的热点,更何况是冯赵两位拥有数千万粉丝的知名演员,此次事件自然具有极大的话题性传播特性。

3. 社交化传播

在当下多元的新媒体平台的推动下,此次事件具有了极强的社交化传播和沟通效应传播特性。

4. 商家搭台营销

随着越来越多的网友参与进来,众多商家从中看到了潜藏的巨大商机,纷纷借势发文来营销自家的各色产品。此次"官宣"现象,看起来是一次起于无意却火遍全网的偶然性事件,其实正是病毒式营销的典型案例。网友们跟风模仿,暗合上面提到的模仿学习理论,而艺人也在无

意中用自身的话题,在网络上掀起了一场难得的狂欢,为众多商家做了一次漂亮的免费代言。

(二)网综《创造101》

骨朵传媒在2018年Q2网综报告《超级网综时代,谁在突破圈层,谁已成功出圈》中相关数据显示,网络综艺《创造101》在2018年5档超级网综单集前台播放量中占据榜首,且多次引发全民讨论热潮。《创造101》作为国内首档女团养成选秀节目,其成为爆款并非偶然。

在首播前,腾讯已通过在"大首发日"平台整合资源,在北京连续七天开展"101路晚班梦电车"接送晚归人活动,以及在网络平台发布"我的少女梦"H5展开前期营销,积累了一定的观众基础,其视频、海报和H5都曾引起网上热议,使《创造101》作为"病原体"逐渐成熟。节目开播后,《创造101》依靠广告营销和话题营销,迅速抢占受众资源,形成了病毒式营销局面。

在广告营销中,广告商不再困于传统模式,而是通过腾讯营销WE+的大数据精准分析,将节目气质与品牌广告深度融合,注重精准投放,形成可植入性传播;在话题营销中,通过"女团新定义"、公演话题及人物话题将节目带入全民狂欢的高潮;另外,微博热搜、微信推文以及表情包等互动社交形式,与用户无缝对接。除此之外,《创造101》采取的"全民投票,观众做主"的选秀形式,激发了观众的参与感与使命感,促进此次营销迅速形成病毒式营销的局面。网综《创造101》病毒式营销过程如图4-1所示。

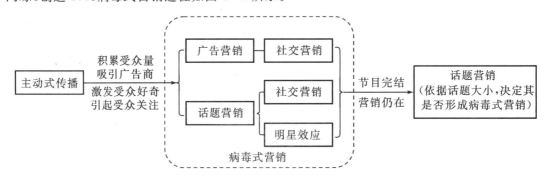

图4-1 网综《创造101》病毒式营销过程

(三)中国支付宝"锦鲤"

2018年"十一"期间,支付宝通过微博抽奖打造中国"锦鲤",创造了新浪微博历史上互动最高的一次抽奖活动,成为病毒式营销最大的赢家。

支付宝这次成功的病毒式营销,有以下五个特点。

1. 情绪共振

一种传播关系的达成,本质上是一种情感关系的实现,营造出一种强烈的情绪共鸣。支付宝抓住人们通过转发锦鲤排遣现实焦虑感的心理,实现和用户的情感共鸣。另外,用户的锦鲤情结可谓根深蒂固,其传播阻力低,是一种持续发酵、易于传播的主题内容。

2. 网络化信息传播

网络化时代的信息传播是一种波浪式涌动,信息文本之间的边界趋近消弭,关系之网没有中心又互为中心,每个个体用户都在网络上呈现着节点式生存,通过节点的横纵联系,传播网络变得更加立体紧密。

信小呆抽奖微博之前还有六人的转发痕迹,意味着她并非支付宝账号的直接关注者,只是在信息瀑布的效应下转发。她只是作为信息传播路径上的一个节点,获得信息并将它传递给自己的粉丝与其他受众。

随着稀缺且充满爆点的抽奖信息在微博碎片化、冗余的信息环境中瞬间脱颖而出,所有兴奋的个体之间立即产生裂变传播,每位转发者都成为信息传播路径上的一个节点,获得信息并将它又传递给自己的粉丝与其他受众。

3. 真人故事

相比单纯的信息,一个真实存在的普通人身上不普通的故事更容易引发记忆和传播。"真人锦鲤"信小呆的出现有强烈的故事感和戏剧张力,更容易获得人们的关注和讨论。

4. 意见领袖的二次传播

在领取奖品的同时,信小呆也成为支付宝打造的奖品和与其有着密切联系的意见领袖。

5. 新型广告投放方式的探索

支付宝直接将广告预算投放在普通消费者身上,抽奖激励用户进行自传播,成本低、奖励直接。最终支付宝、品牌商家、微博、获奖者四家形成共赢局面。

(四)总结

1. 病毒式营销的发展阶段

通过以上病毒式营销在新媒体中应用的案例分析,我们可以发现,病毒式营销一般会经历以下三个发展阶段。

第一阶段是怎么抓取适合自己营销策划的"病毒",或叫"病原体"。

这个"病毒"有可能是一种情怀,有可能是一种心理,有可能是一个热点人物,有可能是一次新闻事件,等等,找到这个"病毒"非常重要。如果这个"病毒"本身又恰好是自身流量、社会大众关注度很高,那么搭乘这个"病毒"快车,会使自己的营销策划活动如虎添翼。

第二个阶段是选择什么样的传播途径或叫传播路线。

比如,选择在社交媒体上传播,常常会以微信、微博及各种 App 为传播路线;选择在传统大众媒体及其新媒体平台上传播,常常会两条线并举,既在原来的报纸、杂志、广播、电视、通讯社等媒体上进行多种形式的传播,也会投放在这些主流传统媒体的微信、微博及新闻客户端上,当然可以根据需求,有所侧重;如果走全媒体传播途径,广泛撒网,各个击破,就会选择所有的媒体类型,各自定位、定点投放作品。

第三个阶段是强化"病毒"传播的效果与转化变现。

一旦前两个阶段工作做好、做到位了,"病毒"传播扩散迅速,社会影响力很大,这时就要把握采取什么样的措施来强化"病毒"传播的效果,实现营销变现。

如果将以上三个阶段的资源整合,找到适合的机会点推出,不难形成病毒式营销的局面。

2. 注意事项

在策划进行病毒式营销时,一定要注意以下三个方面的内容:第一,千万不要直接发布纯商业广告,如果让人一眼看穿是商业广告,其营销效果会大打折扣;第二,所推广的品牌或者产品,即所谓的病毒式营销内容一定要真实、有用、有趣、有料、有特点、有个性、有吸引力,内容即营销,用优质、原生、独特的内容吸引用户永远不会错;第三,千万不能欺骗用户,动机与手段绝不能蒙骗或损害用户,真诚服务用户是准则。

五、新媒体病毒式营销策划流程

在策划新媒体病毒式营销时,重在创意先行,策划圆满。因此,提前做好一整套的流程非常必要,其流程主要包括以下五个方面内容。

(一)整体规划

制订病毒式营销方案的整体规划时,必须符合病毒式营销的基本思想理念,即传播的信息(病毒)和配套增值服务要有独特性,有价值,并且易于受众的自行分享和传播。另外,要注意把控整个病毒式营销的过程,做出相匹配的预案。同时,如果出现不利的舆情也要做出危机应急处理方案。

(二)营销方案

设计营销方案最核心的是抓取本次病毒式营销活动的特色与创新之处,也就是独创性。病毒式营销吸引人之处就在于此。

(三)信息传播渠道

畅通的传播渠道非常重要,分层次布局,进行全方位、并进式传播,让传播效果最大化。既要充分利用微博、微信、贴吧、知乎等新媒体平台,又要注重在大众传播媒体及其"两微一端"平台上跟进。这叫全媒体全链条传播。

在选择传播渠道时,首先要考虑原始信息的发布与传播,应该发布在用户容易发现且乐于传递的位置。近年来微博、微信上首发的频率比较多,如果上了热搜,更利于用户在较大的范围去主动传播这些信息,达到"病毒"裂变的效果。

(四)跟踪管理

在策划流程时,要注意及时掌握营销信息传播所带来的反应,跟踪管理这一项内容不容忽视。我们可以从中发现营销困难与瓶颈,帮助我们及时改善思路,改变困境。同时,跟踪管理这项流程中可以积累经验教训,为下一次的病毒式营销策划提供补益与参考。

(五)具体建议

1. 制作真实、有亮点的标题

冗长、虚假、无聊的标题是无法吸引用户点击的。标题是"病毒"传播的第一道风景线,要精心制作真实、有亮点的标题,先声夺人,吸引用户点击阅读、分享、传播。

2. 提供免费或双边奖励

病毒式营销常用免费或双边奖励的方式来造势推广,这一招抓住了用户的心理。比如,拼多多上的砍价,或者像2018年国庆假期支付宝锦鲤活动提供传递者可以进行抽奖,人人皆有中奖机会。双边奖励指的是传播者与接受者可以增加积分,获得一定的抵用券。

3. 发挥意见领袖在群聊、朋友圈的作用

通过群聊、朋友圈等方式进行营销推广时,一定要充分发挥一对多、关系强度较高的群聊或社群的作用,充分利用意见领袖进行话题导入与传播分享。选择那些高人气、有特质思想与理念的意见领袖,进行第一批投放,这样就会一石击起千层浪,达到良好的传播效果。

4. 强化视觉化处理

比如多用质量上乘的图像、表情包、gif 动态图等,这些都比文字更易于被用户理解、喜爱、收藏与分享。

5. 巧妙带入竞争性的设计

每个人都有好胜心,自觉不自觉地总想要与别人一比高下。这种天生的竞争性思维如果带进病毒式营销策划与活动中,会有一定的传播力。

像微信步数、跳一跳等这些带有竞争感的设计,会吸引用户自觉不自觉地关注它们,进行比较,满足一定的自我陶醉感或是好胜的心理。

6. 适时更新

一定要把握时机,在信息分享达到饱和时适时更新,果敢掉头。如果一味在原来的情境里不可自拔,用户会产生游离与厌烦的心理,等他们转移方向之后再开始更新会贻误时机,这样的马后炮效果可想而知。

第二节　整合营销

随着新媒体时代的来临,信息媒介快速发展,信息资源冗杂纷乱,传统的营销传播环境发生改变。消费者不再愿意接受传统的宣传广告,对广告采取不看、不听、不记忆的态度,过去的营销传播模式不再适应当前的营销传播环境,传统的营销模式不能起到好的宣传作用,整合营销策略在当前这种环境下很快显示出自己的独特魅力,被越来越多的企业注意并采用。

整合营销的目的是建立、维护和传播品牌,并在此过程中加强客户关系,对品牌进行计划、实施和监督等一系列营销工作,包括广告营销、推销包装和客户服务等。

新媒体时代掌握以及运用好整合营销策略十分重要。

整合营销建立在整合营销传播的基础之上,谈整合营销绕不开整合营销传播。

一、整合营销传播理论

整合营销传播(integrated marketing communication,IMC)诞生于 20 世纪 80 年代,由 IMC 理论先驱、全球第一本 IMC 专著的第一作者唐·E. 舒尔茨(Done E. Shultz)等人在《整合传播营销》一书中首次正式提出。1996 年,卢泰宏等人在《国际广告》上发表了一系列介绍该概念的文章,整合营销传播被首次引入中国。[1]

针对整合营销传播,舒尔茨对其的定义为:"整合营销传播是一个业务战略过程,它是指制订、优化、执行并评价协调的、可测度的、有说服力的品牌传播计划,这些活动的受众包括消费者、顾客、潜在顾客、内部和外部受众及其他目标。"[2]

---

[1] 高莹.新媒体时代企业整合营销传播问题研究[J].社会科学辑刊,2013(3):138-141.
[2] 舒尔茨,凯奇.全球整合营销传播[M].北京:机械工业出版社,2012:71.

换言之,整合营销传播是一个将与企业进行市场营销有关的一切传播活动形成一元化的过程。整合,意味着完整,即通过实现传播活动的完整性产生协同效应,整合营销传播的一大特征也在于其系统性。

"整合营销战略的核心价值包括两个,一是传递同一个声音,营销的过程也是传播的过程,二者已经合二为一,企业在这个过程中传递同一个声音,并将品牌核心价值传达给消费者以强化一致的形象;第二是全面整合优势资源,力求全面覆盖。"[①]

针对营销的对象,整合营销传播十分重视用户。

一方面,整合营销传播的核心目标就是用户态度,鼓励他们做出某些行为反应,推动他们采取购物行为;另一方面,判断传播策略是否合理的尺度,也在于其是否能够有效影响用户的行为。

基于以上理念,整合营销战略的中心思想,即企业通过与消费者(用户)沟通满足消费者需要的价值工具与活动一体化,实现协同效应。做个比喻,整合营销就如同现代战争中将空军(广告)、战略导弹(有冲击力的社会公共活动)、地面部队(现场促销与直销)、基本武器(产品与包装)等一切人们能感受到的部分整合为一体,使企业价值形象与产品信息以最快的时间传达给消费者,打一场总体战。

二、整合营销的发展历程

伴随着科学技术和媒介融合的不断发展,IMC 理论也是一个由浅入深、由简单到复杂、由以关注企业和产品为中心转向以关注消费者(用户)及其需求为中心的过程。整合营销的发展历程可以按照时间线索分为以下四个过程。

(一)孕育阶段

孕育阶段即 20 世纪 80 年代以前这一阶段,这个阶段 IMC 理论还没有一个明确的定义,但以 4P 理论和定位理论为依托,形成了孕育它的土壤。

1. 4P 理论

4P(product、price、place、promotion),即产品、价格、渠道、促销,它把一个复杂的营销过程简化成了几个部分和要素,这就有利于人们理解和记忆。而对企业来说,也更能有针对性地将营销规划和营销传播分成这四个部分,再以有效且合理的方式整合在一起。

2. 定位理论

在市场竞争中,每一家公司和企业都需要给自身一个明确的定位,来区别于其他的企业并形成自身的特色,比如说优衣库的定位是极简,一些奶粉品牌的定位是安全等。

定位理论为公司提供了新的创意和想法,成为整个营销活动的战略制高点,因为确立了自身的企业定位之后,不论是产品还是后续的活动,都要以此作为风向标,指导决策。

定位理论正是整合营销的理论基础。

---

① 张绣月.对新媒体语境下整合营销传播的思考[J].新闻传播,2013(9):289-290.

(二)产生阶段

20世纪80年代伴随着媒体的多样化和专业化,企业针对不同的受众群体进行不同的媒介宣传,IMC整合营销传播有了比较明确的定义,呈现出了两个显著的特点。

第一个特点是提出宣传口号:一种形象,一个声音。即希望通过整合各种活动获得最大的协同效应,使一个公司的各个产品、分部、国家和地区的营销活动,都在统一定制的架构下形成。

第二个特点是跨职能。为了获得更高、更好的协同能力,营销传播部门要建立由广告专家、公关专家和其他传播领域的专家组成的跨职能、跨专业小组,这些小组统一负责特定的产品多维度的传播活动。在这一阶段,IMC主要还是站在企业的角度上考虑营销传播的协调和管理,目的是为了保持企业信息一致。

(三)发展阶段

在20世纪90年代,IMC理论有了进一步的发展完善,呈现出了以下两个显著的特点。

1. 4P理论被4C理论所取代

4C(customer、cost、convenience、communication),即消费者、成本、便利、沟通,它首先强调顾客第一,降低顾客购买成本,然后提高顾客购买过程的便利性,最后采用有效方式进行营销沟通。同时,"营销即传播"的概念被正式提出。

2. 引入"关系利益人"概念

"关系利益人"的概念是指把消费者作为参照对象来理解整个传播体系的重要性,并且要努力让消费者和公司及品牌保持着紧密的关系,并使得彼此互惠互利。值得说明的是,IMC理论正是在这一阶段(20世纪90年代的中后期)被引入中国,极大地推动了IMC理论在中国的传播和实践。

(四)相对成熟阶段

20世纪90年代起,随着实践发展和传播工具的更新,整合营销传播逐渐走向成熟,呈现出新的特征。

(1)更具有操作性。

(2)结合了新发展的科学技术。如结合数据库的形式、收入流测量等技术来进行监测和评估绩效。

(3)更加重视以消费者为中心。

正如舒尔茨所言:"我们对传播知识掌握得越多,对顾客、技术了解得越多以及对如何整合各种要素探索得越多,我们对怎样去开展传播活动就知道得越多。就未来而言,重要的不是去开展整合营销传播或整合传播,而是要去了解别人、顾客和潜在顾客并知道如何经营。此外,我们也必须了解这些顾客正在发生的变化。因此,我们对整合规划的研究不能终止;最好的方法是不断地尝试和探索。"[①]

---

① 舒尔茨,凯奇.全球整合营销传播[M].北京:机械工业出版社,2012:156.

三、整合营销的优缺点

整合营销通过强化顾客和关系利益者与品牌之间的关系提升品牌资产,运用不同的接触方式实现与顾客和利益者的交流和沟通。因此,这种营销大而全,逻辑性强、体系性强。整合营销适用于有长周期战略、预算固定,而且市场操作有延伸性的客户,如汽车行业、大型快销行业、集团型客户等。

(一)整合营销的优点

(1)超越了媒体时空限制。
(2)更好地满足了消费者的需求,有利于企业的持续发展。
(3)有利于配置企业资源,提高企业的经济效益。
(4)有利于企业上下各层次、各个部门的整合。

(二)整合营销的缺点

(1)对团队的素质要求高。
(2)体量大,精准度不高。

对于整合营销,有支持者,也有反对者,双方各执一词。

支持者认为这种整合营销手段可以向消费者传递统一的信息。他们认为,通过一家广告代理公司来协调各种营销努力(包括媒体广告、直接邮寄、特殊事件、销售促进和公共关系等),这种整合营销方式对客户而言更为便利。

反对者认为,整合营销服务提供者会卷入抢夺预算的纷争之中,不会尽其所能进行良好的传播,往往难以发挥协同作用。他们认为,广告代理公司进行的整合营销的努力,不过是一种"肥水不流外人田"的思想在作怪,通过整合营销,他们就能抓住每一个可能会被独立服务提供商所拿走的业务。

四、新媒体时代的整合营销

新媒体时代的整合营销如何进行?本教材特梳理以下三个方面内容,仅供大家参考。

(一)以消费者为中心进行有效宣传

新媒体时代实施整合营销策略,改变了传统营销宣传的说教模式,发展出多种与消费者沟通的手段,针对不同的人群进行不同的宣传,达到了宣传效果的最大化。

(二)从企业方面加强整合营销策略

(1)加强自身组织建设及人才培养。从战略高度实施组织变革,科学执行 IMC 策略,加强自身组织建设和人才培养是关键。
(2)建立系统完善的数据库。对消费者消费行为和态度的数据进行全面系统而持久的研究,建立系统完善的数据库是进行新媒体整合营销的核心环节,通过数据库也能真正建立起消费者与品牌的互动联系。

(三)制造好的产品

只有专注于产品本身,制造出优秀的产品,才能支撑起品牌或是创意,使得消费者接纳此产品的一系列营销活动。

2018年夏季,可爱多与腾讯公司合作,实施了一次成功的整合营销。可爱多利用《魔道祖师》动漫IP效应,采用定制产品、定制广告、产品软植入、开展线下主题快闪等多种方式,开展多方位整合营销,效果良好。截至2018年7月底,可爱多与《魔道祖师》合作的冰淇淋销量超过2.4亿。这个收入数字相信会使每个人都眼睛一亮。

五、案例分析——Supreme 的整合营销

Supreme 是结合滑板、Hip-hop 等文化并以滑板为主的美国著名街头服饰品牌,1994年创办于美国纽约,其设计者和消费群体以年轻人为主。在 Instagram 上,Supreme 拥有600万粉丝,公司估值超过10亿美元。我们具体分析一下 Supreme 的整合营销策略。

(一)制造出供少于求的饥饿营销

Supreme 无论哪一款商品销售表现多么出色,都不会再增加生产。定量销售、额度限制让消费者感觉到很特别,形成了供少于求的卖方市场,这就形成了需求越来越多、供应维持不变的饥饿营销。另外,Supreme 只通过线上商店和全世界有限的几个零售店售卖商品。这种饥饿营销让 Supreme 在发售新品时就一销即空。

(二)创造出明星效应的名人营销

明星效应,指企业的产品在追求市场最大效用和需求数量最大化的过程中,为进一步树立品牌形象,邀请知名演员出席或代言自身产品,借助其影响力来获得大众喜爱与支持。Supreme 非常擅长和名人打交道,无数名人被拍摄了身穿 Supreme Box 标识T恤衫的照片。

(三)创造出粉丝经济的内容营销

Supreme 抓住了突出自我表达的年轻人的时装口味,创造出极具辨识度的品牌形象。它只在线上很有神秘感和仪式感地发布新品,比如,每次在新品发布的前三天,Supreme 会在网上发布名为 Lookbook 的电子产品图片手册。当 Lookbook 发布时,除了合作款和部分惊喜款,用户们基本上可以看到下一季几乎所有的新品,但却并不清楚确切的上市时间。

社交媒体和专业的网站会发一些围绕品牌的原生且优质的 UGC 内容,常常吊足粉丝们的胃口,引逗他们的好奇心与购买欲。粉丝们在等待中变得兴奋,有人会在 YouTube 上制作视频点评一整季的新品,不少视频的点击量都是10万以上。

(四)创造粉丝经济的 KOL 营销策略

粉丝经济泛指架构在粉丝和被关注者关系之上的经营性创收行为,是一种通过提升用户黏性并以口碑营销形式获取经济利益与社会效益的商业运作模式。

Supreme与数十位音乐家、演员携手,这些名人对品牌的道德、价值观和文化达成一致的理解,形成关键意见领袖即KOL营销,KOL曝光量越多,触达的粉丝群体越多,因此俘获了大批虔诚的粉丝,销量可观。

(五)专注于Instagram的社交媒体营销

Supreme专注于Instagram这一社交媒体渠道,其Instagram推文平均有10万个点赞和超过700条评论。Supreme的Instagram页面风格保持了Supreme品牌的极简性、独特性和神秘感,它在Instagram上还通过与名人互动获取大量粉丝,展现了其社交媒体上的影响力与连接力。

(六)保持传统但有效的海报广告营销

Supreme一直选择定期展开名人海报营销。每次发起这种海报营销时,Supreme会在有零售店的城市的墙上、电线杆、信箱等位置张贴海报,海报上,与之合作的名人身穿"Box"标识的服装。Supreme会基于海报设计发售T恤,T恤是最受用户喜爱的产品,大卖是必然的。

(七)坚持稀缺性与持续性的电商爆款营销

Supreme多年来一直坚守自己的个性,即每一个产品都是限量出售,确保产品的稀缺性;每个新产品只在每周四上午11点发售。正是这两条原则让Supreme长期以来一直成为电商爆款,营销局面一直别开生面,Supreme的限量、定时供应策略制造了需求狂潮,以至于在纽约店发售Supreme Foams鞋的时候,被纽约市警局因公共治安考虑限制不得出售。

(八)极简、有距离的品牌营销

Supreme的品牌理念与众不同,它追求两个字:极简。自从在2006上线Supreme官网之后,官网版面一直素颜,只有一个图形——Supreme的标识。

Supreme从不号召行动,它向访客传递的信息很明确:你需要去追随品牌,而不是由品牌来追随你。在纪录片 *Sold Out* 中,对此有一个形象的比喻:Supreme就像一个女孩,她可能会给你号码,但她从不回你信息。保持限定产品数量和定期上新品,说明Supreme与用户有距离,但并非遥不可及,它亦形成持续的产品销售规则。这样的品牌营销理念,让热爱它的用户如同与之热恋,其整合营销可谓清新亮丽,与众不同。

第三节 UGC营销

一、新媒体时代信息传播分类

在新媒体时代,信息传播可分为以下五大类。
(1)BGC,即brand generated content,由品牌方自己制作的内容。
(2)PGC,即professionally generated content,由新闻传播专业者生产的内容,也就是由原

来的广播、电视、报纸、杂志、通讯社等大众传媒机构生产内容。

（3）MGC，即 machine generated content，由机器生产的内容，近年兴起的人工智能、机器人生产内容，虽不具大规模，但已日渐增多。

（4）PUGC，即 professionally user generated content，由在新闻传播专业人士指导下的用户生产的内容，比如梨视频的拍客，由新闻专业出身的编辑对一些热爱新闻、乐于传播的用户进行专业培训，辅导他们制作新闻信息作品等。

（5）UGC，即 user generated content，用户直接生产的内容，这是新媒体时代信息传播最大的亮点。

在 UGC 模式下，用户由原来的以下载为主变成下载和上传并重。这就好比本来只可以在场下做观众，现在却拥有了上台表演的机会。新媒体时代抖音、快手等的火爆，就是用户自主生产内容的典型。UGC 媒体的形式有很多，比如在线社区、博客、微博、百科、其他互联网协作平台和自媒体等。

UGC 共有知识分享网络、照片分享网络、视频分享网络、好友社交网络、社区论坛和微博等六种内容发布类型。

二、UGC 营销及优势

UGC 营销即在 UGC 用户、UGC 媒体与 UGC 内容三者紧密构成的互动系统中，由 UGC 用户通过 UGC 媒体产出 UGC 内容。在整个过程中，内容互动是核心，而营销手段则起到辅助作用。为什么内容互动会成为 UGC 营销的核心？

以往传统营销方式主要是企业面向用户的单向传播，即在单一定点投放产品，不顾及用户的心理承受能力或是接收信息时的情绪，比如常用硬性广告，直达用户，用户爱不爱看、想不想看、愿意不愿意接收广告信息提示都很难反馈到营销方。这样的结果常常是用户对营销方的广告产生一种抗拒和逆反心理，营销效果并不好。

在新媒体 UGC 模式下，营销方通过事件营销、话题营销、精准营销等手段，主要在 UGC 平台发布优质的 UGC 内容，这些 UGC 内容往往会成为热点，吸引消费者和潜在用户参与讨论，大家进行双向互动，不仅在消费者之间建立起情感纽带，而且使消费者与品牌之间增进了解，提高消费者对品牌的忠诚度。

UGC 内容营销自身所拥有的优势，可分为以下四种。

(1)有利于满足用户的情感诉求。

(2)有利于提高品牌的传播效果。

(3)增加优质、多元化、空白点内容。

(4)沉淀核心用户，提高用户忠诚度。

这是 UGC 模式营销受到众多企业和品牌青睐的原因。

新媒体时代下的新闻传播以内容为王，但并非只有优质的内容才会获得关注，内容空白点也很容易引发爆款。这是马克·舍费尔在《热点：引爆内容营销的 6 个密码》一书中提出的一个观点，本教材认同这一观点，并认为新媒体 UGC 营销恰恰是占据了空白点内容地带，带着泥土气息的新鲜信息扑面而来，这就是抖音、快手、西瓜以及很多空白点内容火爆的原因。

因此，UGC 营销要不间断地创作出生动又原汁原味的内容，寻找未饱和的内容空白地带，保持在内容层面的主导地位,带动营销达到良好效果。

三、案例分析——哔哩哔哩的 UGC 营销

作为中国最大的年轻人文化娱乐社区,2017 年哔哩哔哩(简称 B 站)的 UGC 视频投稿总数已经达到了 800 多万,弹幕总数已经达到 14 亿多。B 站涵盖了音乐翻唱、游戏直播、鬼畜、日常生活、纪录片、影视剧和番剧等各类视频,核心体系组成是 UGC 上传者(亦称 up 主)、用户(内容消费者)和内容。

B 站董事长陈睿曾说过这样一句话:"B 站并非创造内容的团体,而是为创造内容的人提供服务和平台,在 up 主和用户之间建立连接,让喜爱个性化、多元化文化的人,把 B 站当作他们的乐园。"

下面从 UGC 内容、UGC 用户、传播方式三个方面来分析 B 站 UGC 营销的特征。

(一)UGC 内容方面

1. UGC 内容易引起共鸣并传播

用户自身自主地进行发声,抒情议论,风格迥异,会更加契合社会群体的心理情感共鸣并形成二次甚至多次传播。主流视频网站大多都是以搬运工的形式存在着,而 B 站无论是从产品设计还是运营上,都非常重视用户自行创作内容。

2. 时代特色与个性并存

B 站用户生成并上传的内容来自各个不同的社会群体,具有很强的时代特色与个性化。B 站的视频逐渐呈现出一种紧跟时代热点的特性。像旧的 IP 诞生新的剧情,吸引很多用户关注浏览;还有许多 up 主会根据近期播出的影视剧或者电影,进行解说或者点评,这些用户生产的内容会引发观看者的进一步讨论和传播。

3. UGC 营销有创新

B 站的 UGC 营销突破了企业和专家思维的局限性,有更强的创新性和创造性。

B 站的 UGC 营销创新首先体现在它的内容上。

UGC 内容五花八门,远超人们的传统思维。B 站的视频除了自行录制或音乐游戏类之外,还包括 up 主的二次剪辑。在 B 站,许多 up 主会将多部影视作品中的片段剪辑在同一个视频之中,许多人会在弹幕中称其为"黑科技"。

B 站的 UGC 营销的第二个特征是弹幕,这是其进行的第二轮 UGC 内容传播。

不同的弹幕来自不同的用户,或表达自己观看时的情绪感觉,或自说自画对视频内容进行解释,千奇百怪,层出不穷。很多用户非常乐意生产内容弹幕,个性自我,但也有相当的用户不喜欢或是非常讨厌弹幕出现,观看视频时第一个动作是选择关闭弹幕。

QQ 浏览器曾直接运用弹幕这一元素推广了弹幕海报这一广告形式,吸引粉丝前来发声,写出自己想说的话,发起者们再以弹幕的形式制作成海报,让粉丝 UGC 代替品牌发声,加深用户对品牌号召力和品牌理念的认知。这一行为被很多人称为"90 后"式的营销模式。

(二)UGC 用户方面

B 站庞大的用户数量使 UGC 内容能够在互联网上长期存在,而且用户之间的互动非常明

显。在某个视频产生之后,新的用户对其进行弹幕和评论的轰炸,使其能够持久地保持热度,同时在视频内进行互动,使得 up 主与用户之间、用户与用户之间的联系维持得更加紧密。B 站为 up 主们提供了一个可以共同创作、共同交流的平台。

除此之外,B 站的分类中还有直播这一板块。在 up 主进行直播时,粉丝在观看过程中通过弹幕、评论交流强化了用户间的互动和黏性。

(三)传播方式方面

因为庞大的用户群体和用户之间紧密的互动关系,B 站 UGC 内容出现了病毒式传播扩散速度。特别是移动端出现之后,UGC 内容的及时性得到了很大的体现。通过手机端登录可直接上传视频,其他用户可在手机端观看并发表评论或者分享传播。若是粉丝群较大的 up 主在 B 站发布视频,一小时内浏览量破万的大有人在。如今,新浪微博也开始采用这种模式,由名人推广,扩散至普通用户,发布每天的微博故事,有效时间为 24 小时。

综上分析,B 站在众多视频网站中一枝独秀,得益于其运用了 UGC 营销。

四、如何做好 UGC 营销

(一)优质的 UGC 内容是触发点

UGC 内容是 UGC 营销的基础。

优质的、有爆点的 UGC 内容可以吸引用户参与到创作中来,触达目标群体,进而影响消费决策,形成二次创作和病毒式传播效应。网易云音乐就是以 UGC 为基础,通过"乐评书"等形式,成功在音乐播放软件增加了情感社群功能,UGC 乐评成为亮点,也造就了其独特的竞争力。

艾媒咨询数据显示,2017 年第四季度中国手机音乐客户端用户规模达 5.05 亿,其中网易云音乐用户突破了 4 亿,用户自主创建的歌单和评论均超过 4 亿。

网易云音乐的社交属性使它产生了独特的 UGC 生产环境,当一首歌所表达的情绪、情感与用户自身高度契合时,用户就会在评论区进行评论。网易云音乐的评论区就是 UGC 的大本营。

网易云音乐通过音乐评论、交互动态与用户建立起分享与社交体系,形成良好的线上关系。

2017 年 3 月 20 日,网易云音乐发起"看见音乐的力量"营销线下活动,包下了杭州地铁 1 号线的车厢以及江陵路地铁站广告牌,将从网易云音乐应用平台上挑选出的、点赞数最高的 85 条评论进行投放,迅速引爆社交网络,人们纷纷转发,效果很好。比如,"最怕一生碌碌无为,还说平凡难能可贵。"——评论于白亮/赵静《孙大剩》;"哭着吃过饭的人,是能够走下去的。"——评论于 Doughnuts Hole『おとなの_』。

网易云音乐此次投放的广告内容优质且为用户原创,直击当代人的孤独感和共情心理,因此引发广泛关注和分享。数据显示,此次营销使得网易云音乐官方微信号关注人数突破 10 万,为往日阅读量的 5 倍,增加了旧用户黏性的同时,大大增长了新用户数量,实现了对网易云音乐品牌的有效宣传,是典型的利用用户情感体验和社交链条进行 UGC 营销与病毒式营销的成功案例。

(二)注重互动,建立情感连接

在新媒体平台上,企业通过品牌营销激发消费者的 UGC 内容产出,用户的精彩创意灵感又可反作用于整个营销链,带来更丰富的内涵与附加值。这种双向的互动能够加深消费者与企业之间的情感连接,提升品牌的忠诚度。

一汽马自达曾推出了品牌 MV——《走自己的路》,取材于 3000 多个粉丝真情流露的故事。一经上线,播放量仅在 1 周内就突破 1000 万。配合 MV 上线同步推出的线上 H5——《走自己的路,你永远独一无二》,注重心与心的对话与互动交流。这个 H5 用细腻流畅的文字表达,配合感人动听的音乐,刷屏朋友圈,引发用户自动转发传播,上线期间轻松拿下超百万页面浏览点击量。

在功能性上,画中小人儿走完全程后,H5 巧妙地引入了品牌 MV,用影片的形式承载了内容。一汽马自达通过"用户倾诉,品牌倾听"的方式,形成自己的广告词或是品牌创意点的创意营销策划过程,主题就是走自己的路。

(三)注重新媒体数据处理能力

UGC 用户参与企业的营销,企业得到的数据信息数量会更多。数据的激增要求企业要不断提升对新媒体数据的分析和管理能力。与此同时,新媒体平台也要借助新媒体技术构建用户数据库与广告主的数据库。也就是说,在 UGC 营销中一定要注重大数据的运用与分析。

2018 年底,新榜研究院联合火星文化、卡思数据面向整个短视频营销行业递交了"2019 短视频内容营销趋势白皮书"。这份白皮书围绕短视频行业发展现状,短视频 KOL 发展现状,抖音和快手主流营销产品和商业价值对比,蓝 V 企业号运营现状、运营方法论,KOL 营销现状,主流行业 KOL 投放偏好及营销建议等 6 大课题,对 2019 年的短视频内容营销给出了 8 个方面的趋势性预见。

需要着重指出的是,在 2019 年的短视频内容营销极有可能发生的 8 大趋势中,白皮书认为,"大数据将成为突围短视频 KOL 营销精准投放和效果监测困境的唯一钥匙,并且大数据也会驱动短视频内容产业上下游各环节提前增效。"

(四)加强对 UGC 营销筛查和监管

UGC 营销,一方面方便了广大用户制作和发布信息,另一方面也出现了信息质量良莠不齐的现象。因此,需要新媒体平台方对于用户数据进行及时监督和处理,同时要严格根据网信办相关规定进行监管,利用一定的算法过滤冗余、低俗、虚假、轻浮等低质量的信息。

(五)完善相关法律法规

UGC 营销涉及出版权、商标权、隐私权等多方面的问题,完善相关法律法规,加强市场监管是非常必要的。

第四节 品牌营销

品牌传播是品牌营销的重要环节。中国传媒大学学者张振庭认为,品牌传播是指品牌所有者通过广告、营销活动、公关、人际沟通等多种传播策略及各种传播工具,与内外部受众进行的一系列关于品牌信息的交流活动。

新媒体品牌营销,即利用新媒体技术所开展的营销活动,本质上也是品牌传播行为与形态之一。

一、品牌营销策略的制订

(一)明确市场定位

对品牌市场进行有效的定位分析,是新媒体时代企业制订品牌运营策略的基础。随着用户群体的宽泛化,企业难以实现营销客体的全面覆盖,这就要求企业在对品牌进行推广前进行详尽的市场调查,制订针对性的营销策略。此外,用户群体的消费心理至关重要,要依此确定企业品牌营销的重心,制订正确的品牌营销策略。

比如,故宫文创品牌的市场定位在于深度挖掘明清皇家文化内涵,又贴近现实需求,将当代年轻人作为目标群体。截至2017年底,北京故宫博物院文创品牌产品已达万种,2017年为故宫带来15亿元人民币的收入[1]。

(二)整合市场信息,实现多元营销

制订多元的营销策略,是企业品牌营销策略的重要要求。

要做到这一点,企业品牌方一定要对各种不同渠道的信息进行科学整合,全方位占据营销渠道。北京故宫博物院在此方面颇有收获。它不断开拓不同领域、不同行业的跨界合作,比如将故宫元素带入游戏领域,推出多款故宫文化相关的App,还参与合作了综艺《上新了·故宫》。这些多元营销很好地宣传了北京故宫博物院自身品牌,获得了良好的营销效果。

(三)利用数字技术与用户强互动

在新媒体时代,利用新媒体技术进行品牌宣传,一定要突出强互动性,设法满足目标用户的各种需求,随之调整营销方案和品牌规划,同时完善用户数据库建设。

仍以北京故宫博物院为例。除微信、微博宣传外,北京故宫博物院一直在运用数字技术与用户进行强互动,比如通过VR技术实现了三维紫禁城重构,制作完成了六部虚拟现实作品,用以接待游客。

---

[1] 钱辰璐.新媒体环境下的中国风文创品牌传播浅析:以北京故宫博物院为例[J].科技视界,2018(28):20.

(四)培养新媒体营销专业团队

无论什么时代,高素质的营销专业团队都是企业发展必不可少的一环。如何培养、引进高素质的营销人才,这是所有企业都要思考的问题。企业要建立健全营销人才引进机制,注重专业营销人才的多样性与复合型,把握不同营销类型人才的优势所在。

(五)注重无形价值

除了树立正面品牌形象之外,企业要注重无形价值的构建。比如正确处理危机公关,成为品牌营销成功中不可忽视的一环。新媒体时代信息庞杂,用户对于企业品牌正面、负面信息都有着敏锐的捕捉力,这就需要企业有较强的危机公关能力和迅速应对各类危机事件时的反馈能力。注重无形价值的主要内容有以下三个方面。

(1)建立危机信息预警机制,有备无患,且应理念先行,完善机制,这样就可以提早对于危机信息进行预判和警示。

(2)建立以沟通与服务为主的危机控制机制,这个控制机制重在加强与用户的沟通,力争在危机发生时,第一时间回应用户,给予危机解决的诚意与具体实施方案。

(3)注重品牌形象的塑造,品牌形象塑造无时不在,要注重这笔无形资产。

(六)提升品牌附加值

比如德芙巧克力,通过一个个或甜蜜的爱情故事,或感人的亲情故事,描绘出德芙巧克力丝滑甜蜜的特点,博得用户关注和好感。这对于品牌本身形象的塑造能产生积极的作用,无形中创造了品牌良性的附加价值。

二、品牌营销线上线下活动策划

为了将上述的品牌策划与产品策划成功落地实施,将已有的概念成功转化为流量,使资本实现商业变现,可从线上线下营销活动上进行策划组织。

(一)发布策略

在发布策略层面,要考虑由点到面的推广效应与过滤性选择的推广通路。具体的营销步骤可以分为以下三点。

(1)建立传播网络。要面向客户群体,建立一个中心(App)两微(微信、微博)多平台的矩阵式多维度传播网络,为项目宣传拓宽广度。

(2)点对点集中推广。要有针对性地引导客户,进行点对点集中推广,打造项目推广的深度。

(3)建立圈层语境,实现自发传播。

(二)营销路线

结合国内外成功的品牌营销经验,本教材提出了"客户线+活动线+体验线"的线上线下相结合的营销路线。具体内容包含以下三方面。

(1)客户线的营销路线有三个方面的内容:一是可以利用户外广告、节点曝光、多渠道传播,全面提高客户及广大用户对品牌的认知度;二是可以联动其他中小公司,进行利益驱动下的用户全面营销;三是可以用蜂巢聚合模式整合资源,大范围积累客户及广大用户。

(2)活动线的营销路线也有三个方面的内容:一是举办高品质活动,提高项目形象;二是保持一定的活动频率,增强客户黏度;三是进行有针对性的设计活动,过滤客户层。

(3)体验线的营销路线主要有两个方面内容:一是借助 VR 等技术开启新型客户体验模式;二是建立完备全面的体验系统并配备专业团队。

(三)制订工作计划

一般情况下,制订品牌营销工作计划分为以下两个阶段。

(1)在第一阶段,要注意做到以下四个方面的内容:一是完善项目的专业团队建设,确定各项宣传推广和营销活动的预算,形成宣传周期和确定具体各个阶段的排期;二是完成文案撰写、海报设计等宣传的前期准备工作;三是做好户外项目落地,完成宣传物料印刷制作并且开始投入使用;四是进行传统媒体、新媒体网络平台等多渠道的前期导入宣传活动。

(2)在第二阶段,要注意做到以下四个方面的内容:一是进入大量投放的宣传期,用平面广告、视频广告等多形式呈现营销内容;二是完成户外投放升级,例如地铁广告、户外楼宇广告、移动电视等;三是开展会员招募,培养起一批具有黏性的核心用户,为后期依靠核心用户的力量扩大影响范围打下基础;四是利用前期构建的品牌媒体矩阵和与传统媒体、新媒体合作关系,进行持续的宣传推广等。

(四)多种模式融合成为新趋势

随着科技的进步和经济水平的提升,人们的认知和需求层次也在逐渐提升,单一的营销手段已逐渐无法满足用户的需要,必须要引入和借鉴其他模式,进行有机结合,才能完成更好的营销,也才能在更大程度上实现变现目的。

下面以快看漫画 App 的品牌营销为例,介绍其使用的至少六种营销模式融合的方法。

1. 内容营销与情感营销融合

快看漫画 App 利用创始人陈安妮的微博推出爆款产品《对不起,我只过1‰的生活》,吸引了百万粉丝用户关注、下载快看漫画 App,这个爆款产品与用户强烈的情感认同产生共鸣,用户认为自己也只是过了 1‰ 的生活。这是内容营销与情感营销的完美结合。

2. 内容营销、软文营销和粉丝营销融合

快看漫画 App 利用签约画家各自原粉丝资源,在"两微一端"平台用内容营销、软文营销、粉丝营销等多种方式推荐快看漫画 App 及其周边产品,效果良好。

3. 视频营销与品牌营销融合

快看漫画 App 开设直播频道用来宣传自己的 App 和漫画作品;同时在新一轮融资中宣布启动 3S 计划,在 2018 年起的三年内重点扶植漫画作者,制造精品内容,培养漫画人才。这是视频营销与品牌营销的结合。

4. 情感营销与互动营销融合

快看漫画 App 利用社交营销在软件内部增添了一个"V 社区"沟通板块,鼓励用户关注自己喜欢的漫画作家,在其发布的内容下面点赞、互动。这是情感营销与互动营销的结合。

5. 广告营销与活动营销融合

2017年7月初,快看漫画App掷金千万于湖南卫视热门节目中投放硬广告,增加社会曝光率,同时在地铁站设置海报、展板,在图书馆举办用户见面会,与用户拉近距离,培养好感。这是广告营销与活动营销的结合。

6. 数据营销与付费营销融合

在用户基础稳定之后,快看漫画App趁热打铁,实行数据营销,搭建了非常庞大的数据库,描绘用户画像,确定产品定位,把国漫作为自己的主要内容,发现了女性用户的潜在消费力,对她们进行针对性的内容推荐。同时,快看漫画App开启付费营销模式,实行付费观看漫画,填补了国内漫画市场的这一空白。

第五节 其他新媒体营销模式

一、需求营销

1943年,美国心理学家亚伯拉罕·马斯洛首次提出需求层次理论,将人类需求从低到高按层次分为五种:生理需求、安全需求、社交需求、尊重需求和自我实现需求。这正是需求营销的理论基础。

需求营销的关键点有两个:一是抓住用户及消费者的需求;二是明白用户及消费者的需要是不断变化的。

在进行新媒体需求营销策划与活动时,一定要在需求与变化这两个方面下功夫。在充分研究、抓取马斯洛五个层次需求内容的同时,一定要结合时代变化,抓住特定人群的需求,抓住用户潜在的欲望需求,利用好新媒体这个宣发传播平台与渠道,让营销活动产生良好的效果。

需求营销包含以下三个方面的内容。

(一)符合用户兴趣和需求的沟通

做新媒体需求营销时,营销者要把握传播规律的变化,通过互动工具建立有效的沟通平台,找到自己与用户、消费者个性化需求、潜在需求的结合点,发起营销话题,让用户与消费者参与到营销品牌企业相关的活动中来,直接接触营销品牌,并能与品牌形成无碍、便捷、痛快的沟通。

(二)分析流量背后的人群与心态

新媒体火热流量的背后,是庞大的用户和潜在的消费人群,营销者要善于分析流量背后的用户与消费者的心态。营销者通过仔细分析就会知道该在什么时候、用什么方法去和流量背后的这些特定人群建立沟通,从而产生聚合价值。

(三)精准营销

精准营销是指对产品、目标用户进行精准定位,选择配合传播的媒体平台,并精准把握所有的执行细节及时间节点。"当企业自我灌输了精准意识后,将会矫正在线营销方向选择。"①

精准营销要注意以下两个问题:一是要看选择哪一种新媒体进行营销;二是精准营销不能和全面覆盖背离。因为不知道哪个用户会成为这次营销中的潜在消费者,所以在专精布局的同时,还要强调广撒网、全覆盖,两者兼顾,既要精准把握,又要兼顾产品、目标人群和媒体的全覆盖。

二、粉丝营销

(一)粉丝与粉丝营销

1. 粉丝

粉丝来源于英语单词 fans。

美国研究大众文化的学者约翰·费斯克在《理解大众文化》一书中指出,粉丝是过度的读者,"这些狂热爱好者的文本是极度流行的。作为一个'迷',就意味着对文本的投入是主动的、热烈的、狂热的、参与式的。"②

粉丝泛指影视演员、歌手、运动员等的迷恋者,也包括某个品牌的忠实支持者和某个领域专业人士或时尚达人的拥护者。粉丝因热爱偶像而爱屋及乌,对偶像代言的产品或使用的品牌疯狂追捧,产生一系列的消费行为,通过偶像互联网传播扩散,影响不可小视。这种消费模式带动了粉丝经济的产生与发展,也为商家、企业和广告主提供了营销新思路。凯文·凯利的"一千铁杆粉丝"是社群经济得以发展的理论基础。

2. 粉丝营销

粉丝营销是指企业或品牌方利用名人做代言或宣传,产生名人效应的一种方式。它依托名人众多的粉丝人脉资源,扩大知名度,把庞大的粉丝群体变为消费者,达到营销目的。

2018年《偶像练习生》和《创造101》爆红,国内偶像文化风起云涌。偶像需要流量数据的支撑,粉丝想一直在舞台上看到他们的偶像,就会用实际消费能力为偶像提供最好的经济支持。因此,忠实的粉丝们迅速集成社群拿出真金白银,偶像与粉丝之间便形成了"互相需要、互利共赢"的关系,结成情感与利益的共同体。一些商家、企业从中看到商机,开始为产品、品牌、服务找偶像代言。粉丝营销是非常火热的一种营销方式。

(二)粉丝营销的注意事项

1. 一定要适度

对于商家、企业、营销平台、偶像来说,利用粉丝营销一定要适度,不可过度,过犹不及。如果高频率利用偶像等进行粉丝营销,一是组织方花费不菲;二是次数过多后有可能造成粉丝们的审美疲劳;三是对粉丝们的生活、工作、学习会造成一定的干扰,粉丝们的家人也会有不满情绪。

---

① 葛景栋.建立符合消费者需求的沟通方式:新媒体的营销战略[J].新闻前哨,2009(5):14-15.
② 费斯克.理解大众文化[M].北京:中央编译出版社,2006:173-174.

2. 建立粉丝社群

社群认同能提高粉丝与品牌之间的联系度和信任度,增强粉丝群体的凝聚力。社群认同在粉丝营销中的作用不可小视。

职业销售者马克·舍费尔认为,在网络社会中,只有社会认同才能证明你的真实性,网络上的社会标记就是在传达社会认同[①]。

比如,小米公司在新媒体社交平台上建立了小米发烧友社群,借粉丝之力实现了传播效果的最大化。小米公司利用微博扩大影响力,快速吸引粉丝,以碎片化、新鲜感强的话题吸引流量;利用论坛这个小米发烧友聚集地,探讨关于小米技术等深层次的话题;利用微信解决小米客户的问题,以个性化的服务创造良好氛围。小米公司的这种微博拉新、论坛沉淀、微信客服在社交媒体上互为补充的粉丝营销方式,吸粉能力很强。

3. 重视线上线下互动齐进

前面提到的小米公司粉丝营销,就注意到了线上与线下融合。

线上,小米在微博举办了"我是手机控"等系列活动,引起小米粉丝们的热议,粉丝之间,粉丝与公司之间的感情黏度增强;线下,小米公司分别发起了爆米花、同城会等活动,让粉丝们见面增进了解,提高了小米品牌社群认同感。

三、定制(个性)营销

美国著名营销学者科特勒曾说,定制营销是21世纪市场营销的最新手段。的确如此,很多企业摸准了市场细分的脉搏,开始向特定用户提供个性化定制产品与服务,定制营销走俏。

(一)定制(个性)营销特色

定制(个性)营销主要特色体现在个性化、定制程序与流程通畅两个方面。

1. 个性化

一是企业的营销要有自己的个性化,用别具一格的特色产品与服务吸引用户和消费者;二是满足用户个性化的需求。定制营销从某些程度上也可称为私人定制营销。

2. 定制程序与流程通畅

定制程序与流程通畅主要表现在三个方面:一是重视用户的个性化定制的要求,及时对这些要求进行反馈;二是对用户个性化需求的合理性进行充分论证,无论能否及时回复用户;三是公布定制程序与相关流程,方便用户快捷、清楚地了解如何定制。

(二)定制(个性)营销注意事项

1. 建立流畅信息沟通渠道

企业在进行定制(个性)营销活动时,要建立畅通的信息沟通渠道,在这个平台上,用户可以畅所欲言,提出自己的具体想法或是留言表达自己需要什么样的产品或服务,企业根据这个渠道进行网上讨论,研发产品。

---

① 舍费尔.热点:引爆内容营销的6个密码[M].北京:中国人民大学出版社,2017:178.

2. 注意建立专家资源

提供一对一定制或是同类需求的私人定制营销活动时,最关键的前提是企业要有强大的行业、专业方面的专家资源作为后盾。要充分利用互联网,把相关的专家、学者、业内高手聚焦在自己的平台上,以备用户不时之需。

3. 拥有成熟的用户数据库

用户无论提出什么奇思妙想,营销方要注意收集、整理这些数据,建立成熟的用户数据库。另外,要有人力整合数据库里面的信息,这些信息对企业研发、生产、销售和服务部门非常重要,可以帮助企业了解用户的心态、期望和想法。

四、互动营销

在新媒体时代,传统传受关系被打破,以用户为中心的新型营销模式——互动营销诞生。

"互动营销是指为了创造、沟通与传送价值给顾客且经营顾客关系,个人或群体通过各种手段将创造的产品或服务与他人进行交换,并通过双方彼此参与、相互交流、互相改变甚至相互感动,以达到尽量满足双方的所需为目的的营销方式。"①

在此过程中,商家获得了经济利益,而消费者获得了更好的产品使用体验和价值认同。

(一)互动营销的特点

与传统营销模式相比较,互动营销具有及时互动沟通并获取反馈、充分满足个性化需求、节约成本、快捷方便等特点。

(二)互动营销的方式

互动营销主要有虚拟社区运营、社交媒体运营和口碑营销三种方式。在互动营销的应用中,小米手机的营销最值得借鉴和学习。

在手机发售前,小米提前建立线上 MIUI 社群,定时发布产品信息,解答消费者疑问,与米粉进行互动游戏,渲染气氛,制造悬念。同时,小米还善于借助社交媒体,针对某些热点话题和大众关心的事件发声并进行产品推广,获取关注度。除此之外,小米公司依托 MIUI 社群吸引的一大批发烧友和米粉对产品进行口口相传,除了产品性能之外,对于产品本身主打的"青春""奋斗"等文化符号进行大力推广,以较小的成本促成了较大的营销效果。

在移动互联网环境和新媒体技术的支持下,营销方应该充分利用互动营销,增强互动,促进沟通,让更多用户产生消费,提升满意度,进一步完善消费体验。

五、其他常见的营销方式

(一)搜索引擎营销

这是根据用户和广大消费者使用和依赖搜索引擎的行为和习惯而进行的营销。搜索引擎

---

① 刘星,冷婷.浅谈小米手机的互动营销[J].新闻世界,2013(9):201-202.

已经成为用户、消费者和企业之间最重要的沟通桥梁。营销方在进行搜索引擎营销时,要注意以下四个方面内容。

(1)设计好合适的关键词,关键词可以方便用户、消费者进行搜索,并让用户、消费者产生兴趣。

(2)营销方一定要提高品牌、产品、服务、活动、组织或网站在搜索结果中的可见性和可寻性。

(3)不要在搜索引擎中接入过多的广告,这会让用户和消费者反感生厌。

(4)不要以虚假排名愚弄用户。2016年4月魏则西事件让搜索引擎营销陷入困境与反省。同年5月,国家网信办进驻百度进行调查,发现其存在付费竞价、商业推广标识等方面的问题,影响了搜索结果的公正客观。营销方不应以金钱利益换取靠前排名,以虚假排名愚弄用户。

(二)体验营销

体验营销是指以用户体验为核心,以满足用户体验需求为工作重点,将体验因子纳入营销战略,为用户带来新价值的营销方式,其目的在于迅速拉近与用户、消费者的距离,提升品牌的竞争力。

营销方在进行体验营销时,要注意考虑用户和消费者的感官、情感、思考、行动和关联五方面的体验。

(三)大数据营销

尽管大数据这个概念并不新鲜,但真正广泛运用到日常生活和工作当中,是移动互联网普及之后的事情。大数据营销是在基于多平台的大量数据(如互联网、移动互联网、广电网、智能电视等)的基础上,应用于广告行业的一种新型营销方式。它的宗旨在于使广告更加精准有效,于恰当的时间、以匹配的载体、用合适的方式,投放给目标人群,大幅提高品牌企业的投资回报率。

同时,一定要注意大数据的真实性!如果大数据是虚假的,大数据营销将一败涂地。具体注意事项包括以下三方面。

(1)不可在微信公众号流量上造假。

(2)不可在资讯平台数据上造假。

(3)不可在微博大V粉丝数目上造假。

(四)故事营销

美国学者伯格曾这样说:"我们的一生被叙事所包围着,尽管我们很少想到这一点,我们听到、读到或看到或兼而有之的各种传闻和故事,我们就在故事的海洋中漂游。"[①]

故事营销日渐成为新媒体营销的主要方法。2017年,滴滴推出由真人真事改编的短片《最后一公里》,就是新媒体故事营销的典型案例。

故事是这样的:一个老师傅为了救女儿的病,拼命开车筹钱,最后是社会的温暖拯救了他

---

① 伯格.通俗文化、媒介和日常生活中的叙事[M].姚媛,译.南京:南京大学出版社,2000:1.

们,而老师傅牢牢记住了社会温情,每一次出车都提前一公里完成订单回馈社会。

故事营销就是通过讲述一个与品牌理念相契合的故事,来吸引用户或目标消费者,使之产生情感共鸣,从而潜移默化地完成品牌信息传播,树立品牌认知。

新媒体时代故事营销呈现富媒体化,融图文声像等多种传播符号于一体,传送多感官的立体化故事,让用户更能身临其境,沉浸在故事所代表的品牌质量与服务理念之中。

故事营销要抓住以下五个方面的要点。

(1)讲突出品牌个性的故事。
(2)讲故事中戏剧性的冲突。
(3)讲与时俱进、时代感强的故事。
(4)讲贴近生活、空白点上的故事。
(5)故事表达方式多种多样。

倒叙、平铺直叙、悬念穿插等,无论哪种表达,只要能吸引人从头到尾看完并有印象,获得思考或启发,产生购买行动,就达到了故事营销的效果。

(五)网站营销

网站营销是营销方开展新媒体营销的基础和核心。网站最基本的作用是营销信息的重点展示和呈现,是品牌、用户与消费者互动进行价值交流的平台。

在进行网站营销时,营销方要注意由于受时间、空间的限制,网站上不能全面呈现整体的营销信息,大多数仅仅是简单的信息告知。因此,这种营销方式无法满足很多潜在消费者的信息需求,很难立即实现通过网站浏览信息并产生说服用户进行购买的行为。

(六)情感营销

有的人买东西时,并不是十分注重商品数量的多少、质量的好坏以及价钱的高低,甚至买一样产品回去,所为的也不是使用,他们所注重的,是感情满足和心理认同。情感营销由此而生。

情感营销是以受众的情感为基础,激起受众的情感需求,产生心灵上的共鸣,寓情于营销。我们经常说到的情怀,就是情感营销的一种典型代表。业界常把情感营销称之为怀旧营销。

情感营销常常是从感性层面讲故事,打动用户和消费者,真正有心并且用心的情感营销,用户与消费者能感觉得到,并自愿、情愿去买单消费。

营销方在进行情感营销时,要注意以下三个问题。

(1)不能滥用情感。
(2)巧妙找到营销产品、服务等与人们某种情感的关联点。
(3)适时结合某种时代背景、热点事件回顾等作为契机。

(七)热点营销

热点营销是与怀旧营销相对而言的另一种营销方式。

热点营销是指营销者在真实和不损害公众利益的前提下,通过制造热点新闻效应的事件,凭借媒体和舆论的力量吸引用户与消费者的注意力,提高社会知名度,塑造企业的良好形象和最终促进产品或服务的营销。

在一定程度上来说,"蹭热点"的行为也可以归入热点营销当中。

如何抓取营销中的热点？一般常用如下四种方式。

(1)关注微信群、朋友圈刷屏的内容。

(2)关注热点新闻。

(3)关注微博热搜榜。

(4)关注搜索引擎的热点推荐排行榜。

注意:在热点营销中最好不要碰负面的、严肃的热点,要追那些积极向上、有普遍性、有娱乐性的热点,分析并找到产品与热点的契合点,从而确定营销活动主题、方式和宣传渠道。

(八)知识营销

知识营销是营销方把所拥有的对用户有价值的知识传递给潜在用户,让潜在用户逐渐形成对某种企业品牌、产品或服务的认知,从而将潜在用户最终转化为消费者和忠实用户的营销行为。目前,我们最熟悉的知识营销有知乎、百度问答、百度文库等。

值得注意的是,知识营销一定要传播具有社会主义核心价值观的知识内容,而不是低级、媚俗、格调低下的内容。知识营销中知识传播是第一位的,营销是适时而进。

2018年2月被叫停的"直播答题"属于知识营销的范畴。最先做这个答题的是冲顶大会,每天直播两场,每次出12道题,每道题答题时间十秒钟,全部答对就可以冲顶成功瓜分奖金。除了现金奖励外,答题失败的用户可以通过邀请码得到复活机会,带动用户几何级增长。之后花椒直播的"百万赢家"、优酷视频"答题赢钱"跟进,西瓜视频、映客直播等众多网络平台也一起进入风口,有时一场"直播答题"奖金会将近1000万元,引发全民答题狂欢。

为什么叫停直播答题节目或游戏呢？

分析具体情况,可得出以下四点答案。

(1)一些网络平台不具备视听直播合法资质。《要求加强网络直播答题节目管理》的通知中明确指出,未持有信息网络传播视听节目许可证的任何机构和个人,一律不得开办网络直播答题节目。

(2)内容审核机制不健全,常有导向偏差。

(3)不是传播正能量知识而是直奔流量和点击率。

(4)以传播知识名义嵌入很多广告,赤裸裸地赚钱。

(九)创意营销

现代营销学之父菲利普·科特勒把营销分为三个时代,即以大众营销为核心的Marketing1.0时代、以分众营销为核心的Marketing2.0时代和强调创意营销传播的Marketing3.0时代。在Marketing3.0时代新的市场环境中,营销传播摒弃了以往的信息灌输方式,而是在媒体、内容和传播沟通方式的创新上来征服目标受众。

在新媒体传播渠道与传播模式不断革新的今天,我们正式进入了以创意为核心的Marketing 3.0时代,极具特色的创意才是催生受众吸引力的根本。可以说,创意已经在营销策划方面展现出至关重要的影响力。

1. 创意营销的特点

第一,投入小、效果快,创意营销往往借助传统媒体、网络媒体以及自媒体等多方位平台,将创意植入目标受众脑海中,通过创意吸引用户的目光,让用户自动进入创意营销策划者设定的"游戏规则"中,并维持较持久的注意力,提高营销商品的网络竞争力和销售能力;第二,表现手段丰富多彩,多采用文字介绍、声音、影像、图像、颜色、音乐等;第三,定向与分类明确,有着最大化的传播面,但也有着最精准的定位。

2. 创意营销的方式

创意营销方式多样,最普遍的方式是产品授权。如2013至2014年,可口可乐公司通过购买歌曲授权,售卖"歌词瓶",借助明星效应完成营销;宝马和奔驰在世界杯期间以联合公关的模式进行创意互动营销。

近几年,伴随着电商产业和文化产业的崛起,出现了"蹭热点"以及建立文化IP的创意营销方式。

在2018年9月21日举行的中国文化IP高峰论坛上,中国文化产业发展集团总经理陈彦女士代表主办方发表了主题演讲,在其演讲中首次发布了"文化IP"的概念和定义:"文化IP特指一种文化产品之间的连接融合,是有着高辨识度、自带流量、强变现穿透能力、长变现周期的文化符号。它有两个核心,首先它有很好的内容,其次是有追随者,有流量有粉丝,可以被市场化、商业化。这两方面要相得益彰。"

(十)视频营销

视频营销是视频和互联网,特别是移动互联网的结合,是以内容为核心、创意为导向,利用精细策划的视频内容实现产品营销与品牌传播目的的营销。

这种方式主要的体现形式有MV、TVC、微电影等,具有感染力强、形式内容多样、创意新颖等优点,同时又有互联网营销之互动性强、主动传播性强、传播速度快、成本低廉等优势。短视频营销近年来引人入胜。2017到2018年,我国各大卫视跨年演唱会的冠名商都被各大短视频App包揽,不少热门影视剧和综艺节目上也挂上了"西瓜""火山""快手""抖音"等短视频App的名字,苹果iPhone也推出2018新年广告短片《三分钟》。

(十一)公益营销

这种营销方式到目前为止还未形成统一的定义,或者说仅仅只是一个大概念。公益营销就是借助公益活动与消费者进行沟通,使消费者对企业的产品或服务产生偏好,并由此提高品牌知名度和美誉度。

王老吉向汶川灾区捐款一亿,就是非常典型的公益营销案例。

本章思考题

1. 新媒体营销模式有哪些?试举例说出你最感兴趣的两三种。
2. 试从UGC内容、UGC用户、传播方式三个方面,来分析B站进行UGC营销的情况。
3. 怎么看待粉丝营销与个性定制营销?
4. 故宫博物院是如何进行品牌营销的?
5. 你如何看待网易云音乐进行的病毒式营销?

6. 新媒体病毒式营销有哪些突出特点？试举例说明。
7. 你如何评价 2018 年"十一"期间出现的中国支付宝"锦鲤"现象？
8. UGC 内容营销的优势有哪些？
9. 试梳理一下整合营销传播理论发展体系。
10. 新媒体时代如何进行整合营销？
11. 新媒体故事营销要注意哪些问题？

第五章

新媒体内容营销与策划

内容、广告、营销、策划是传播学领域四个至关重要的概念,如何组建完美的"闭环"以达到最好的传播效果,从而使营销的效益最大化?在新媒体平台已逐渐成为现代传播主要渠道的现实背景下,传统传播学所探讨的内容、广告、营销、策划的定义和关系,也在一定程度上发生了改变。

这里,我们所探讨的内容,主要是指新媒体时代传达给用户的以图片、文字、动画等介质承载的有关产品的信息;广告则是借助新媒体形式载体向直接用户传播内容,它分为商业广告和非商业广告;营销侧重于结果,是整体"闭环"完成的一种效果性整体展现,是让用户深刻了解该产品进而购买的过程;策划则贯穿全过程,从营销创意方案开始,内容营销就已开始,策划无处不在,比如,选择哪一种新媒体,选择哪一种营销方式,发布什么内容的广告,广告方案怎么写,投放广告的最佳时间段,营销活动如何安排,营销事件如何策划才能既抓热点又抓用户需求,营销过程中如何面对公关危机,等等,不一而足。内容、广告、营销与无处不在的策划联手,形成新媒体营销的"闭环"。

本教材把策划融于新媒体营销内容、传播、广告制作、日常运营、营销变现与新媒体公关中的危机应对之中,不再专门设章节论述。

第一节 守正创新全媒体内容传播

守正创新是新媒体时代新闻传播的必然趋势。

一、守正创新

守正即把政治方向摆在第一位。

创新则要求新闻媒体单位与个人进行理念、内容、体裁、形式、方法、手段、业态、体制、机制等的创新,在新闻传播的过程中增强针对性和实效性,推进国际传播能力建设,讲好中国故事。

习近平总书记指出,"对新闻媒体来说,内容创新、形式创新、手段创新都重要,但内容创新是根本的。"①

2018年两会期间,人民日报推出《中国一分钟》系列宣传片,讲述中国改革开放四十年发生的巨大变化和取得的成就,一经推出即获广大用户关注。

该宣传片就属于传播内容创新。

《中国一分钟》是对国家、社会的宏观数据进行拆解,焦点集中在一分钟这个时间段内能具体做出什么事情。这种创新由大入小,从小切口出发,述说身边老百姓能听懂、看懂的事情,这在一定程度上让用户眼前一亮。它与传统报道不一样,是别有洞天的表达。这种崭新的表达让用户乐意点击阅读、评论和分享,对传播效果产生了增值作用。

二、新媒体内容传播来源

作为传统的大众媒体,无论是准备向新媒体转型的,还是正在转型中或已经转型成功的,它们都同新媒体时代蓬勃发展的"两微一端"、自媒体一样,离不开真实、原生、优质的内容传播,离不开新媒体平台矩阵分布,离不开全媒体融合内容生产与发布。如今新媒体的全媒体融合内容来源呈多样化、多元化、矩阵分布的特点。

以腾讯平台为例,其传播内容来源至少有四种:第一种是各大报纸、电台、电视台、通讯社、杂志等传统媒体;第二种是梨视频及其广大的拍客资源;第三种是与AP等国外媒体合作进行编译的内容;第四种是有专业视频制作能力的机构PGC和自媒体UGC。

内容即广告,内容即营销,内容为王依然是新媒体生存发展的关键所在。

下面将以人民日报为例,分析它是如何打造新媒体矩阵,生产真实、原生、优质的内容,取得良好的全媒体融合传播效果的。

三、人民日报建成全媒体融合内容平台

2018年8月19日,继推出"中央厨房"之后,人民日报又推出全国党媒信息公共平台,被形象地概括为"百端千室一后台":"与全国各类媒体、党政机关、企事业单位的新闻宣传部门合作,联通数百个客户端,孵化上千个内容创新的工作室,在保持各类端口都有自己独立后台的前提下,打造一个共享的智能化数据后台,构建起内容共享、技术共享、渠道共享、人才共享、盈利模式紧密协作的处理公共平台。"②

如今的人民日报已从拥有300多万读者的纸媒,发展成为拥有数百个终端载体的新型主流媒体集团,及覆盖7.8亿用户的全媒融合内容传播平台。

---

① 曹智,栾建强,李宣良.习近平视察解放军报社[N/OL].(2015-12-26)[2019-06-02]. http://www.xinhuanet.com/poliltils/2015-12/2b/c_117588434.htm.

② [作者不详].人民日报"全国党媒公共平台"喊你一起深度融合![EB/OL].(2017-11-29)[2019-06-02]. http://www.sohu.com/a/207323870_565998.

四、人民日报全媒体融合内容传播分析

(一)坚持党报定位与内容为王

主流媒体的职责一直是在保证内容质量的同时,坚持正确的舆论导向,传播和弘扬正能量。人民日报一直在坚持党报定位与内容为王。

2016年7月12日,所谓"南海仲裁案裁决"公布,由人民日报新媒体推出的"中国一点都不能少"微博话题,真正是微言大义,总阅读量超过66亿,转发超过320万,荣获2017年第27届中国新闻奖网络作品一等奖。

人民日报一直在坚持新媒体产品与传统媒体精神内核有机结合,新媒体中心成立不到五年,爆款迭出。2017年军装照H5PV突破10亿,被称为业界流量奇迹;2018年线下体验展"时光博物馆"累计参观人数超过50万次,成为现象级媒体活动。

人民日报统筹策划室副主编余荣华说,这些被大众广泛接受的产品,和人民日报自身的定位、价值观是相符的。

(二)依靠新媒体技术与平台生产爆款全媒体融合产品

人民日报社除了在内容质量上严格坚持内容为王、守正传播之外,也十分重视新媒体技术与融合平台的作用。他们利用巧妙的创意策划,运用恰当的新媒体表达形式,创造出一系列浏览量破千万的爆款全媒体融合产品。

以2017年人民日报新媒体中心推出的八一建军节军装照产品为例,分析一下其背后强大的技术含量。军装照H5由人民日报客户端策划、主导开发,是国内首次将人脸融合技术与实时热点相结合的新媒体作品。从产品创意策划、脚本设计、资料收集,到与腾讯合作利用其核心图像处理技术制作、发布只用了两星期时间。用户在朋友圈上传一张自己的军装照,用时不到一分钟,流畅有趣,这是因为腾讯云动态扩容技术在默默发挥作用。有了它,可以动态部署4000台腾讯云服务器进行智能分流,确保用户蜂拥刷屏时系统仍然流畅可用,甚至在最高峰1分钟内完成了117万的用户请求,实现了传播规模的最大化。

(三)更新理念,创新工作流程

在移动互联网时代,创新原有的大众传播体制,发展新媒体内容生产规律的机制尤为重要,更是大势所趋。人民日报近年来把握热点节奏,生产出叫好又叫座的新媒体作品,得益于其更新新闻采写编制理念,在工作流程、人财物和分发渠道等机制方面果断进行整合创新。

人民日报除了紧盯各类最新的媒体技术之外,顺应移动传播社交化、个性化、视频化的新趋势,提出"移动优先,视频优先,智能优先"三优先理念,主动探索沉浸式传播及裂变式传播等不同方式,并将VR、H5、无人机、视频直播等运用到内容生产中,实现了内容优势的全媒体智能优先。

CNNIC中国互联网发展状态统计报告显示,截至2018年6月,在我国各类媒介使用的情况中,只有手机呈上升趋势,手机网民达到98.3%,其余皆有所下滑。可见,移动端产品已经是也必须是媒介产品的标配。毫无疑问,用户对于碎片化时间的利用,成为传播学的新课题,

移动优先必然会成为新媒体发展战略。

在这种移动优先、视频优先与智能优先的新机制下,人民日报新媒体矩阵全面尝试语态、形态创新,多维度、多层次丰富其报道形式,全媒体融合爆款产品数量呈上升趋势。

"2018年全国两会,人民日报报道指挥协调、采编统筹、技术协作、特刊编辑等都在'中央厨房'进行,报网端微集中办公、随时沟通、动态协调,全媒体阵营实行一体策划、一体制作、一体指挥调度、一体传播分发、一体效果评估。"①

(四)注重用户参与和社交传播

传统新闻学中的新闻价值理论依然在移动互联网时代起着作用,只不过新闻价值中新闻的趣味性、接近性、显著性更被用户看重。移动互联网时代更讲究从用户角度报道新闻、提供资讯,生产出各类有用户体验和用户黏性强的产品。这要求新媒体机构、单位与个人在进行全媒体融合传播时,要注意激发用户参与,重视用户的社交潜能所发挥的分享转发传播功效。

2018年3月7日,人民日报社新媒体中心发起"中国很赞"众筹MV活动,以"点赞青春,点赞中国,奋斗新时代"为主题,呼吁网友参与互动,以手指舞表达对祖国的热爱和祝福。用户的主体参与性一下子被调动起来,一起为中国点赞,一时间各种各样的社交圈内刷屏、分享、转发、评论、传播的都是手指舞。众多演员也纷纷响应,在各自朋友圈、微博等社交平台刷起了手指舞话题。

人民日报社新媒体中心不仅生产出质量好、传播广的网红作品,而且善于运用新媒体营销手段进行推销传播。其正能量的主题词"中国很赞",其实起到了广告的作用;其留言征集、手指舞挑战等线上活动,充分激发了用户主体的参与意识并付诸行动;其策划组织的"中国很赞"地铁专列、主题火车票、共享单车等线下推广,属于品牌营销和活动营销相结合的整合营销,这些都营造出了全民为中国点赞的舆论环境。

(五)打通渠道、服务内容、全网覆盖

人民日报新媒体的发展离不开渠道的打通,其所有的渠道最终都是服务内容的,可以说,它做到了打通渠道、服务内容、全网覆盖。

以人民日报近几年来在两会期间的报道为例,其新媒体抢时效、抓新闻、推资讯,"两微两端"(微信、微博、中文新闻客户端、英文客户端)多渠道、多形式报道成效显著。2017年3月5日,第十二届全国人民代表大会第五次会议开幕,人民日报在直播李克强总理《政府工作报告》的两个小时内,也连续推送文字、图片、短视频等即时报道32条,总阅读播放量超1.7亿,点赞超32万。开幕会结束后不到10分钟,人民日报客户端即推出极简版政府工作报告,只有800字,汇总了要点内容,仅在人民日报"两微两端"当天的总阅读量就超过6300万,点赞近6万。人民日报全媒体融合内容传播的经验,值得我们学习借鉴。

---

① 王玉琳.人民日报社:突出思想指引传递时代之声[N].中国新闻出版广电报,2018-03-20.

第二节　新媒体内容营销与策划

一、内容为王属第一

传媒"内容为王"的说法被认为最早由维亚康姆公司总裁雷石东提出，他指出："传媒企业的基石必须而且绝对必须是内容，内容就是一切。"①

中国内容营销研究院秘书长沙建军认为企业的内容能不能给用户带来价值，并且让用户买账，形成"以人为媒介"的传播才是关键②。纷繁复杂的营销策略都只是手段，广告传播只是介质，最终的营销效果还要归结到产品本身的内容层面上来，归结到用户身上，实现以人为媒介的传播。分享即是如此。作为补充，《纽约时报》的一项研究表明："人们克服冷漠，分享他人内容主要出于内容的实用性。"③

2018年11月27日，腾讯新闻举办短视频沙龙，探讨短视频时代内容创作的变与不变。短视频《了不起的匠人》导演陈傲也出席了此次沙龙，分享了他的观点与感悟。陈傲认为在短视频为主的新媒体时代，一定要抓住用户，用产品思维去运营内容，可以围绕目标用户的消费场景和习惯，把内容分解为多种形式，比如说可拍成纪录片，也可做成书籍出版，可以举行座谈会分享所要传播的内容，也可以办成专门内容的展览，还可以用电商形式运营内容。其团队正在做更多跨界尝试，他们期待他们的作品具有跨越时间的能力，能提供给用户根本性、可沉淀的价值——即使放到5年、10年，甚至20年之后，依旧可以吸收到养分。

二、常用的两种内容生产模式

目前的移动互联网行业最常使用的内容生产模式有两种，一种是PGC专业生产内容模式，一种是UGC用户生产内容模式。前者是主流大众传媒自己的新闻工作人员将采、写、编、制的专业内容上传到新媒体平台上，或是一些新兴的新媒体平台雇用了新闻专业编辑、付费邀请了专栏作家来生产内容，如门户网站时期的新浪、搜狐、网易等；后者则是由用户生产内容，传送内容。但凡是做内容，除了明确内容的调性和定位外，一定要做出用户爱看、乐于传播的单篇内容，而且要保证优质内容生产的持续性。

PGC专业内容生产相对容易做到持续传播，因为它有大量专业内容生产者，资源丰富，只需要把内容生产任务逐层拆解和尽量标准化，保证把所有内容分配到人，再通过相应的机制和手段确保内容可以被按期产出就可以了。

下面，重点谈一谈新媒体平台上UGC用户生产内容时，是如何搭建UGC内容生态的，这主要有以下四个步骤。

---

① 高贵武,刘娟.内容依旧为王：融合背景下的媒体发展之道[J].电视研究,2015(4):27.
② 沙建军.我知道他想看什么[M].北京:中信出版社,2018:30-31.
③ 舍费尔.热点:引爆内容营销的6个密码[M].北京:中国人民大学出版社,2017:42.

(1) 内容初始化。新上线的 UGC 产品，最初一定是什么也没有的。此阶段内容生产主要包括氛围营造（天涯早期是高知汇聚之地）、话题挑选（知乎早期高度聚焦于互联网和创业话题）、初期内容填充（与网站本身定位及目标用户符合的内容）。

(2) 吸引少量用户加入生产。理论上，这批人是一群意见领袖或网红，他们的加入会形成标杆效应，带领更多的人加入社区。例如，知乎的第一批答者，除了自己的员工外，就包括有李开复、雷军及一批投资界名人等知名人士。微博早期也是从编辑团队一对一完成对名人及专家邀请开始的，这些名人及专家最早入驻微博、使用微博。

(3) 激励能生产优质内容的用户。既要有情感的维系，也要有物质激励，让他们留下来并持续产生优质的内容。早期的知乎、小米社区、天涯这几个以兴趣和话题为中心的社区，都是一群员工乃至 CEO 本人在尽量短的时间内去给用户点赞、评论、回复、互动，增加曝光与关注、物质奖励驱动。

(4) 传播内容带动新用户。在更多新用户进入环节，要将已有优质内容尽可能传播到外部，同时借助一些新的手段来带动新用户增加。

引动和鼓励更多用户加入内容生产，常见做法有三种：一是在产品和文案等层面加强引导；二是不断制造话题，借话题引发用户参与意愿；三是通过梳理，借助榜样的力量来影响和驱动用户产生行动。

微博在这三个层面都有不同阶段的使用。比如在很长的阶段里"写微博"的输入框都是放在页面顶部，暗示着你在微博里最重要的事就是发微博。微博上的话题榜，几乎每一个热门话题，都是所有运营人员的介入体现。最初的微博女王姚晨、各类行业达人都是树标杆的典型。

由此可见，UGC 生态长期维系的关键是核心用户的发展、维系和管理，即 20% 的用户贡献 80% 的价值，为了更好地持续生产内容，自然需要对这部分用户给予特别关注和维系才行。

三、拟定写作内容类型和提纲

（一）写作内容类型

在写作上可以分为两种方式来操作：归纳型写作和演绎型写作。

归纳型写作重在结构，首先是论点，包括核心论点及分论点；其次是论据，比如事实、数据、案例等；最后是其他点睛式内容，代表人物故事、名人观点、知名理论现象等均可穿插其中。

演绎型内容写作重在情节及转换，叙述部分负责情节的推进，描写则是负责特定氛围的打造，而对话、人物态度则是用于展现人物性格和冲突，提炼升华，传递内容。

（二）提纲

1. 突出自己的表现特征

好的内容往往都有自己的表现特征，比如论述型或观点型内容，主要看观点和论据是否清晰；叙事型内容则是要看故事脉络是否清楚；如果是盘点总结型内容，则要盘点框架足够清楚，且框架内容清晰。

2. 尽量采用图表或图文的方式来表现

在一篇内容中,逻辑较复杂或需要对比、传递某种感觉的部分,尽量采用图表或图文的方式来表现。好的内容往往是围绕着用户的感知来进行表达和叙述的,这会让你的内容比较容易被用户解读。

3. 抓好内容的故事化和知识化

在极短的时间内给用户提供有意思、有趣味、有知识的内容,需抓住两个要点,即故事化和知识化。因为讲故事会激发用户的兴趣和阅读欲望,知识化能够满足用户增加谈资的需求。在进行内容营销时,这两点要么各占其一,要么二者兼备。

四、选择新媒体内容营销盈利方式

新媒体内容营销盈利的方式主要有内容盈利方式、广告盈利方式与服务盈利方式三种。下面以微信公众号的内容营销为例,具体说明。

(一)内容盈利

内容盈利主要通过用户订阅、打赏、微信出版等方式实现。

(1)用户订阅。新媒体营销者通过用户订阅专栏、付费问答、课程购买等方式盈利。用户订阅的内容既包括垂直领域专业知识,又包括普及的大众文化内容,只要真实、生动、有趣、有料、有用,内容即可变现盈利。

(2)打赏。打赏属于粉丝捐助的一种,在公众号进入付费阅读之前,以此方式变现内容,具有自主、自愿特点。粉丝打赏的收入非常可观,不可小视。

(3)微信出版。微信出版是新媒体营销者借助公众平台将部分公众号优质内容以传统书籍方式出版变现的一种盈利方式,这种方式一方面积淀了粉丝,另一方面也扩大了影响力。

(二)广告盈利

广告盈利主要有流量和软文推广两种,粉丝的数量和忠诚度直接影响广告的总收入。

(三)服务盈利

服务盈利主要指线上线下结合,通过公众号平台将用户引流到线下付费服务中。

第三节 短视频内容营销

短视频成为新媒体时代新闻、资讯、广告发布的重要方式,短视频助力新媒体内容营销势头正盛。

一、短视频发展状况

根据工信部的数据统计显示,截至2018年5月底,影音播放类应用在我国移动应用程序使用规模中排名第三,仅次于游戏类应用和生活服务类应用,并且呈现持续上升趋势。而随着手机网民人数的逐年上涨,短视频也跟着水涨船高。短视频作为多媒体融合的内容传播与营销方式,更能适应广大移动手机用户的使用习惯和需求。新京报的视屏、北京电视台的时间视频、上海电视台的看看新闻、澎湃新闻等,都以强大的新闻资源和生产能力,先行先试,成为短视频行业的旗手。

2018年11月30日,第六届中国网络视听大会新时代媒体融合发展峰会在成都召开。新华网副总裁申江婴在演讲中提出:"短视频是5G时代移动互联网和新媒体的制高点。"他强调,"短视频将是媒体融合领域的主战场,一流的创意是短视频的灵魂,优质的内容是打造一流短视频的核心。"①

二、短视频助力新媒体内容营销的条件②

我国已经进入经济发展的新常态,文创产业成为新的内容营销爆点。短视频主旨的单义性和内容的当下性,是短视频助力新媒体内容营销的有利条件。其具体情况包含以下四个方面内容。

(一)使用短视频的用户数目庞大

火星文化、卡思数据、新榜研究院联合发布的《2019短视频内容营销趋势白书皮》称:"目前短视频独立用户数已经达到5.08亿,占国内网民总数的46%。这意味着基本上每2个互联网用户中就有1个使用短视频。不过,进入2018年第二季度后,短视频平台用户活跃度放缓,开始进入平稳期。"

庞大的用户数正是短视频传播与营销的金字塔基。一旦了解这个基础信息,搞好短视频的策划定位与内容传播就显得非常重要。这正是短视频内容营销的前提。

(二)技术进步支撑短视频普及与发展

短视频的技术应用,是对传统采、编、播、制作技术的变革和挑战。秒拍、美拍、小影、VUE、微博云剪、爱剪辑等平台不断探索影像制作的简单化和智能化,进一步降低了后期制作端的门槛,推动了新媒体时代快内容、鲜新闻、软广告、速营销的发展。

"智能手机时代,内容提供和接受两道门槛都被拆除了,山东农村妇女被组织起来搞新媒体,就是最生动的案例。他们已经掌握发声的方式和渠道,加之大城市用户饱和,互联网硬件设施向下延伸,互联网经济进入'用户下沉'和'在地化'阶段"③。

(三)用户审美转变催生市场需求

随着社会的发展,用户已从文字时代跨入声、画、文等多媒体时代,其认知方式早已被流媒

---

① 张宇.第六届网络视听大会媒体融合发展峰会举行 大咖们怎么说?[EB/OL].(2018-11-30)[2019-07-21]. http://local.newssc.org/system/20181201/002566303.htm.
② 刘城.试析短视频助力新媒体内容营销的条件、特点及注意事项[J].新闻知识,2019(3):14-15.
③ 任大刚.传播时代,梨视频如何保持定力赢得发展[J].新闻战线,2018(11):102.

体形式解构,视听艺术深受用户追捧。短视频的传播形态符合用户碎片化的接受习惯,满足了用户对个性化和互动性的要求。

在美国,根据 eMarketer 公司发布的最新研究报告显示,美国十几岁的年轻人正在逐渐离开 Facebook 而改用 Instagram 和 Snapchat,这两款可视化的短视频传播方式更适合年轻人的口味。另一份社交视频研究报告则显示,美国年轻人有 54% 的时间是在观看短视频。

(四)平台传播注重打造高品质内容

美国内容营销协会创办人乔·普立兹在 2001 年最早开始使用"内容营销"一词。他将"内容"作为一种资产而不是推广手段,内容营销的核心是创造出吸引目标受众的内容。

短视频恰恰是以内容取胜的。无新意的、无价值的、无特色的短视频内容,用户三五秒内就会果断中断播放,剩下内容用户不会看完就发生位移了。

《2019 短视频内容营销趋势白皮书》指出,从 PGC 到 PUGC 众创,从搞笑、娱乐到垂直细分,从"娱乐流量"到"种草引流"正在成为短视频 KOL 营销中明显的三个变化。

三、短视频内容营销火爆的原因

作为新媒体时代应运而生的新传播形态,短视频符合新媒体的传播特点。短视频具有信源明确、精准定位、到达率高、体量微小,利于传播分享的优势,它迅速与新媒体内容营销深度契合。

(一)体量微小

短视频一般时长大约在 15 秒以上,有的 1 分钟,也有 3 分钟,最长不过 5 分钟左右,从策划、编辑、制作到剪辑、传播,流程明了,方便快捷,有利于对所选定的营销内容进行明确、快速、有的放矢的宣传,从而取得营销效果。

(二)形式多样

短视频因其短小精悍而著称,适合进行单一的结构叙事与快捷播报,有时直奔主题,有时带着悬念最后和盘托出让人眼前一亮,有时则以突出的细节取胜,加上短视频配乐的丰富,又常常是巧蹭热点播出,给用户耳目一新的观感。

(三)提供原始证据增强真实性

短视频在保证信息真实性上,比文字、图片、声音有优势,特别是提供的原始证据视频内容更是增强了信息的真实性。

梨视频曾经发布过一条视频。一个人不小心丢了钱包,很着急,警察调看监控,发现是被路过的狗衔走了。这条视频既有很强的趣味性,也为案件提供了眼见为实的证据。

(四)用户众包生产短视频

用户众包生产短视频即短视频生产方式从中心化、机构化变为大众化。

腾讯新闻短视频运营中心邱帅认为,移动视频时代和电视台时代的不同之处,就是视频内容在量上呈几何级增长。腾讯每天在后台收到用户上传的视频条数在十万数量级,这就意味着,以前编辑决定视频内容分发的时代过去了,现在是靠算法根据用户喜好来为大家推荐短视频的时代。

快手每年创造3.6亿条视频,视频总时长是中国2017年电视剧产出总时长的2850倍,这背后充分说明了短视频对用户注意力的吸引作用。

(五)人情味浓

新媒体时代用户爱拍摄上传短视频,也爱看短视频内容中人们的生活、情感,因为短视频没有高大上的客套话,却有极其浓厚的人情味。短视频内容中副话题、次级话题,不同生活、情感、娱乐方式的展示,让用户感受到零距离生活化气息,符合人性,更有人情味。

2018年11月26日,腾讯芒种特训营西北区域公开课正式在西安开课。课上梨视频拍客中心运营总监梁鸿兴以"爆款资讯短视频的生产要素"为主题,分享了自己对资讯短视频内容生产的思考。他说,日常资讯、带有强烈情感色彩的软新闻、有人情味的故事更受欢迎。

梨视频曾做过一个关于流浪老人的视频,讲述的是老人为成全女儿女婿的生活而离家,后来又因年纪大、记性差,找不到工作而只能流浪街头。梨视频拍摄了他在外面自己找东西吃等的生活画面。这则视频在微博上的播放量上亿,至今未被超越。

四、短视频内容营销的特点[①]

(一)短视频可直接表述营销内容

短视频内容营销的特点之一,就是直接把营销内容作为短视频的记录对象,通过对其历史人文、品牌故事、相关活动的记录或另类的表达与呈现,达到传播推广的目的,这是当下商业定制新媒体短视频内容营销的主旨。即使这个内容是一座城市、是某种概念,短视频也可以凭借技术与对内容的巧妙表达来实现营销主题。

2013年3月16日,宝马旗下一款跨界概念车Mini Paceman正式登陆中国市场。由金马奖摄影师曹郁首次执导匹配的短视频《Mini Paceman城市微旅行》也同日亮相上海。

这个短视频通过三位"步调引领者"的视野和生活,让用户发现朝夕相处的城市不为人知的美,倡导都市人用全新的方式拥抱生活。这部短视频不仅用内容做了一次城市美的发现之旅,而且直接表达了自然开阔的行走方式和生活理念,命名"Mini Paceman城市微旅行",用户看了短视频后能迅速唤起对所居城市的美好印象和开此款跨界概念车进行城市生活的向往。

(二)短视频间接、巧妙地表述营销内容

目前,有一批新媒体短视频在做内容营销时,不走直抒胸臆、开门见山路线,而是避开了对商品品牌的直接关注,从某一相关点出发,相对委婉、间接又巧妙地表述其要传达的营销内容。

比如淘宝母亲节话题短视频《母爱37℃》,通过三位背奶妈妈(特指每天背着奶瓶上班,将乳汁吸在奶瓶中,下班后连自己的爱一同带回家坚持母乳喂养的职业女性)的亲身经历,讲述

[①] 刘斌.试析短视频助力新媒体内容营销的条件、特点及注意事项[J].新闻知识,2019(3):15-16.

职场女性在工作和家庭的两难境地。短视频以母爱为切入点,传递温情与感动的同时,间接地传达出淘宝网"8亿商品,支持你的爱"的情感形象。这个短视频在母亲节推出,清新脱俗,被用户转发无数,红爆朋友圈。

(三)出资赞助或冠名拍摄短视频

赞助方只是出资赞助或冠名,短视频的内容与品牌并无直接关联,其目的主要是打造品牌的知名度与品牌理念效应。这样火爆的短视频内容营销也很多见。

中央电视台财经频道和康美药业联手打造系列短视频《资本的故事》,康美药业的信息只在片头字幕中出现,短视频对资本故事的讲述与康美药业的资本运作只存在概念和类别的内在关联,即康美药业"不仅在关注着社会大众的健康,同时也在关注着上市公司发展,关注着资本市场发展的健康"。通过《资本的故事》系列短视频的播出,康美药业对中国资本成长密切关注的信息理念迅速得以传播,其品牌形象自然得到提升。

五、短视频内容营销的注意事项

短视频内容营销的目的就是使生产出来的内容最大限度地获取流量和市场,让用户(潜在的消费者)对内容产生连接,产生关注,最终产生购买(或是占领概念,以便最终引导消费)。

在进行短视频内容营销时,要注意以下五个方面的情况。

(一)视频定位是细分受众群体

通过一个或一系列的短视频让所有用户对此短视频相关的理念、产品都能产生好感、关注与推荐、购买、传播、分享是不现实的。短视频定位一定是细分受众群体,不能贪大占全。想做一个普及所有人的内容产品,很难成功。表面上看受众群体很广,实际上用户忠诚度很低。全方位定位等于没有定位。

(二)内容至上

短视频助力新媒体内容营销,取胜的关键是内容至上。

有个性、有态度、有故事、有内涵、有风格的定位、生产、制作、传播出原创的、优质的、有趣味、有个性、接地气的内容恰是短视频内容营销的要点。

2017年11月,招商银行推出了一支名为《世界再大,大不过一盘番茄炒蛋》的短视频,获得广泛好评。该短视频能引爆用户分享转发的点是亲情。

儿子在美国留学,想在同学聚会上带一道菜——番茄炒蛋,于是向母亲求助。在母亲拍摄的小视频的指导下,儿子顺利完成了这道菜。就在聚会聊天时,儿子忽然意识到父母双亲是跨越了中美两地的时差,半夜三更起床为儿子拍摄视频教做菜的。

正是这个情节让看到短视频的用户沉浸其中,带入自己对父母、亲情和家庭的感情,进而通过移情,与产品(招商行留学生信用卡)产生联系,成功做到了高质量内容与用户情怀塑造和情感体验的联结,同时兼具广告营销特色,把招商银行巧妙融入。

(三)短视频新闻应积极下沉到地市一级

在地市一级,有大量微观、鲜活、有趣的小故事,反映了普通人在生活中的喜怒哀乐,很能打动人心。对这些故事进行短视频报道,不仅仅可以在当地获得影响力,还能够在全国、全世界获得关注。

另外,地市一级尤其是长三角、珠三角等发达地区,有大量的地方中小广告主,需要在媒体上投放广告,却无法找到合适的属地化媒体。短视频新闻要抓住这个机会,通过填补地市一级新闻资讯市场的空白,抓住地方中小广告主资源。

(四)起好标题、做好文案

比如上文提到的《世界再大,大不过一盘番茄炒蛋》,标题起得非常好,把一盘小小的番茄炒蛋与世界对比,暗含世界再大、再远,亲情无处不在之主旨。

同一条短视频在不同的传播平台上发布推广时,要有配套的文案,文风也要有所区别。

短视频文案主要由三个方面组成:一是有个好的故事;二是能把这个故事说好;三是要懂得蹭热点,从热点人物、热点事件、热门词汇中借力,让短视频定位与制作、播出时,能与用户亲密接触,无违和感,无距离感。

遇到包含多个信息点的重大事件时,要在方案中学会帮助用户把这些信息点提炼出来,这样用户看起来会更直观。这要靠策划与包装加工。

(五)努力成为复合型人才

短视频助力新媒体内容营销除了要细分定位、做好策划方案、讲好内容故事外,还要重视做短视频的人的素质与能力。对于创造短视频的人来讲,懂得专业知识,懂得审美与时尚,懂得用户心理,非常不易,努力成为复合型人才非常重要。

资深媒体人、梨视频新媒体运营总监刘立耘,2018年在中传新闻传播学部开讲座时说,其实短视频的门槛并不高,但道行还挺深,关键是做好针对互联网用户的网络生态内容产品。在全媒体时代,我们要努力将自己打造成千手观音,既可以采访、拍摄,又懂得编辑、运营,做一名复合型人才。

六、短视频平台的营销变现产品

当下短视频平台的营销变现产品已经基本成熟,集中体现为以下两种。

(一)广告类产品

广告类产品有开屏广告、官方挑战赛赞助、粉丝头条广告、广告信息流广告、定制话题活动所含广告、创意贴纸广告等,这些广告类产品发展稳健。

(二)自助化商业开放平台

自助化商业开放平台上有两类广告内容,一是以内容为主的短视频账号,如抖音蓝V企业号、快手商业号等;二是以社交为主的KOL广告,如快手快接单、快享计划等,这些广告都可以实现营销变现。

第四节 爆款短视频策划

目前娱乐类短视频、资讯类短视频、短视频广告都有大量爆款出现,广受欢迎。新媒体内容营销策划重在内容真实、形式走心的爆款短视频。

关于爆款短视频内容的产生,其常见的策划思路有六种:一是对知名对象的吐槽;二是对经典案例、知名对象的深度分析、解读,颠覆认知式观点、论点;三是对热点事件的差异化解读、分析,如数据、盘点、预言类;四是对共鸣性问题的解读;五是对大众喜闻乐见的娱乐性话题进行关联;六是讲述精彩故事、段子、不可思议类内容。

如何策划出一个爆款短视频?具体来说,主要集中在选题策划、内容策划、信息表达策划、采访策划、剪辑策划、包装策划等六个方面。

一、选题策划

选题策划是整个内容生产流程中权重最高的一个环节。很多时候,选题策划做得好不好,决定一篇内容60%以上的命运。比如,在2018年末2019年初,有一批好的选题策划:"苹果、支付宝等大牌的2019贺岁片什么水平?""抖音日活2.5亿,快手日活1.6亿,短视频有什么好看的?""2019收获逆周期增长不能错过教育营销红利""'啥是佩奇'为啥刷屏?""终于有人叫板'集五福'了""2018十大娱乐营销""张小龙:微信这8年"。

以上这些选题都非常抓人,非常有特色。在进行选题策划时,要注意以下四个方面的内容。

(一)真实

真实不仅是新闻的生命,也是内容营销的生命,这一点绝对不可置疑。近几年自媒体兴起,信息的真实性变得模糊不清,很多在微信上达到10万多阅读、在其他平台上达到千万浏览量的文章,其内容是否真实让人不可确定,惊天逆转情况时有发生。

复旦大学新闻学院教授李良荣教授认为,短视频的一大技术优势就是"第一现场影像素材带来的视听感官刺激",短视频意味着"眼见为实""无视频,不真相"。短视频新闻或资讯必须要坚持真实为第一原则。[①]

(二)会讲故事或拍日常生活

爆款短视频讲故事要具备冲突性、时效性、趣味性,或者本身讲的是名人故事。如果没有这些故事化内容,不如就拍拍生活类的视频。短视频时间通常在15秒到3分钟左右,短时段的表达方式,比起宏大、严肃的政治类话题,更适合与人们日常生活密切相关的场景。人们的

---

① 李良荣.短视频将成为未来新闻发布的主要方式[EB/OL].(2018-10-10)[2019-07-25].http://economy.gmw.cn/2018-10/10/content_31631135.htm.

心理接近性和空间距离的接近性高,容易获得关注度,并且社会的核心价值观就存在于这些日常生活之中。例如,在2020年疫情期间,人们普遍宅在家中,学生们纷纷上起了网课,在刚刚开课之际,梨视频的众多媒体都制作了各种网课有关的报道,如《95岁清华教授首次挑战网上授课》,各种网课"翻车"现场也频繁登上微博热搜。

(三)用人情味打动用户

人情味也是短视频的特色。短视频内容可以着重于那些琐碎的、微末但能体现人性的小故事,小故事有大能量,可以让观看此视频的用户产生情感或情绪上的共鸣,用人情味打动用户,产生代入感,把短视频里的故事和自己的经历或认知联系起来。

(四)资料的收集和整理

确定好选题之后,一定要注意相关资料的收集与整理:一是要看平时的内容储备,即通过接受投稿、日常收集整理等手段做好各种内容的储备;二是要在遇突发性热点、事件时,第一时间跟进,编辑产出优质内容。

二、内容策划

短视频在保证真实性的前提下,内容策划排在第一的一定是要有核心现场和核心人物。要时刻考虑从用户的角度来做爆款视频。比如时刻问自己用户观看此短视频的第一目的是什么?是想获得新闻资讯,还是娱乐开心打发无聊时光?这个短视频是为用户提供一个喜庆的现场还是悲伤的事故现场?要不断从用户角度思考,这个核心现场会带给用户什么样的传播效果,是让他明白了一个重大事件的前因后果,还是仅仅点到为止,让用户看到在天灾人祸的现场生命无常的冲击力?当然,这个核心现场要有一个核心人物,这个核心人物可以是人,也可以是动物。有了核心现场和核心人物,这个视频就可以开始拍摄了。

2018年泰国少年足球队遇险,孩子们获救后第一时间向全球观众报平安。梨视频的一名拍客来到了孩子们所在的医院拍下了他们双手合十的核心现场。这则短视频比泰国政府公关部的新闻发布会还早,传播率非常高。

三、信息表达策划

受时长限制,爆款短视频信息表达策划方面不可求杂、求多、求全面,要集中在一个信息点、一个侧面、一个角度上,用户阅读体验会更好。过去大众传播时代追求的是信息的全面呈现、要素俱备。现在的新媒体时代,短视频无法表达太多的东西,只能突出新闻要素之中的一两个具体点。因此,很多爆款短视频策划实践中宁愿只对一个点、一个侧面进行内容传播,通过这一个点、一个侧面去撬动用户的情感。

2018年世界杯期间,梨视频主打"世界杯伪球迷"这一个信息点,推出"阿根廷绝杀出线,南极的球迷零下15℃脱衣庆祝""广东一位盗酒的球迷问警察,出来后还赶得上看世界杯吗?"等爆款内容,趣味横生,播出后效果良好,用户纷纷转发分享。

四、采访策划

短视频在采访拍摄策划方面,最重视现场画面与现场对话,也要注意对被访者的提问方式、镜头表达。

(一)画面先行

画面先行本是大众传播时代电视台对记者采访的首要要求,即把最重要的、最有价值的、最新鲜的、最有趣味的画面放在最前面。在新媒体时代策划爆款短视频时,依然可以从中借鉴经验。在采访短视频画面时,一定要注意拍摄到画面先行的镜头,有现场画面、有核心人物。

(二)要有同期音

采访过程中的同期音对话是视频信息中很重要的一部分,可以弥补画面的单调。切忌采访拍摄出无现场、文字先行、有杂质、无意义的空镜头,或是事后弥补、事后配音的镜头。

(三)设计好提问

进行短视频拍摄采访时,要注意对被拍摄对象提问的问题设计,切忌用书面语、大话、套话,绕来绕去。要尽量用口语化表达,呈现生活中的自然状态,多问对方细节化问题。比如,可以多问些与这次拍摄主题相关的"最"字化问题:最难过,最喜欢,最感动,最高兴,最尴尬,最印象深的人事物……引导拍摄对象说出更多故事和情节。

(四)镜头要有质量

首先要保证拍到核心画面、核心人物、精彩的同期音。要在素材上拍得周全、拍得丰富,以备后期制作时筐中有物。其次,在拍摄时要保证有一定的长镜头。长镜头的推拉挪移可以全景展示事件的现场和过程,突出画面的表现力。第三,要有一定的特写镜头,将画面定格在细节上。

五、剪辑策划

短视频剪辑策划要提炼出采访拍摄中的兴奋点,镜头语言表达应该简洁有力。其具体内容有以下八个方面。

(1)剔除无效信息。在一般的短视频制作中,会充分利用同期声和背景音,剔除无效信息的干扰,很少加上旁白介绍。

(2)提炼人物故事的细节表达。要在众多资料素材中挑选出最富人物故事形象的镜头,以及最有细节表达的内容,包括特写、特色引语。

(3)全景展示事件现场。在短视频剪辑中,如果是表现事件过程的内容,需要保留一个流畅的长镜头。如果素材没有长镜头,又无法及时弥补拍摄,也可以加一些特效手法,突出有表现力的画面。但是,特效手法不能滥用。

(4)黄金前7秒要出亮点。短视频打开时就要吸引住人,前7秒被称为黄金前7秒,如果在这 7 秒内抓不住用户的眼球,就会流失用户。

(5) 90 秒内善于设置悬念。如果是 3 分钟左右的短视频,要学会在 90 秒内设置悬念,讲故事吊胃口,让用户锁定此视频,一观到底。

(6) 脱离呆板形式。要跳脱大众传播时代广播电视上的传统表达方式,走新媒体时代时尚风格,寻找适合当前人们喜好的个性化表达方式。

(7) 剪辑包装要有标配字幕。剪辑独特的标识体现在风格独特的字体字号、字幕颜色与大小上,这方面做好了,还可以树立品牌形象。剪辑包装上的字幕首先要求以真实、清晰为上,无论短视频是用普通话还是方言,一定要仔细认真配上字幕,方便用户观看;第二,还要以醒目的文字形式将新闻五要素标在画面上进行提示;第三,也要适当考虑字幕文字的字号、字体、颜色组合、花字、音效、表情包等综艺化包装问题。

(8) 避免版权纠纷。版权纠纷一般涉及音乐、资料的运用。因此,在短视频剪辑过程中要慎用版权音乐。还要注意的是,短视频里用到的资料画面等一定要标注清楚出处,提前查阅版权相关规定。

六、包装策划

短视频包装策划常常包括标题策划、标签策划与封面策划三个方面。

(一) 标题策划

在新媒体时代,标题成了考验制作者文字功底的重要标准。一个好的标题能够给这个短视频打造出一个好的招牌,可以先声夺人,吸引用户点击。

前段时间,微信朋友圈内流行一篇《月薪 3000 与月薪 30000 的文案区别!》的文章,一时间,这篇文章的阅读量超过了 10 万,而且得到了很多人的转发。其实这篇文章刚开始发布时并没受到读者欢迎,原因是这篇文章最早的标题是《李叫兽:7 页 PPT 教你秒懂互联网文案》,文章发布后只有 1 万多阅读量,后来作者改动标题,得到了大量用户的关注。

好的微信公众号文案标题要有冲击力。上面这篇文章的作者通过简单的"3000"和"30000"的数字对比,让读者一眼动心,产生阅读冲动。

梨视频机构媒体运营总监、高级编辑刘立耘认为:"在短视频标题中尽量多用数字,为视频'定码数',精准描述的同时还能快速圈定相关用户群体,而且机器算法识别数字、英文字母时会格外敏感,能够获得优先推送。"

使用热词蹭热点是另一种常见方法。比如过火、硬核、饭圈等流行用语是当下社会情绪的出口,起标题时,如果能灵活、准确运用这些热词,往往能够很快找到共鸣群体。

(二) 标签策划

所有的计算机都会识别内容的标签。标签既包含标题里的关键词、关键字,也包括人工打上的内容分类标签。通过这些标签,视频内容会进行下一轮的分发。因此,在标签策划方面,要制作能细致地描述场景、引发期待、勾起用户好奇心又不失真的标题。相对模糊、概括性标题无法通过标签带来大量分发。

在一些平台上传短视频时,除了填标题以外,还需要自己打标签,这个标签代表着这个视频将会触发机器什么样的联想,以及后续的内容池分类。

(三)封面策划

进行封面策划时,要注意以下五点。

(1)选择与内容相关的重点画面。封面画面非常重要,冲击力最强,一定要选择与短视频内容相关的重点画面。如果封面画是与短视频无关的,用户点击后会大呼上当,封面失真是很大的失败,会减损信誉度和口碑。

(2)封面画要相对好看、高清。用好看、高清的大图会被机器分类到高品质的池子里,分发量会更大。

(3)不要用空镜头做封面。梨视频拍客中心运营总监梁鸿兴在2018年11月26至27日腾讯芒种特训营西北区域公开课上提出,视频封面要高清不要空镜,要结合社交热点观点,譬如重庆大巴坠江事件,用了正面撞击的图片来吸引用户注意力,关注度特别高。

(4)封面要画质好。封面能直观呈现最有冲击力的关键画面,一定要画质好,不能像素太差,很多图片随意拉伸剪裁,没有注意到质量问题,用户点击会觉得画面粗糙,没水平。

(5)封面不要放水印与广告。水印与广告容易引起用户反感,同时某些平台审核明确规定不允许上水印与广告。

梨视频机构媒体运营总监、成功中标北京冬奥会短视频制作的高级编辑刘立耘2018年11月24日应邀在中国传媒大学开讲座时,说起关于封面策划方面的一个故事。她说,梨视频曾经拍过一条台湾小哥发明快递机器人的片子,拍完素材回来后发现封面出不来。因为所有画面里面人很高,机器人很矮,视频素材里没有一个人与机器人同框的画面。那怎么办?要么补拍,要么拼图。

所以,封面策划很重要,在拍摄一条短视频时,要有封面拍摄意识,最好提前构思好封面图,在采访拍摄时考虑单独拍摄一张或几张照片以备选择。

本章思考题

1. 以人民日报为例,谈谈它是如何进行全媒体融合内容传播的。
2. 移动优先成为新媒体发展战略,试举例说明。
3. 找一则火爆的短视频,分析它成功的原因是什么。
4. 爆款短视频受欢迎的原因有哪些?
5. 新媒体时代,你是如何理解内容为王的?
6. 新媒体内容营销包括哪些方面?
7. 用短视频进行内容营销时要注意哪些方面的内容?
8. 以微信公众号为例,说说它的内容营销如何盈利?

第六章

新媒体广告营销与策划

当提到品牌宣传、产品推广、活动宣传推广的时候,很多人会说这是广告,自觉或不自觉地就将广告与营销等同在一起。广告即营销,这种说法也有可取之处。广告是营销的最主要的方式之一,好的广告能够直接产生营销效果。

新媒体广告营销,是指在新媒体环境下,广告商为了提高经济效率,达到增加盈利的目标,根据特定产品的概念诉求与问题分析,对用户进行心理引导,利用新媒体技术所开展的广告营销活动。

新媒体广告营销的主要表现是在数字传输和即时互动基础上的终端多媒体内容上,有利于广告商与目标用户进行信息沟通,有利于品牌传播,有利于快速达到营销目的。

第一节 新媒体广告营销的生态环境

一、我国传媒产业呈网状生态分布

我国传媒产业的变动,直接影响广告营销的投入与产出。传媒是广告营销的生态环境,二者息息相关。

《传媒蓝皮书·中国传媒产业发展报告(2018)》主编、清华大学新闻与传播学院教授崔保国认为,我国的传媒市场发生了颠覆性变革,昔日的主流媒体现在成了网络媒体的内容供应商;互联网广告和网络游戏成为传媒产业发展中发展最快的部分;网络视频、手机游戏、数字音乐与阅读是增长潜力最大的细分市场。他认为,传媒产业已形成了一幅由传媒企业、服务机构、受众用户网民等构成的网状图(见图6-1)[1]。

我们来分析一下这张传媒产业的生态图谱,可以看出,我国传媒产业由十年前纸质媒体、电波媒体、互联网媒体、手机移动媒体四分天下的局面,已迅速演变成如今报纸、广播、电视等传统媒体只占到整个传媒市场的五分之一,各种传媒企业、各种组织机构和广大用户等相互渗透、交织成复杂、多元的传媒生态环境。

---

[1] 崔保国,郑维雄,何丹嵋.数字经济时代的传媒产业创新发展[J].新闻战线,2018(11):73-78.

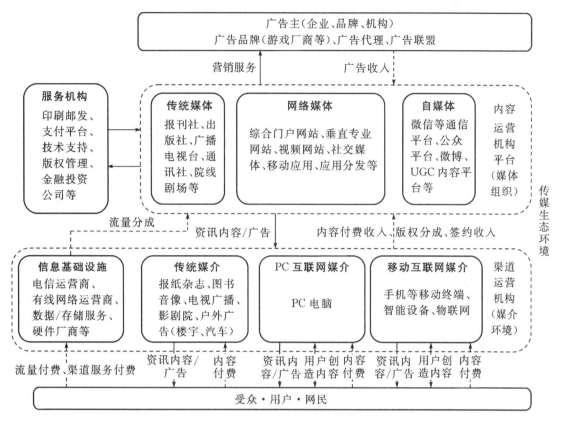

图 6-1 传媒生态环境

二、中国传媒产业的五大变化

近年来,中国传媒产业由内容运营机构平台和渠道运营机构两个轴线发展,相互穿插,呈现出以下五个方面的变化。

(一)内容运营的媒体组织增多

新媒体时代下的媒介组织由自媒体、网络媒体、传统媒体和服务机构四部分组成。除了原有的报社、杂志社、广播电台、电视台、通讯社、电影院线之外,内容运营的媒体组织中增加了综合门户网站、垂直专业网站、视频网站、社交媒体、移动应用、应用分发等内容庞杂的网络媒体、自媒体和服务机构。

其中,由微信等通信平台、公众平台、微博、UGC内容平台汇成的自媒体脱颖而出,成为新媒体内容运营重要的新生力量;由印刷邮发、支付平台、技术支持、版权管理、金融投资公司等组成的服务机构则成为媒体内容运营的另一个亮点,它们主要提供付费内容服务,这些服务机构在向自媒体、网络媒体、传统媒体提供一定服务的同时,其收费行为必然计入媒体收入产出的成本之中。这种变化在十年前根本不可想象。

现在,广告主可以直接在自媒体、网络媒体、传统媒体这三类内容运营机构上投放广告,而这三类媒体的广告费用中自然包含着服务机构的服务付费。这四个内容运营的媒体组织交互在一起,增加了新媒体广告营销的花样。

(二)渠道运营机构增多

在原有大众传媒中的报社、杂志社、广播电台、电视台、通讯社、影剧院和户外媒体运营内容的基础上,渠道运营机构 PC 互联网媒介与移动互联网媒介联手产生了一个新面孔——信息基础设施媒介。信息基础设施媒介能挺进新媒体渠道运营这个总频道之中,是非常突出的变化。

电信运营商、有线网络运营商、数据存储服务运营商与硬件厂商等一起组成基础设施运营媒介。他们负责流量付费与渠道服务付费,分吃了媒体运营这块大蛋糕。

(三)广告主投放的渠道增多

由于新媒体渠道运营机构增多,由企业、品牌、机构组成的广告主投放广告的渠道自然增多,这是两者相辅相成的结果。

(四)各种广告联盟壮大广告主队伍

各种广告品牌、广告代理组成各种广告联盟,加入广告营销这个行业,壮大了新媒体时代广告主的队伍。与此同时,它们从事广告投放的方式、选择渠道自然相应增多。

(五)用户无处不在

用户无处不在,这是新媒体时代、中国传媒产业发展变化中最显著的一点。用户既包含了传统大众媒介时代的读者、听众、观众(总称为受众),也包含了 PC 互联网媒介与移动互联网媒介下的网民。用户的概念与范畴是最宽泛的。

用户无处不在的意义是它的作用日益强大。用户既可以生产、发布、传播、评论内容,成为内容运营者;也可以生产、发布、传播、评论广告与营销行为,成为自产自销与互联网结合的利益受用者。新媒体广告营销离不开用户。另外,近年来,自媒体增长迅速,广告主可以绕过大众传媒将广告直达于用户眼前,这是与过去完全不一样的地方。

三、新媒体时代广告主投放市场的选择形式

(一)移动互联网媒介

包括手机、智能设备与物联网在内的移动互联网媒介,是广告主投放广告进行营销的首选市场。

目前,在移动互联网媒介中,广告主可以在资讯类内容、付费内容、用户创造内容这三大版块中进行选择,或是三者并进,各有侧重,投放广告的形式主要是硬广与软广。在我国传媒行业细分市场中,移动互联网保持着良好的发展态势,已经超过了传统互联网的市场规模,移动广告甚至超过了传统媒体广告市场的总和。

(二)传统媒介

虽说报纸、杂志、出版社、广播电台、电视台、通讯社、院线剧场等传统媒体广告营销业务量在明显下降;虽说图书音像销售收入、电影行业收入、报刊广告收入、广播电视广告收入等近年来一直呈大幅度下跌趋势,但是,传统媒介广告营销市场的阵地还在,还有一定的影响力,广告主与用户并没有完全放弃这一领域。尤其是像人民日报、新华社、中央电视台、新京报等传统大众媒介开设的微信公众号、微博、新闻客户端等,都拥有大量的忠实用户,在新媒体中拥有相当的专业影响力和社会声誉,它们积累的广告资源与营销经验非常丰富,很多广告主还十分看重这些媒体的信用与传播能力。

因此,在新媒体时代,仍然会有报刊广告、图书音像广告、电视广播广告、影剧院广告、户外广告、楼宇广告、车身广告,等等,广告主投放的广告形式仍是硬广与软广,只不过内容上更趋向新媒体传播。

(三)PC互联网媒介广告

PC互联网媒介广告,主要是指PC电脑端的网络媒介广告,主要有付费内容、用户创造内容、资讯类内容三方面,广告量一直占比并不大,而且质量上乘者较少。PC互联网网页上经常自动出现的弹窗广告,并非广告主想要的最佳投放形式,这种形式有时是网站自动处理格式,令很多用户反感,这是网页设计不妥、推送方式不当,值得初学者深思借鉴。

四、新媒体广告营销的特点

(一)流程极速

2016年至今,我国广告营销普遍表现出一个特点,即极速。广告制作的流程陡然加快,广告主给广告公司、媒介对应部门的周期时间自然也在减少,广告公司和媒介对应部门的压力自然变大。

每当有一个新的概念出现,广告公司或媒介对应部门将其转化为创意、策划、制作、投放的时间往往只有几天。马蜂窝团队负责人曾说,他们推出一个在朋友圈投放的广告周期只有128小时,不到6天时间。这是因为,新媒体时代人们的生活节奏明显加快,热点更新快,人们要求能迅速关注新事物、新理念进行即时学习。

2017年PC互联网爱奇艺平台《中国有嘻哈》节目火爆,带动网络平台和电视上快速出现了众多嘻哈风格的广告。在这一热潮中,支付宝、农夫山泉等最先推出相匹配的广告并迅速获得了流量,而一大批稍慢推出的广告则错失良机。速度成为广告营销的一个代名词。

(二)中国风本土化

2018年以后,我国广告市场的另一个标签是中国风,即将中华元素与消费者的审美趣味叠加在一起。如百雀羚推出一镜到底的广告《一九三一》刷屏,成为现象级广告。

一位身穿草绿条纹旗袍的美女特工在1931年领到的任务是与时间作对,她顺利完成任务。与之呼应的是百雀羚草本产品为母亲节特别定制款"月光宝盒"系列,其经典广告词是"百雀翎始于1931，陪你与时间作对。"20世纪30年代正是中国旗袍的黄金年代，浓郁的时代感与中国风迎面扑来，网友们大呼过瘾，誉之为貌似谍战的神广告。

与此同时，麦当劳推出中国"宫廷风"包装。

2018年12月，卡婷品牌推出"长相思"系列化妆品，借着故宫IP文化概念，生产出命名为"千里婵娟""盛世牡丹""豆蔻年华"等一系列特色产品，通过各类微信公众号、微博平台打出国货复兴的旗帜。卡婷长相思品牌产品以其精美的中国风包装和文化内涵从众多化妆品中脱颖而出，与国外大牌分庭抗礼。在2018年"双十二"营销中创下过百万的销量，一跃成为国货领头羊。

究其原因，是因为这几年来，我国经济一直在发展进步，文化自信渗透在文化娱乐领域中，像《厉害了我的国》《我在故宫修文物》《国家宝藏》《经典咏流传》等电影、电视综艺一经推出即获大热，除了获得中老年人喜爱之外，也倍受"90后""00"后追捧。这必然影响到广告中的中华元素增多。

以上成功的广告营销案例无疑契合了新媒体时代中国从富起来到强起来的大背景，突出中国本土文化特色，受到欢迎是理所当然的。

第二节　新媒体广告的特点及形式

一、新媒体广告的特点

(一)用户广泛，人数众多

新媒体依靠网络信息技术的力量，使其信息接收范围无限扩大。据中国互联网发展报告统计，截至2017年底，中国网民规模达7.72亿人，普及率为55.8%，人均周上网时长为27个小时。可见新媒体广告面向的用户数量庞大，并且增长迅速。

(二)打破时空限制

随着技术的发展，信息的发布和传播已经能够即时即刻，而且也没有空间的限制，只要有网络覆盖的区域就可以无差别了解世界各地的信息。另外，传统媒体中的广告与商品的交易是分开的，但新媒体广告使得用户在看到广告的同时，可以直接点击链接完成购买行为，打破了购买行为的时空限制。

(三)互动性强

新媒体区别于单向传播的传统媒体的重要特性之一就是互动性强，用户参与度极高。

(四)实现精准营销

新媒体广告在目标用户的选择和定位上更为精准，内容投放也更具针对性。新媒体广告形式根据商品的性质与使用群体来选择正确的广告媒体，这样不仅为用户提供了个性化空间和内容,也使得广告投放更为精准。

(五)形式和内容多元化、个性化、趣味化

除了传统广告的文字、声音、图像,数字技术和信息技术的发展使得新媒体广告融合了丰富多彩的内容和形式,直观性强,也为个性化广告创造了可能。另外,相较于传统广告,新媒体广告营销内容和形式更具趣味性,技术发展的无限可能性更是提供了无限的创意空间。

(六)经济性和高效性

新媒体广告通过计算机技术、数字技术、网络技术等科技手段进行信息传播,与传统媒体广告相比,可减少广告商人力、物力、财力的投入,具有较高的经济性。丰富的信息量,也可供用户随时随地进行有针对性的搜索、查询,用户需求的满足和消费行为的转换更为高效。

二、新媒体广告常用的形式

(一)传统大众媒体及其新媒体上的广告

传统的报社、电台、电视台、杂志社、通讯社、院线剧场等广告业务在新媒体时代明显萎缩,但是仍然有业务,并不能等闲视之。特别是传统媒体"两微一端"(还有一些媒体比如人民日报有"两微两端"),这些新媒体平台中的广告不仅有市场份额,而且影响力非常大,绝不可忽视、轻视。特别提醒要做国外业务的广告商,尤其要抓住这些主流大众媒体里的英文资讯平台,对准用户需求,适时投放相应的广告。

在原先的传统大众媒体上做创意广告,保持可持续性影响力;在传统大众媒体的新媒体平台发布短视频、软文广告等,拓展新媒体广告空间,挖掘更多的用户与未来的消费者。即两手抓两个不同广告投放渠道,这是目前很多广告主投放广告的一个策略与经验,值得深思借鉴。

(二)网络 PC 端与移动端平台媒体广告

网络 PC 端可分为搜索引擎广告、电子邮箱广告、门户网站广告、聊天平台广告、网上即时通信群组广告、虚拟社区广告和电子报刊广告等。

移动端平台媒体广告可分为"两微两端"广告、数字电视广告、卫星电视广告、移动电视广告、IPTV(交互网络电视)广告、楼宇视频广告、地铁电视广告和播客广告等。

智能手机新媒体是目前为止所有媒体形式中最具有普及性、最快捷、最方便并具有一定强制性的平台(即所谓的用户依赖性强),它的广告发展空间非常大,其中移动新媒体中的短视频广告不可小视。

2016 年纽约广告周上,短视频广告成为热门话题。根据 YouTube 官方数据显示,从 2017年第一季度开始,采用短视频广告的广告主数量同比增长 70%,这与短视频平台拥有的议程设置功能与传播实力密不可分。

这说明短视频广告市场竞争已然白热化;更多人选择短视频广告来填充碎片化时间;短视频已成为目前新媒体广告发布的主要方式。

"当前视频网站越来越火,广告商要充分利用好视频这一工具,一方面,加大网络广告宣传

的投资力度,多赞助一些比较有发展潜力的微视频、网络剧、电影等,通过视频广告的模式获得更大的消费者市场;另一方面,广告商可以制作自己关于企业文化、企业产品信息的视频,将其上传到视频网站,供网民们进行分享转载等,这种方式要求视频必须具有吸引力和宣传力,所以需要相关的网络营销人员用心打造一段好的有质感的视频。"①

(三)户外广告

户外广告除了包括传统的墙体海报、车身广告、高速路口或是交通路口广告牌广告之外,还包括户外大屏广告、户外投影广告、户外触摸广告、电梯间框架内容广告或是视频广告等。在新媒体时代,户外广告仍然是很有影响力的广告投放方式,投入户外广告可以吸引眼球与人气,混个脸熟,操作得当的话还可以广而告之,取得良好的传播效果与收益。

第三节 互联网思维下的新媒体广告营销

"从营销传播的视角来看,所谓互联网思维,就是在互联网对生活和生意影响力不断加大的背景下,广告商对用户、产品、营销和创新乃至对整个价值链和生态系统重新审视的思维方式。其核心在于以系统化方式思考营销行为和管理方式而不是形式性地采用互联网技术、渠道和平台。"②

新媒体广告营销以其突破时空限制,实现精准营销,交互性强,营销传播一体化等优势迅速成为行业发展的主流。目前,针对新媒体广告营销的探索大部分停留在认知层面,较少运用互联网思维去分析在新媒体广告营销这一既是经济又是社会和文化的行为中,多方主体是如何满足各自需要、获得利益的。因此,本节将分别从新媒体用户、广告商和新媒体平台方三个主体的角度出发,结合互联网思维分析新媒体广告营销中的各方主体行为和心理层面的活动,从中获得启发,更好地进行新媒体广告营销的策划与落实,促进新媒体广告营销的发展。

一、新媒体用户

新媒体广告营销带来的最大改变,就是将原来大众传媒时代所谓的"受众"变成了新媒体时代的"用户",用户主体地位由此确立。大量的信息资源开始倾斜于成为主体的用户们,让用户对广告信息和产品选择的空间增大,用户主动性增强。另外,新媒体环境下,用户因血缘、地缘关系,或是由于兴趣、爱好、专业相同,利益相关等特点结成了一个个用户圈、用户群,用户的朋友圈与影响力其实在不断增强,最终会形成流量,影响产品生产和广告营销策略。

在进行新媒体广告营销策划时,要注意这个强大的互动性、社交性特点,注重为用户构建一个网络生活消费空间,在用户进行消费行为的同时,提供用户满足社交等社会生活需求的可能性。因为,随着经济的发展,物质和精神生活水平的提高,用户的消费心理不再是只注重产品的功能属性,用户开始对产品的衍生价值有所侧重,开始追求美好生活品质。

---

① 汪星辉.如何有效利用新媒体进行企业广告营销探析[J].传播力研究,2017,1(7):173.
② 刘小三.互联网思维下的新媒体营销探析[J].互联网天地,2014(5):40-43.

新媒体时代是注意力经济时代,争夺用户注意力、以用户需求为核心成为广告营销策划的关键。如果广告商在营销过程中,因为用户的参与而获利,并慷慨地同用户来分享利润,那么这种共赢的模式将会进一步提高营销的效果。新媒体时代,用户有机会在生产环节和销售环节倒逼企业,甚至可以亲自参与创造产品和分享利润。

为了更好地满足自身需求,获得利益,增强主体性,用户自身也需要使用互联网思维去分辨、判断广告信息的真伪、好坏,以及是否适合于自身,用户会全面、立体地利用互联网查询分析并有选择性地接收信息,合理选择和使用媒介工具、平台,提升自己利用媒介技术获取信息、处理信息和利用信息的能力,新媒体时代的用户会充分利用社交平台、关键字技术对相似商品进行横向比较,从而形成对产品、品牌和平台方的综合认知和判断。

因此,在新媒体广告营销策划与实施过程中,要注意时刻以互联网思维分析用户需求,让更多的用户参与进来,温暖而不过火,感性而又有理性地安排信息与活动,使用户的偏离感降低,奖励感上升,让用户的需求得到更多、更快、更个性化的满足。

二、广告商

对于广告商来说,新媒体广告营销最直接的获利就是广告宣传的投资成本降低,并且实现了在不同渠道的多元化宣传效果以及精准营销,让用户实际消费行为的转化率更高、速度更快。因此,在互联网思维的指导下,广告商为获得长远、可持续发展利益,在新媒体广告营销策划中要注意以下六点。

(一)分析用户多屏行为,打造媒体矩阵

新媒体时代,信息爆炸迭代,用户接收信息的数量和渠道不断增加。当前大部分用户习惯于在多个平台检索产品信息,进行产品信息对比和确认真实度。如果企业只在同质化媒介平台进行广告信息的投放,难免会降低产品可信度和品牌的影响力。

移动互联网平台的成熟和多元,为用户构架了无处不在的新媒体环境,用户多屏使用行为成为常态。这使得用户获取信息呈现碎片化,用户注意力难以长时间集中,信息吸收呈现分散化。出于使用满足度的差异,用户多屏使用的时间分配、偏好和接触方式都会存在差异。因此,在互联网思维指导下,新媒体广告营销在策划中,要让广告商具有全媒体思想,一方面不能忽视传统大众媒体的力量,仍要根据需求充分利用大众媒体平台资源与影响力,同时,更要考虑利用新媒体平台和传统大众媒体的新媒体矩阵,取其各自优势进行品牌资源的整合,这样既能最大范围地覆盖用户,又能实现精准营销,实现广告效益最大化。

广告商要学会从多屏资源整合中,找出不同形式媒介的优势及其对应的目标用户,让广告信息充分、准确地到达用户。

广告商要注意以下三个方面的内容。

第一,在不同的媒介和平台上投放广告时,要用不同的匹配形式带给用户新鲜感,但又能保证用户获得准确、一致、同步的产品和品牌信息,降低用户对品牌的不信任感和对产品的不确定性,有效提升品牌影响力和知名度。

第二,要时刻注意掌握、分析用户在不同平台、不同媒介上的活动数据,采取迎合用户消费和多屏使用习惯的策略进行广告投放,精确锁定目标用户,培养长期良好关系,建立强大坚实

的用户黏性。

第三,广告商在广告营销策划中还要注重品牌媒体矩阵的打造,充分利用多平台、多渠道完善产品和品牌信息,构建多元化平台和多样化营销模式。

(二)强化内容建设和情怀塑造

很多广告商在进行宣传时,容易出现采用陈列式广告、过分夸大产品效用、过分注重形式和包装,以及盲目崇拜技术、忽视内容等问题,这样不利于品牌形象的塑造和产品本身竞争力的提升,并且容易因为质量问题被用户淘汰。目前,新媒体营销的准入门槛较低,行业监管体制还未完全建立,因此广告内容盲目、牵强、欺骗、浮夸、抄袭等乱象也较多。

对广告商而言,最核心的广告营销方式是品牌自主产生内容,而且是独特、新颖的原创内容。因为广告商最熟悉自己的品牌与产品,如果在广告营销策划中注意结合品牌和产品特点、风格、定位,通过合适的技术手段和表达形式呈现令用户感兴趣的事件、话题,吸引用户注意力,即可制造情感共鸣,化广告于内容,悄无声息地走进用户的内心。这就是强化内容建设和塑造情怀。

"应把他们看作具有独立思想、心灵和精神的鲜活个体,强调企业使命、愿景与社会价值观的吻合,充分体现人文精神。"[①]

2017年春节伊始,百事可乐《17把乐带回家》就是典型塑造情怀的怀旧营销。百事可乐通过促成《家有儿女》原班人马再聚首,引发人们的美好回忆。看着广告中童年记忆的还原,用户自然对产品产生连带的好印象和购买的欲望。

(三)满足用户潜在需求

"在新媒体广告营销中,为长远地留存用户,广告商还需清楚几个概念:期望产品层次,指消费者希望的产品的个性化价值。潜在产品层次,指满足消费者潜在需要的超值利益。在新媒体营销中,它是指在核心产品、个性化产品、附加产品之外,能满足消费者的潜在需求,但被消费者意识到了,但是并没有被消费者重视的需求。"[②]

因此,在新媒体广告营销策划中,广告商要满足用户期望之外的潜在需求,能给用户留下良好的使用体验,增强用户对品牌的好感度,建立长期的用户黏性。但在这一过程中,广告商需要精准掌握用户需求和用户隐私保护之间的度,增强用户的获得感,而不是给予其剥夺感和信息泄露的不安全感。

在此方面最典型的案例,可推今日头条的智能推荐和网易云音乐推荐。他们采取的方式都是根据整理和分析用户使用行为后的数据,依靠推荐算法和数据库技术智能生成同类信息或歌曲进行推送,让用户产生与品牌方"心有灵犀"的使用体验,同时给予用户拒绝不感兴趣话题推荐的权利,进一步增加品牌好感度和使用黏性。

(四)建立高效客服

以用户需求为核心,不仅体现在产品的生产和销售环节,而且还体现在对用户使用体验、

---

① 余丽.浅议新媒体环境下企业的营销对策:基于消费者心理与行为变迁下的新媒体营销[J].企业技术开发,2014,33(26):38-39.
② 逢超,李益.基于互联网的新媒体营销策略分析[J].企业技术开发,2014,33(23):83-84.

建议和其他反馈信息的收集环节。

新媒体广告营销策划要注意考虑建立高效客服关系,这样能够及时解决用户从购买前了解,到购买使用,再到使用体验、反馈过程中可能出现的一系列问题。高效客服的建立与运作,一方面利于为用户提供良好的消费体验;另一方面,也利于反思自身产品,进而提供更为优质的服务,实现长远发展。

淘宝客服在这方面做得较为成熟,除了各商家自己配备的客服服务之外,还设置有客服小蜜。客服小蜜能迅速解决退款、退货、物流签收等问题,还能提供充话费、查天气、订机票、智能挑选商品等服务。

(五)线上线下营销结合

虽然随着技术的发展和完善,线上购买行为已经十分便利和普遍,但是随着消费升级、线上广告日趋饱和,以及可穿戴式设备的出现、物联网的日渐普及等,线下营销再次被赋予重要战略意义。实现线上线下结合营销,成为很多新媒体广告营销策划中的关键方法。

广告商可以利用新技术追踪用户线下活动数据和定位等信息,然后通过线上多渠道联动个性化推送完成营销闭环。另外,线下实体店的产品体验,也可以为用户提供信任感、体验感,进而影响线上决策。

得到(知识服务App)的菜市场经济学活动,不仅成功地将线上产品营销和线下宣传推广结合,还十分具有创意地丰富了线下营销的形式,提供了线上线下营销相结合的新思路。

(六)广告品牌联手组合式内容营销

广告品牌之间不妨适当策划巧妙的组合式内容营销,各品牌联手齐上场,强化用户对产品的印象。2019年5月23日零点,上海冠生园大白兔奶糖与北京奕天世代商贸有限公司旗下香水品牌气味图书馆联手,跨界推出"大白兔香氛"产品,抓住"80后""90后"怀旧情绪,在六一儿童节前一周引起全网讨论,话题热度不断攀升。610元大白兔香氛大礼包三秒售罄,香水、身体乳、护手霜、车载熏香等单品当日销量过万。6月1日上架的1000个大白兔香氛礼包,再次2秒抢空,连获消费者好评。两个品牌都深入人心,融合的内容营销创意点是在香气上。2019年6月12日,央视总台《新闻联播》专门报道了这一事件,题目是"中国品牌引领消费升级新趋势"。

三、新媒体平台方

在部分情况下,广告商与新媒体平台方是同一主体,但随着技术发展迅速,信息传播渠道丰富、用户数量及信息量的增加,用户群体结构也呈现多元化、碎片化趋向,广告商难以凭一己之力完成对品牌和产品的营销和传播。由此衍生出众多专业化的媒体平台,它们作为广告商和用户之间的信息桥梁,确保了新媒体广告营销行为的顺利完成。

新媒体平台方为实现获利,常用的方法有以下三种。

(一)搭建广告信息网络规划体系

由于用户对广告信息的选择权增加,分辨能力提高,抵触情绪增强,搭建起富有针对性的广告信息网络规划体系，对于平台方来说显得尤为重要。广告的质量、针对性、出现的位置、时间、地点、频率和形式，都将影响最终的营销效果。建立健全这样一个规划体系，要求新媒体平台方转变过去直接将广告信息陈列给用户的营销思路。

新媒体平台方首先要通过建立用户行为数据库，利用计算机技术和算法了解用户的平台使用习惯、阅读习惯和消费偏好等信息，然后结合产品特点进行信息关联，制定合适的营销策略，采用合适的营销方式，绕过用户的认知防御，出其不意且潜移默化地渗透产品信息，最终达到"皮下注射"的强烈效果。其次，新媒体平台之间要学会合作联动，进行广告信息适当频率的重复和多样化呈现。

(二)利用用户社交链条扩大影响

用户社交链条是不可忽视的因素，它意味着广告投放的外围存在着潜在的传播市场。一方面，用户线上行为增加虽然减少了用户与广告商或平台方实际见面的机会，但是并没有丧失用户固有的群体意识。用户在线上社群中同样存在着交往仪式，且一定程度上仪式感更为强烈，仪式感作用下的行为影响也更加强烈。用户在面对自己不熟悉的商品领域时，会倾向在熟悉的群体里咨询，选择相识人士中有过使用体验并且由他们向自己推荐产品。另一方面，"晒"文化的流行，使得购买部分产品成为身份和高生活品质的象征。因此新媒体平台方应重视用户的信息体验及其社群关系，以高质量内容和技术优势吸引用户，并且激发用户分享扩散的欲望(例如转发或评论、集赞给予额外福利等形式)，利用社交链条的裂变形成病毒式营销，扩大辐射范围，将新媒体平台的人气转变为财气。

拼多多的迅速崛起，就是社交电商利用用户人际关系链条获利的典型案例。

近几年，中国互联网发展增速最快的是三四五线城市。拼多多准确把握这类人群寻求低价的消费心理，以拼团的形式要求，促使用户在社交圈扩散团购链接，实现一步步裂变。在这种去中心化的营销模式下，用户代替 KOL 成为消费行为的主导，实实在在的价格优惠和平等参与感建立起用户黏性，拼多多成了一款全民应用。

2018 年国庆期间，支付宝在微博平台发起的"中国锦鲤"的抽奖活动，和支付宝合作的商家列出来一张巨长的支付宝优惠免单清单，获奖的方式就是转发微博获得抽奖资格。活动一经推出便引发千万关注，抽奖微博转发接近 300 万，支付宝成功赢得了高度关注和用户使用积极性。同时，参与奖品提供的商家也获得了高度的曝光率，进行了有效的品牌宣传。这次活动可以称得上新媒体广告营销的典型，其中关键的一环就是利用用户转发行为，不断扩大辐射范围。由于奖品的丰厚，用户甚至会发动社交关系多频次转发，最终形成了现象级的参与度。

(三)技术、内容和理念创新并重

新媒体广告营销中，用户主要依靠视觉、听觉判断产品信息，通过技术获得对产品的初步认知，因此需要配备专业化人才团队进行平台的建设和更新，简化平台的操作程序，保持界面设计美观简洁。

如果只是一味地从技术上来拓宽广告营销策划，是对新媒体广告营销的片面认识，过于突出技术的先进和多样，而忽视营销内容的打造和理念创新是行不通的，最好是能够做到技术、内容和理念创新并重。

新媒体平台方在获取强大技术红利的同时，也应该结合互联网思维，从平台载体角度来分析用户的需求,调整与广告商之间的营销策略来顺应市场环境的变化,从中改善广告商与用户之间的互动关系,从广告商及平台自身资源体系及营销实际上,发掘产品特点和平台优势,创造新的价值链。

总之,新媒体广告营销策划,在传统广告和营销价值之上,增添了一层社会意义——推进人与社会更为深入的关联。用户、广告商、平台方之间的界限日渐模糊、相互渗透,同时又各有特点和职能。如何打破技术桎梏,实现高质量、高效能的新媒体广告营销成为我们思考的重点。这就要求我们在互联网思维的指导下,结合技术力量和人文关怀打造出更为先进、便捷的新媒体营销生态系统,创造新的价值链条。

在这个生态系统中,实现获利的关键就是各方主体各司其职,各主体之间应增进相互了解,利用互联网思维来拓宽视野,搞好内生协作关系,构筑多元化的营销传播生态系统。

第四节 新媒体广告营销类型

一、微博广告营销

相比于其他新媒体广告营销方式,微博广告营销迎合了更多用户的需求。

微博广告营销所需成本较低,只需较少的人力与财力投入,运用好的话能获得极佳的营销效果,下面以白酒品牌"江小白"为例试做说明。

传统的酒类企业通常采用高大上的广告形式,例如电视、报纸、楼宇、公交等多种形式的大手笔投放。江小白转变思路,以轻松简单有趣的"江小白语录",在更具接近性的微博平台上进行广告宣传,通过微博跟用户零距离接触。

江小白微博广告营销中最常见的形式,就是利用微博话题"#遇见江小白#",用户只需拍下江小白的产品,发微博并@我是江小白,就有可能成为中奖用户,这个举动给江小白品牌提供了传播的机会点,它操作简便,用户可结合自己的经历谈感触,又有机会中大奖,用户非常乐于传播,这种广告营销方式大大节省了品牌的广告宣传费用,效果非常好。

另一个微博营销的成功案例就是京东和苏宁的价格战。

2012年8月14日,在12小时内,京东总裁刘强东连发24条微博,几乎句句针对苏宁,发出了价格挑战书,说明京东三年内零毛利,保证所有大家电比国美、苏宁连锁店便宜至少10%以上。苏宁易购执行副总裁李斌也在微博上发布承诺,如消费者发现苏宁易购价格高于京东,将即时调价。

此次价格战充分赢得了消费者的注意力,虽然后期两家公司都未能真正做到产品降价,但是两个品牌在此次微博营销中,品牌形象大幅提升,粉丝和用户数量大幅增长。

二、微信广告营销

随着自媒体的发展壮大,新媒体广告营销逐步渗透到社交性平台,以微信为主要代表。

微信的用户基础庞大,营销方利用微信发文章、推送企业公众号,巧妙地将企业与其目标消费者群体带入微信营销。

2017年8月29日,腾讯公益推出的广告"小朋友的画廊",成功引爆微信朋友圈。广告采取了H5的形式,在一首歌曲的情绪导入下,回到一个朴素的原点,告诉你可以为那些有精神或智力障碍的特殊人群,贡献微薄之力,来改善他们的生活。据腾讯官方消息,腾讯公益的这则广告在"99公益日"募捐了6亿元。腾讯这次的微信广告营销,以高质量内容配合新技术新形式,借助微信这一强大的社交性平台,实现了大范围的产品信息输送和品牌营销。

腾讯这次的微信广告营销,可以概括为四个方面内容:一是以"公益+艺术"为前提,充分起到了吸引用户眼球的作用;二是以1元购画作为极低门槛,引导用户进入活动;三是充分利用微信的社交分享进行快速传播;四是抓取了一个大众以1元钱获得朋友圈晒爱心的潜在公益需求。

前几年热播的迪士尼动画电影《疯狂动物城》,前期并没有大肆宣传推广,也没有邀请自带流量的当红艺人进行配音,似乎没有培养起一批关注用户。但是首映当天,Uber公众号推送了一篇《别逗了!长颈鹿也能开Uber?还送电影票?!》的文章,在公众号助力、用户社交链条传播的助力下,引发大量用户关注这部电影,票房迅速攀升。第二天,迪士尼顺势推出《疯狂动物城》性格大测试的H5广告,测试结果在朋友圈被广泛分享,形成了刷屏之势。借助这一系列的微信广告营销,《疯狂动物城》取得了极佳的票房成绩,话题热度居高不下。

三、微电影广告营销

微电影是指在新媒体平台上播放的、适合在移动状态和短时状态下观看的影视作品。它是广告,同时又有电影的剧情,生动形象。你可以说它是加长版的广告片,也可以说它是精粹版的电影。时长从5分钟到15分钟不等,一般在10分钟左右。

微电影营销近年来十分火爆。它温情脉脉,在快餐时代碎片化交流背景下,以情节细腻、情感真挚满足了用户们的某种精神需求。

2018年,999感冒灵推出了系列微电影广告,成功以温情攻势直击消费者内心,结合感冒灵这个产品,塑造了良好的品牌形象,堪称微电影广告营销的成功范例。比如,微电影系列中的这个微电影《这个世界没有你想的那么糟》,以真实故事改编而来,它以生活在都市里的外乡人的孤独感为切入点,引起观众的强烈共鸣,最后它以反转的故事情节,来传达出"原来这个世界并不是那么美好,但似乎也没那么糟"这样的主题,人们欣然认同并接受。就在此时,最后一句广告词悄然而至:"别找了,我们爱你——999感冒灵。"

汽车品牌Mini在推出Paceman车型时,同样采取微电影广告营销的方式。微电影《城市微旅行》从不同的视角切入,选择了上海、杭州、北京作为故事背景,邀请作家冯唐、绿茶经营者路妍等不同职业身份的人,驾驶Mini Paceman行走于他们所生活的城市,发现不一样的城市之美,渗透了"微旅行"的主题概念。他们驾车穿梭于熟悉又陌生的城市,在浮躁繁忙的当下,营造出一种令人向往的生活状态,使得Mini Paceman作为一辆优质新车的同时,还成为一种生活状态的象征,创造了独有的消费领域,吸引了一批忠实用户。

四、电子邮件营销

邮件的广告营销,是在用户授权的情况下,将一些用户感兴趣的广告内容传递给用户。邮件营销对于企业的价值主要体现在三个方面:开拓新客户、维护老客户以及品牌建设。

邮件营销平台使用者需要对 EDM 邮件内容和风格负责,使其风格与商品特征相符,使电子邮件内容可读性强,以吸引用户。电子邮件营销需要注意以下三个细节。

(1)尽量做到个性化和精细化。

(2)邮件标题字数不要太多,要点明主旨。

(3)邮件摘要放在前面,突出内容重点。

电子邮件营销是一把双刃剑,它的确方便了营销,但使用不好或不当就会引起用户的抵触心理,需要格外注意。

还要注意及时清除邮件地址池中无效、过时的地址。这样做一方面会提高邮件发送速度,另一方面也会提升发件人 IP 美誉度。

邮件广告营销的作用往往不是销售,而是客户关系管理,这种营销手段曾因效果好被广泛应用。但随着技术的发展与新媒体的应用,邮件营销的优势不再凸显,但仍是管理与维护客户关系的手段之一。

Supreme 的直邮策略是个成功的案例,令人刮目相看。

Supreme 的邮件标志并不显眼,只出现在官网的底部和新产品发布前的"Shop"页面上。当用户注册了 Supreme 的邮箱之后,什么邮件都不会收到,因为 Supreme 的直邮营销策略,就是让消费者对下一封邮件充满期待。

Supreme 这种奇怪的直邮策略和其产品策略保持一致。在这个消费者的邮箱里被塞满产品促销、打折和广告的时代,Supreme 却反其道而行之,将邮件作为对外宣扬"你需要追随我"这个品牌的工具。

第五节 新媒体广告营销策划要点

一、找好广告定位

定位理论是 20 世纪 70 年代由美国人特劳特提出的,它被称为有史以来对美国营销影响最大的观念。定位理论运用在广告营销中,是指品牌定位。品牌定位要注重消费者眼中的形象与心理认知,即消费者发出"你是谁"而非品牌自身定位"我是谁"。

比如,一提到"男人的衣柜",我们就会对应到"海澜之家";一提到"怕上火",就一定是"王老吉"。

新媒体广告营销策划首先要解决定位问题,从消费者、用户的角度来构建一个定位,形成一个特定标签。

二、把脉媒体属性,有的放矢

作为新媒体经营人员要站在所在媒体的角度去推动广告事业的发展。比如,《人民日报》是中共中央机关报,国家级报纸,在为地方客户提供优质广告时,要以推动地方经济发展的高度和提供分享战略性资源角度,去策划、实施广告行为,才能与其媒体属性匹配。

三、提前做好预算

在传统的大众媒体平台做广告营销策划时,一定要提前做好预算安排,具体步骤和相关内容都要提前计划。因为在计划外加预算很困难,也很麻烦。因此,要尽可能提前将策划方案和预算报给客户,以方便推进下一步的合作。有时,没做好预算,有可能一耽误就是半年、一年,时机不再。新媒体平台上也要注意有备无患。

四、要有信息敏感性,抓准机会点跟进

新媒体广告营销策划要有对信息的敏感性,这样才能及时发现广告营销机会,抓准、抓好、抓住这个机会点跟进广告,最终效果才会好。

2017年金砖国家领导人在厦门会晤,这是福建省展示区域形象的重要窗口期。传统大众媒体抓住这个信息敏感点,来策划宣传方案取得了良好的效果。

五、具有预见性

一年四季之中,国内重大新闻事件纪念日、重大节假日及历史事件纪念日,一般都会有明确的时间点,新媒体广告营销策划要做到提前动手,提早安排,抓住线索预测可能会发生的机会,要变事后策划为事前策划,并准备A、B两套方案应对。这样做会心中有数,一旦机会来临,不急不乱,有张有法,会抢在第一时空,投放优质的、适合的广告营销,效果自然差不了。

在做广告营销预见性策划时,争取把策划做大。这时,要注意在事件调研和策划过程中,跳出单一方的思维,从全局高度上寻找最优的合作模式和最大的合作范围,把尽可能多的单位纳入合作伙伴范畴,做规模性投放,效果应该更好。

六、要有独特的销售主张或说法

20世纪50年代,罗瑟·瑞夫斯提出独特销售主张理论,即USP理论,提出品牌要通过提炼独一无二的商品卖点,引发消费者兴趣。

最鲜明的案例就是罗振宇的罗辑思维和得到App。罗振宇抓住新兴中产阶层对新知识、新信息迭代产生的匮乏感与恐惧心理,提出了"知识消费"这一模式和"60%专业度＋新鲜名词"概念,成功吸引了用户。

类似的成功案例,还有知乎所提的"每天3次,每次7分钟"和抖音的"记录美好生活"。

七、具有针对性

新媒体广告营销策划一定要提前了解好广告主的需求,进行深入调研沟通,防止闭门造车、凭空想象。一定要领会好广告主的思路,从广告主角度切入,理解广告主所思所想之处,写出他们的需求点,能够有针对性地针对他们的所思所想提出切实可行的广告方案与具体实施形式。

八、策划方案要简约

广告营销策划方案一般分为广告词、广告创意、进行此广告营销的目的和意义、宣传形式、主要内容、投放形式安排、经费设计等诸多方面,每一方面要排列清楚,说明白,并且要一目了然。广告营销策划方案要简单、明了、新颖、独特。用最简短又形象的表达来体现策划方案是首选。

另外,还要因广告主不同而提供不同的方案表达。比如对方是政府有关部门,一般喜欢文字版,好方便其向上级领导汇报。那么,策划方案要能在1~2页纸说清楚最好,不要长篇大论。需要详细说明的地方,策划方可以另外附上如宣传形式、版样等。如果对方是企业,可能会喜欢PPT演示、沙盘推演或者短视频播放。

九、找准重要商机,适时准确投放

找准重要商机,对广告营销策划很重要。
常用的寻找重要商机的方法,有以下十个方面,仅供参考。
(1)特殊时间点的稀缺资源。
(2)国家大事件。
(3)服务地方中心工作。
(4)重要节庆会展。
(5)大型活动、论坛等。
(6)重要评比活动、荣誉称号等。
(7)各种节日和纪念日。
(8)地方周年庆典。
(9)地方突发性事件(危机公关)。
(10)部委及各省(市)厅、局典型经验推广。
《南方周末》新年献词有这么一句话:"历史最大的逻辑是人的逻辑"。
人既是创造者,也是使用者,是用户。人的审美、需求在不断变化,广告营销如同万花筒般不断在变化,大数据、互联网+、文化IP产业、孵化器等这些新名词在不断涌现,新概念层出不穷,迭代是必然。

新媒体发展离不开广告营销,平台和渠道有了,更需要好的策划方案,其中,做好内容是新媒体人的立身之本。有句在新媒体业界流行的话是"内容为王,原创是福",广告营销策划也要有内容、有原创,充分运用新媒体渠道,实现内容与营销的嫁接;同时,让内容反作用于广告,实现良好的新媒体传播效果。

本章思考题

1. 新媒体广告营销的生态环境发生了哪些变化?
2. 新媒体广告的特点是什么?
3. 新媒体广告营销类型有哪些?找到你喜欢的一两种类型进行举例说明。
4. 在选择 EDM 邮件广告营销时,应注意哪些情况?
5. 什么是互联网思维?在互联网思维下进行新媒体广告营销的重点是什么?
6. 在互联网思维指导下,广告商进行新媒体广告营销策划时要注意哪些问题?
7. 新媒体平台方在进行新媒体广告营销策划活动中,实现获利的方法有哪些?
8. 新媒体广告营销策划要点有哪些?试举例说明其中一二。

第七章

互联网四大基础运营

互联网四大基础运营包括内容运营、活动运营、用户运营与渠道运营。本章将就这四个方面内容进行详细阐述。

第一节 内容运营

一、内容运营概述

从有互联网开始,就有了内容运营。

内容运营是指针对产品内容进行管理、维护、调整,大到所有产品的内容布局,小到一个文章符号都属于内容运营的管辖范围。内容运营是一个长期沉淀的过程,并没有什么速成的办法。

内容运营的具体工作内容包含编辑文章、审核内容、规划栏目、规划文章以及针对产品、新媒体的内容规划、新媒体的内容供应等。其核心要解决的问题是围绕着内容的生产和消费搭建起来一个良性循环的新媒体平台,持续提升各类跟内容相关的数据,如内容数量、内容浏览量、内容互动数、内容传播数等。

因此,根据以上的需求,从落实执行的层面来看,互联网内容运营的关键工作就是内容定位、确定调性和落实执行。

二、做好内容运营的定位

一个好的互联网内容运营定位,主要体现在以下三个方面。

(一)关注具体领域

无论关注的是军事、政治,还是文化美食,或者是社会民生,内容运营一定要切入一个具体的领域来创作,不能面面俱到,泛泛而谈。

例如,爱奇艺 App 是一款集视频、社交、电商、游戏、移动直播、漫画、阅读、电影票等多元生活服务于一体的移动软件。其定位是以优质的纯网内容,多元、贴心的生活服务态度,为用户打造一个人与服务相连接的全方位移动视频平台;拥有796万粉丝的微博号"我们爱讲冷笑话",其定位是爆笑笑话、幽默笑话、冷笑话、搞笑图片、糗事大全、搞笑视频等;"新榜排行榜"的定位是独立、客观、权威,用数据读懂新媒体的一个内容创业服务平台。

寻找自己定位的方法,分为以下三步。

(1)寻找跟关注领域相近的其他内容源。

(2)分析并找到自己与他们的差异点。

(3)以此差异点作为内容定位。

(二)风格独特

有了具体想操作的领域、进行内容定位之后,还需要有自己独特的风格。这几年比较火的公众号36氪、十点读书、钛媒体,就是各自具备了独特风格,才会在林立的自媒体世界里独树一帜,颇具影响力。

拿钛媒体来说,它定位于专业科技新闻与知识服务领域,聚焦于一个创新者最爱聚集的地方,引领未来商业和生活新知,成为24小时不间断更新和互动的平台。其风格犀利,常常提供新鲜犀利的商业见闻、国际视野的前沿技术和独家猛料。在App上,钛媒体被称为有质感的阅读,新闻内容筛选标准高,读起来如精品杂志,内容丰富、不庸俗。

(三)有细节支撑

所谓细节支撑,是指落实在每一篇文章中、每一周的工作计划里有共性的东西。公众号十点读书就是一个典型例子。它的每一篇推送内容都采用了"语音+图文"的表达方式。这样做一是为了丰富内容的表达,二是为了让用户更加便捷地接收信息内容。有的用户在结束一天的工作后,不想再阅读大量的文字,就可以打开语音直接听内容,让眼睛得到休息,且可以听着语音同时进行别的活动,做到高效率利用时间。

这种"语音+图文"的内容运营方式,确实为用户带来了前所未有的舒适体验,十点读书的每篇文章阅读量差不多都是十万多,点赞量也是数以千计,与平台进行留言互动的数不胜数。许多人在做内容运营时,常常感觉在资料上捉襟见肘,其实就是因为执行细节上的落实不够。

三、面向用户维护好调性

为了建立起一种识别度和信任度,就必须明确你的内容边界(如什么能写,什么不能写),并给内容打上某种风格化的标签。这里说的就是调性。

调性的重要性在于,一旦这个调性被成功树立起来,你就可以在用户心目中牢牢占据一个位置,进而大大降低你以后要去建立用户认识的成本。

例如"果壳"的内容风格是"各种死理性派型科普""做有意思的科普"。它在App上的自我推荐文字是这样的:收集全球新鲜事,好玩故事看不停。从BBC播出事故到奥斯卡尴尬瞬间,在果壳精选,你可以看到惊险刺激、让肾上腺素飙升的大脑洞实验,也可以见识到全球最有病、最新鲜的社会新闻。在这里,一切应有尽有。

调性比较务虚,所以,确定以及维护好调性是一个有难度及长时间的问题。

一般而言,将调性落到实处,就是"先从你的内容背后提炼出来一些棱角分明的标签,再用一系列具体、切实的行为动作去支撑起这些标签"[①]。

那么如何面向客户维护好你的调性?

(一)内容量不大时的调性

在内容量不大的情况下,要维护好自己的调性需要做到以下两点内容。

(1)注重单篇内容的风格。每一篇内容信息都不同,但需要强调,在表达方式、价值取向上保持风格一致很重要。

(2)严格控制整体内容的构成比例。内容不能掺杂太多水分,至少要做到专业内容占到60%以上。

(二)内容量极大时的调性

新媒体若是在内容量极大的情况下,需要注意以下两点。

(1)注重内容的挑选和推荐。一是在自家的网站和公众号上,要注意内容的挑选,比如头条位置放什么内容,用什么话题吸引流量,等等;二是在其他新媒体平台上,要注意内容的推荐,比如由平台推荐哪些内容,我的后续报道是什么,要如何控制敏感内容的露出比例,等等。

(2)谨慎使用关注热点事件或人物来博取流量。关注热点事件或人物,是个很好的赚眼球与流量的方法。但是,这些热点事件或人物,往往具有不可控制性或反转性,用户对这些事件或人物的态度具有不确定性,有喜爱,有反感,也会有质疑,因此需要谨慎使用。

比如,一家做互联网教育的平台,在做自己的新媒体定位及调性时,总结了五点内容:标签一是原创,要求平台上的内容90%以上是原创;标签二是专业,要求平台上的内容60%以上是真实的产品与运营的案例分析、评论和方法论的输出;标签三是有态度,如"行胜于言""唯有爱与用户不可辜负";标签四是不刻板,要求平台上的内容20%左右属于趣味性内容;标签五是有温度,要求平台上的内容是属于人文关怀的内容。

依照这五个标签,通过不错的内容去支撑,调性和标签会持续下来,随着时间的积累,这个平台的内容穿透力就会越来越强。

四、互联网内容运营策略

(一)常规性、常见性内容保底

这一点要依赖于每月计划、年度规划来完成选题。例如常见的二十四节气、节日话题(春节、中秋、圣诞等)都是常规性、常见性的内容选题。

如果是做娱乐领域的新媒体,则需要提前搜集一年中所有的电视综艺、网络综艺、电视剧、网剧、自制IP的名单,了解大致的网上开播时间,哪些可能形成热点或爆款,哪些需要关注特别档期,都需要一一做好准备。

[①] 黄有璨.运营之光[M].北京:电子工业出版社,2017:151.

(二)常规性内容质量不能太差

比较合理和可行的做法是,平常确保内容水准至少维持在 70 分左右,常规性内容不放水,保持有质量、可持续化发展。

(三)用爆款内容和热点事件吸引眼球

在常规内容保持一定水准的前提下,至少每周要有一篇经过专门,策划和重点打磨的爆款内容来提供给用户。这个方法,就是电商运营中最常见的"爆款"策略,即通过一两款很有吸引力的爆款商品,拉动用户进入自己的店铺,再通过相关推荐等各种运营手段,把店铺中的其他商品推荐给用户。

(四)对外传播需要重点突破

结合爆款内容和事件的对外传播一定要做好,确保内容价值最大化。对外传播需要重点突破,这一点将在第四节的"渠道运营"里重点阐述。

五、搭建持续运营内容平台

要搭建一个持续运营的内容平台,保持一个持续运营的内容生态,按需求分解工作,做好常见工作与具体工作。

(一)常见的工作

(1)依据内容定位和调性,实施内容分类。
(2)评估每一类别下的内容需求量。
(3)分解指标,完成分工,落实到人。
(4)通过设计机制,人为推动落实内容的产生。

(二)具体的工作方法

(1)规定好标准格式,精准到字体、字号、字色等。
(2)在约定交稿日期前提醒。比如提前一周提醒,前 3 天再次提醒确认。一句话,为了确保内容持续供给,最有效的手段就是没完没了地催稿。
(3)制定未能如约交稿的惩罚措施。

第二节 活动运营

让我们回想一下近年来比较热的活动,比如天猫的"双十一"和新浪的"让红包飞",这两个活动几乎分别成了每年 11 月 11 日和春节期间必然会有的大型活动。

所有运营过新媒体的人都知道,活动类型文章阅读量要比其他类型文章阅读量高。这是因为活动运营具备传播性和互动性,可以转化新用户并活跃老用户。

在新媒体营销中,常常需要通过活动来达成一定的业务目标。学会活动运营及善于运用活动来造势与传播,是一项必不可少的技能。

一、活动运营者的综合能力

活动运营是指通过组织活动的形式,在短期内快速提升相关目标的运营手段。

活动运营具有多种属性,它归属于运营团队,却做着策划的工作;接触一定程度的市场和营销,却不是最专业的营销;要和交互视觉产品、研发部门打交道,但却不属于产品经理体系中的某个具体工种。

为了让阶段性的活动达成目标,运营者必须具备用多种手段解决问题的能力。比如不仅要熟练掌握互联网的促销、内容、场景运营等,还要了解掌握产品的基础技术手段、传播模型及方法,拥有创意层面思考的能力以及创造全新模式的能力。

一个活动运营人员要具备的综合能力,包括以下七个方面。

(1)策划能力。
(2)项目管理能力。
(3)运营基础能力。
(4)产品基础能力,包括会写产品需求文档,了解经典算法模型(如广告算法模型),抽奖和成本控制逻辑等。
(5)商业化思维能力。
(6)用户洞察能力。
(7)数据敏感能力。

二、活动运营的目标

对于活动运营来说,做任何一场活动都有一个目标性的运营手段,其本质就是通过奖励机制,来刺激用户进行特定的某些行为。比如,微博关注送礼物,App下载注册送红包,线下门店送好礼,等等。

再看一下淘宝提供的会员活动工具,有新人礼包、会员专享活动、打折、减现金、包邮等工具,你会发觉淘宝卖家多少都懂得些运营技巧。

在新媒体运营中,活动运营目标主要分为长期运营目标和短期运营目标两种。长期的运营目标在于品牌影响力的打造;短期运营目标有用户拉新、用户促活、用户成交、用户传播四种,这四种活动目标可以从放置活动信息的渠道、吸引用户参与活动的转化、引导达成期望行动的结果三方面来区隔。

(一)用户拉新

用户拉新的核心目标是增加新的用户量,吸引更多用户参与活动,引导新用户关注或注册,主要运用于外部渠道,数据包含注册数和涨粉数等。

黏着式增长、病毒式增长、付费式增长等形式都是出于拉新的目的。

活动运营的拉新与用户运营中的拉新,有一些细微的区别。用户运营中的拉新,不仅要在活动运营中拉新,还要将用户转化为客户才行,因为最终目的是销售商品,获取利益。

(二)用户促活

用户促活是以增强用户的活跃度为主的活动,主要是指内部渠道、吸引用户参与的活动以及引导特定的活跃行为,关注数据包含登录人数和签到人数等。其核心目的是与新进入活动的用户互动,针对这一目的,用户促活采用的方法包括引导用户点击菜单栏、发送消息、参与小活动、在文章内留言等。

(三)用户成交

以吸引用户参与活动、引导用户下单或付费,最终实现用户购买为主的活动,都可称之为用户成交,其核心目的是实现企业的商业变现。实现的渠道既有内部渠道,也有外部渠道。关注数据包含销售额和订单量两种。一般情况下,可采用分发优惠券等刺激用户购买的活动方式促成用户成交。

(四)用户传播

用户传播即鼓励用户进行分享,其主要目的是通过核心用户的分享,吸引新用户的关注。用户传播主要是通过内容渠道或者外部渠道,来吸引用户参与活动,引导用户进行转发、分享、传播等行为。关注数据包含转发数量和分享数量两种。用户传播常用的方法有给老用户发放优惠券等。

三、活动运营的核心关键点

活动运营的核心过程分为策划、执行、复盘三步,根据时间或进展来看,就是活动前、活动中和活动后三个阶段。

策划是活动前的精髓。运营者从不打无准备之仗,任何一场活动,都离不开前期的筹备策划工作。当目标明确、市场调查完成后,就可以着手制作出一份可执行和可操作性的活动方案,这也是活动运营的核心关键点。

一般而言,活动方案有两大作用:一是帮助内部梳理思路,明确目标流程,便于活动运营执行和效果评估;二是为其他协调部门提供一个完整的需求方案,配合活动运营的开展。

常规来说,活动方案主要包括活动背景、活动目标、活动主题、活动周期、活动推广渠道、活动成本预算、活动执行、数据监控、复盘总结等方面,具体细节可以根据需求增减。

(一)活动背景

活动背景体现在为什么要做活动上。

在撰写活动背景时,需要说明四件事:一是此活动是否在特定的背景下开展;二是此活动对业务或公司有什么特殊的意义和价值;三是此活动面向的用户群体是谁;四是此活动向用户提供的价值是什么。

(二)活动目标

撰写活动方案一定会涉及活动目标。

活动目标需要明确提出,包括细节。比如,一次活动运营的目标是拉新两万,这里就得对新增用户做详细定义,拉新是否是指留下电话和快递地址,或者是否为首次领取公司免费礼品用户,等等。

(三)活动主题

活动主题的要求有两点:第一是要和用户的需求匹配;第二是要注意人群的规避。

撰写活动主题常用的方法有以下两种。

(1)借助热点。比如借助春节,可以发布一些"春节也可以这么过:年货该怎么备才够年味儿……""知否知否,故宫过大年是这样的"(这里套用2019年故宫过大年宣传活动以及影视剧《知否知否应是绿肥红瘦》热播这些热点)等。这样既应景又兼趣味性的内容,才能够被人认可和吸引。大众本着排遣压力、猎奇等心理会去阅读、去参与互动。

(2)用一句话突出卖点。比如,"双十一免费畅饮特级蓝山咖啡,再领200元红包",直接将利益点送出,有的放矢,吸引用户产生互动并积攒粉丝。

(四)活动周期

活动周期是指通过背景及数据等情况,制订出具体的活动时间、技术准备时间、设计准备时间及活动时间。活动周期又包括启动时间(重要节假日,重要事件发生点)和结束时间(限定期限)。例如要做一个三八妇女节的活动,至少需要3周时间准备策划案,其中,至少给设计及技术人员留出1~2周的时间,如果有线上预热,还需要及时调整时间。

(五)活动推广渠道

活动推广渠道是指具体选择哪些渠道,免费渠道有哪些,怎么推广及完成多少,付费渠道有哪些,渠道策略是什么及完成多少,等等。这里的渠道既包含产品内渠道也包含产品外渠道。其中产品内渠道包含App启动页、网站首页、弹窗、自有社群等;产品外渠道包括短信、邮件、百度SEM、广点通等。

(六)活动成本预算

活动成本预算是活动方案中不可缺少的一个环节。活动成本一般包含渠道费用、有预算的奖品类费用、特殊资源的需求、人力成本等。

比如邀请名人,除了经费的需求外,还要对照好对方的时间和安排。另外,设有奖品时,要考虑奖品和用户之间的匹配,而不是单纯地只考虑价格因素。奖品不是越贵越好,重要的是满足用户的需求。比如某次微博活动的中奖用户是某个艺人的粉丝,他就曾申请可不可以将奖品换成艺人签名抱枕。在他的心里,艺人的签名小礼物,要比其他奖品更值得向身边的朋友炫耀。

(七)活动执行

运营需要对整个活动进行监测把控,一方面是为了保证活动正常执行,另一方面是为了收集相关数据,了解是否有可优化的地方,以便及时做出调整。因此在活动方案中的活动执行部分,要详细到什么人、什么时间、做什么事情、有什么样的考核,还要有哪些人员可以协调使用及与此相关的指导性文件等,这些内容对具体活动执行过程帮助很大。

(八)数据监控

数据监控的重要目的是保证活动正常、健康地运行,一旦活动离开了预计的运营轨道,需要及时排查问题出现在哪里,马上进行调整并止损。活动执行过程中,需要时刻关注的数据有浏览数、参与数、中奖数、分享数和转化数。

(九)复盘总结

凡事有始有终,做活动也是如此。当活动结束时,需要有一个复盘总结部分,这要在活动方案中有所体现。复盘总结要在整个活动结束后第一时间内提交。

复盘内容一般有两个方面:一是对活动效果评估,看既定目标是否完成;二是对活动中的数据反馈进行分析。形成活动复盘总结方案后,既要向领导汇报,也要向参与部门以及合作伙伴进行通告,为下一次活动建立良好的合作基础。

四、活动运营的操作方法

从表面上看,活动运营的手法相当多,但归纳起来,其方法不外乎是亲身体验、提供实惠、竞争、减价以及形成制度化等。这些方法也可以通过组合方式开展,比如收集、套用、改变、选择、生成等,前三种是将玩法增多,后两种是将玩法减少到圈定目标。

本教材整理了运营行业中最常见的活动运营方法,以供参考。

(一)打卡或签到

这种活动玩法能促使用户养成习惯,提高用户黏性。在公众号中签到,可以采取积分的形式;在社群中签到,可以用打卡的方式;也可以采用每日签到、累计签到、连续签到 X 天有奖的方式。比如用户订阅公众号后,该号会每天提醒用户已签到多少天,用户可以用天数兑换相应的奖品。

(二)测试或答题

比如,通过答题测试性格特征,测与他人关系,等等,这些测试在活动中会经常用到,用户参与相对活跃。

(三)抽奖

抽奖是一种有效吸引用户兴趣、调动用户积极性的活动形式。常见的抽奖玩法有大转盘、老虎机、砸金蛋、用户回复或盖楼抽奖等,趣味性强,但中奖的概率不大,既吸引了用户,又节约了成本,两全其美。如支付宝为了鼓励用户使用支付宝支付,推出了支付成功即可参加抽奖的活动。

(四)比赛或排名

激起用户竞争欲望的比赛活动,可以细分为以下两种类型。

(1)心理测试游戏。如测试你的心智年龄,测试你是几级强迫症患者,测试你十年后会过怎样的生活等。

(2)吸引用户参与的小游戏。如曾在微信朋友圈风靡一时的"我画你猜"活动,就是十分典型的吸引用户参与的小游戏。

(五)赠送

作为活动运营的一种常见形式,赠送普及于各种线上线下活动,包括付费、免费活动。赠送的内容不外乎三大类:送钱,送礼,送机会。

比如随机金额的红包补贴、代金券、打折券、免费体验(如前100名送礼)、产品小样(常见于化妆品)等。淘宝上的店铺几乎都有代金券,基本上达到固定金额才可以使用。而线下最常见的代金券以麦当劳最为典型,不过和线上代金券一样,都有使用时间限制。折扣券常见于节假日之际,对商品进行大力度促销之时,比如任意买两件可打8折,全场5折抢购等。

(六)竞猜

竞猜可指猜某一事件结果,例如章鱼哥猜球赛结果;也可以是元宵节猜灯谜;或者猜一猜自己的幸运数字等。

(七)征集

征集是通过网络向社会征集各种不同信息,比如征集标识、征集广告语、征集吉祥物、征文等。

(八)话题型活动

搞话题型活动,主要是吸引关注共同话题或故事的用户参与进来。

例如,新浪微博上很多电视剧或大V博主,会根据某个大热的话题发起投票,以获得感兴趣的网友支持。这种活动形式对于拥有共同兴趣爱好的用户来说,十分具有吸引力,而且还能调动用户参与活动的积极性。

(九)投票

投票主要是以奖品或某种公平方式,让投票人主动宣传活动以提高活动的参与度。例如常见的给小朋友投票就是自带父母、长辈、亲戚等粉丝的活动投票。

(十)小游戏

小游戏以操作方便、无须安装等优点渐渐被广大网友喜爱。随着5G时代的到来,小游戏会有一个巨大而潜在的市场。

比如,我们套用以上十种活动玩法,来策划运营一次圣诞节活动:

一是可以抽奖,在圣诞节做一个"圣诞老人"的抽奖活动;二是竞猜,在圣诞节做一个"猜猜谁是最像的圣诞老人"活动;三是签到,在圣诞节做一个"圣诞老人骑着驯鹿驾到"的活动;四是补贴,在圣诞节做一个"圣诞节暖心红包"活动;五是投票,在圣诞节做一个"谁是最像圣诞老人"的投票活动;六是测试,在圣诞节做一个"测测哪里是最适宜过圣诞节的城市"的活动。

五、创意活动的叠加玩法

除了上述常用的十种活动方法外,还可混搭不同的方式,叠加出各种创意活动。

(一)两种基本玩法叠加

将两种基本玩法叠加,形成一种新的玩法,比如投票+红包、签到+抽奖、竞猜+抽奖(中秋节猜灯谜,然后抽奖)、测试+红包等。

(二)抽取基础玩法中的某种元素进行替换

例如补贴中的现金部分,可以用自有产品券、其他产品券、高端服务(例如滴滴可以赠送一次专车接送)等替换。还可以将赠送的产品券分为金额不等、有效期不等、折扣不等的优惠券以及免费体验券。

(三)将玩法和当下热点结合

比如,当电视剧《三生三世十里桃花》火爆的时候,可以结合这个热点做"测测我跟男友是三生三世的情侣吗?"的测试活动。

(四)将玩法与重要的人和事关联

比如与咖啡相关的活动,可以将人和事与咖啡关联,策划出三个方面的活动方向:一是征集方式,比如我与他(她)因咖啡结缘的故事征集;二是测评方式,测测你喜欢哪一款经典咖啡;三是签到方式,比如"7天打卡挑战,请你免费喝一年咖啡"。

六、如何快速产出新的活动玩法

可以采用改变活动的方式,来产出新的活动玩法。

下面介绍三个可以将活动创意翻倍的方法。

(一)玩法叠加

玩法叠加,即至少将2种玩法叠加起来的一种新玩法。

比如,同样是咖啡主题活动,却可以有不同的叠加玩法。例如,抽奖+签到,"7天打卡挑战,参与大转盘抽奖";答题+红包,"答对关于咖啡的冷知识,瓜分10万元红包";征集+红包,"你和咖啡的不解之缘故事征集,领取千元红包"。

(二)元素替换

元素替换,即将玩法中的某些元素抽出来用新的元素替换之。

例如抽奖的方式替换品有大转盘、老虎机、开宝箱、砸金蛋、摇色子等；奖品的替换品有现金、流量包、礼品(书、笔记本、礼盒、iPhone)、积分等。

(三)蹭热点

名人或热点天生自带曝光度和流量，与时下名人热点结合，借势他们赢取关注度，这正是引发传播的基础。

借势名人需要注意三个方面的内容：一要慎重选择契合自己产品或活动属性的名人或热点，因为并非任何热点都适合自己的产品或活动；二要踏准热点节奏，四两拨千斤；三要找准契合点，必须严丝合缝。大部分热点，都可以通过微博、知乎、抖音、朋友圈、快手、每日必刷等流行 App 的热搜热门榜找到。

比如，针对 2018 年火爆的网络影视剧《延禧攻略》，可以根据剧中人物角色的性格特点和行为习惯，策划这样一个活动，"通过测试你喝咖啡的行为习惯，来匹配你是《延禧攻略》里的哪一个角色"。

通过活动目标匹配与自检清单，筛选活动玩法，最终找到最合适的运营活动方式。

常用的自检清单包括九个方面的内容：能否达成本次活动目标？活动创意是否与产品和业务相关？品牌调性或价值观是否一致？公司是否给到资源？筹措的时间能否支持上线？用户是否感兴趣？参与收益与成本的关系？参与方是否愿意分享？是否比较难理解活动的玩法？

2016 年 11 月，新世相(世相科技的内容生产前端)以一篇《我准备了 10000 本书，丢在北上广地铁和你路过的地方》的文章，发起"丢书大作战"公益活动，联合徐静蕾、黄晓明等明星，分别在北上广地铁里丢下贴有活动标志的图书，拍照并号召更多人参与。这次活动参与方式有两种，即捡书阅读和丢书传阅。在新世相微信公众号后台发送"城市＋丢"，就能获取在该城市的丢书地点。这个活动借势了两周前火爆的"赫敏在英国地铁藏书"活动之热点，玩法有趣，参与成本低，又有一定的公益性质，瞬间火爆朋友圈。

七、活动的复盘

复盘是活动的关键和收尾部分，也是下一次举办活动运营的经验积累。

活动做完后要及时复盘，检查并反思这次活动是否达到预期目标，哪些环节出现问题或者可以进行优化。

(一)数据复盘

首先，数据复盘要检查活动是否达到预期目标的数据；其次，要对活动中各个环节的数据进行分析，查看增长、留存等环节的效果如何。

比如，某活动预计要带来 10000 名注册用户，活动奖品总成本为 100000 元人民币，那么新注册用户的成本平均是 10 元人民币。如果你花了 8 万元，带来 20000 名注册用户，那么这个活动效果是超出预期的。如果你花了 36 万元，但只带来了 5000 名注册用户，那么这个效果就需要运营人员查找问题、总结经验教训①。

(二)人员和资源的复盘

通过人员和资源的复盘数据,活动方可以考察预设的人员配置、资源配置是否合理。比如,在一次裂变活动中,活动方准备了10个大号,后来发现活动起量太快,用户增长速度超过预期,10个大号远远不够,此后活动方再做拉新活动时,应提前准备更多的大号资源供选用。

"经历活动主题确定、创意准备、风险评估、资源配置以及活动规划、执行和复盘后,整个活动才算完成。其实,对一个优秀的活动运营者来说,并不是每次活动都能一炮而红,而是每次活动比之前更有精进。"②

俗话说,台上三分钟,台下十年功。活动运营不单单是一个运营岗位,同时也是推广活动的必备之选。

"阿里巴巴运营团队打造的'双十一',它从一个被众多网友调侃的光棍节摇身一变成为淘宝的购物节,创造了一个又一个销售奇迹,成为万众瞩目的焦点。这与阿里巴巴团队的活动运营能力是分不开的,同时也证实了活动运营的魅力。"③

第三节　用户运营

随着科技的发展,整个互联网逐渐由产品核心价值转向运营核心价值。运营从最早的渠道、内容第一的时代,逐渐开始转向用户第一的时代。用户的重要性逐渐增强,运营人员开始以用户运营为重点。

以用户为中心,是指设身处地站在用户的角度对产品、运营、制度等进行构思,以用户所思、所行、所言、所需为基础,对产品、运营、制度进行设计与制订。

淘宝上"三只松鼠"官方店,最早售卖夏威夷果时是没有开果器的。之后"三只松鼠"团队考虑到用户使用不方便,在夏威夷果里加上了开果器,夏威夷果的销量因此大大增长。这是典型的用户运营案例。我们要学会从用户角度思考问题,通过策略和机制更好地去服务用户、影响用户行为。

一、用户运营概述

一般来说,在新媒体的用户中,常常会存在一类或多类核心用户,除了需要对这些用户重点关怀以外,还要通过运营手段提升用户的贡献度。这时,就要考虑到对核心用户进行集中运营。

或者,新媒体用户体量已经比较大,比如说达到百万级别,已经无法再靠纯粹的人力来服务所有用户,而是需要通过更多的机制来设计、控制用户构成(对大量用户的策略运营),来与用户进行良好互动。这个时候,用户运营就会被提上工作日程。

---

① 张亮.从零开始做运营[M].北京:中信出版社,2015:137.
② 龙共火火.高阶运营[M].北京:人民邮电出版社,2018:248.
③ 倪林峰.全栈运营　人人都是运营经理[M].北京:电子工业出版社,2018:232.

用户运营,从微观方面分析,就是面向一群特定的用户进行特殊关怀、服务或激励;从宏观方面解读,就是通过数据分析、机制设计,对产品现有的用户构成和用户行为进行管理和引导。

新媒体的用户运营,主要是指在新媒体平台上,设定一系列针对用户运营的策略和动作。例如,在微信体系中可以拆解成公众号、社群、个人号等产品模块并进行架构;在表现层次上,主要反映在新媒体的视觉识别体系、用户体验地图的设计上。

二、新媒体用户运营分类

在新媒体运营中,用户运营涉及分层、分级、分阶段运营。分层运营主要是根据用户的基本属性及行为属性进行运营动作;分级运营主要是根据用户自身的成长分级进行运营动作;分阶段运营主要是根据用户所处的生命周期进行运营动作。

(一)用户分层运营

用户分层运营,主要有集中运营和策略运营两个层面。

1. 集中运营

集中运营主要是针对核心用户的运营,用户规模在几十到几百人之间,需要以个体视角看待用户,互动频繁,是强情感关系。集中运营一般会有特定目标,需要明确用户的特权和任务。

2. 策略运营

策略运营主要是针对大量用户的运营,用户规模从数千人到近百万人不等,需要以群体视角看待用户,能明确定义群体特征,但用户对运营方是弱感知。进行策略运营时,面对不同群体,要有针对性地设计运营策略和运营手段。

(二)用户分级运营

用户分级运营,即针对现有用户进行用户分级,把运营变得更为精细化。

每一类用户的需求和习惯往往都会有所不同。比如说淘宝用户,同样在秋天,北方用户和南方用户之间,北京用户和广州用户之间,在这个季节的购物需求和习惯肯定是不同的。有了用户的分级、分类管理,就可以运用一些差异化的运营手段,推送不同的内容商品、策划不同的运营活动。

在用户分级运营中,可按照用户的贡献度、活跃程度等各类维度,重点做好核心用户价值的维系,通过他们再去影响更多的用户。

(三)用户分阶段运营

用户分阶段运营,指的是根据用户的生命周期,来确定用户运营的策略。

用户生命周期管理,就是对站内海量数据样本进行分析,界定出一个用户从接触产品到最后放弃产品的典型周期,并定义出关键节点和关键用户行为,做好相应的预警和干预。

在新媒体运营中,一个用户的典型行为可分为不同阶段,即新媒体的注册用户阶段、用户留存阶段、通过活动参与成为活跃用户的阶段、随着时间推移开始减少活跃度甚至有可能衰退流失的用户阶段、通过一定的激励手段再把用户召回的阶段等。这就有必要为用户建立优质成长路径。

在新用户初次使用的场景下,找到一条最能有助于用户留存率提升的用户路径,往往意义重大。比如,微博的新用户,在首次注册和登录后,会被引导到关注好友等路径,就是让他们可以积累分享,得到被关注的满足感。这种润物细无声的做法,使得越来越多的用户自然成长为忠实、优质用户。

三、根据新媒体的生命周期进行用户运营

除了上述的用户运营之外,根据新媒体的生命周期,来分别做用户运营,也是一种常见的运营工作方法。

一般新媒体的生命周期可分为启动期、成长期、成熟期和衰退期。启动期的用户运营工作主要是寻找种子用户,做好定位、内容等方面测试和优化,属于增长缓慢阶段;成长期的主要工作是关注用户增长的渠道和效率,属于增长迅速阶段;成熟期的新媒体基本定型,增长速度渐缓,这个阶段的主要工作是关注品牌和变现问题,成长期和成熟期都是用户管理阶段;衰退期的用户活跃度下降,需要重新进行关注定位,寻找新的增长引擎。如果用粉丝数来给新媒体做一个生命周期的界定,启动期的粉丝数约在1万以内,成长期粉丝数为1万~100万,成熟期粉丝数为100万以上,衰退期粉丝数在数百万。以上仅供参考,并非每家新媒体都在这个用户运营范畴内。接下来就启动期、成长期和成熟期三个阶段来阐述用户运营是如何实施的。衰退期的用户运营可以视为另一个启动期的开始。

(一)启动期的用户运营

用户作为运营的核心,牢牢控制着内容运营和活动运营的大致方向。用户运营的工作虽然繁杂,但核心工作离不开引入种子用户、扩大用户规模、提升用户活跃度及刺激用户付费这四个环节,每一个环节的目的指向都是一致的,即获得运营收益。启动期的用户运营,要注意以下两方面的内容。

1. 找到顿悟时刻

在启动期,企业主要关注产品和市场的契合点,驱动力是产品,核心点是找到顿悟时刻①。

所谓顿悟时刻,在产品中可以理解为找到用户的痛点。衡量顿悟时刻的重要数据指标,就是用户的留存率及活跃度,其具体表现是用户的互动、留言等。

2. 核心工作

启动期的用户运营核心工作主要有两点:一是怎么找到种子用户;二是通过种子用户找到PMF(product market fit,产品适合市场需求)。

这里重点介绍一下种子用户相关的问题。

(1)找种子用户的步骤。

①种子用户定位。种子用户是谁?这是一群能够容忍你内容不完美且与你的目标人群相匹配的人。因此要找到种子用户,不仅要知道他们是谁,还需要知道他们关心什么。

比如说,美丽说的目标人群是关注穿衣打扮的职场女性;"李叫兽"的目标人群是关心营销市场的运营人;小红书的目标人群是爱好出境游和购物的女性用户,尤其是一二线城市的

---

① 顿悟时刻是德国心理学家卡尔布勒提出的。

白领。

小红书创始人兼CEO毛文超表示,小红书选择的是UGC的内容生产模式,社区内容来自种子用户的真实分享。"中国年轻人的未来生活方式,不是几个人可以决定的,他们应该自己去说,向往什么样的生活。"

②找到种子用户。明确了目标用户定位后,需要进一步知道他们在哪里。也就是说,找到用户出没的场景,包括线上和线下两种场景。

在线下,要准确地找到用户的触发场景。比如,小红书早期的种子用户,就是来自上海机场出入口大厅排队的女性,她们有海淘、代购的需求;美丽说早期做女性导购网站,种子用户来自晚上在北京五道口摆地摊的女性。所谓线下方式,就是找到用户所在场景,直击痛点加以吸引。

用户在线上出没的地方主要是社交类网站或App。目标渠道包括行业网站(虎嗅网、钛媒体等)、论坛社区(百度知道、知乎、天涯社区、虎扑等)、社交媒体(QQ空间、微信群、微博、抖音等)等。找到这些用户,还得要看他们的微信关注了哪些公众号,微博关注了哪些大号;他们下载了哪些应用,比如直播、短视频、团购、海淘等。

③吸引住用户。想要吸引目标用户,无非两种途径:时间和金钱。要么投入时间,用情感打动他们;要么投入金钱或资源,用利益打动他们。

可以线下送些小礼品,也可以内部资源导流,很多账号就是通过这些形式完成了粉丝的原始积累。初始用户也可能来源于对外投放,比如投放广告。当然如果没有足够预算,也有很多免费的渠道,比如通过发软文、做活动的方式,来吸引用户关注。

(2)测试优化。找到种子用户后,要进一步拉近和用户的距离并进一步转化用户,这时人脉资源很重要。

这里推荐五种具备传播、拉新能力的用户人群,供大家参考选择。

一是类似发烧友人群(如摄影发烧友、手机发烧友等);二是目标领域中顶尖公司组织成员(杠杆力量);三是学生团体(时间充裕、踊跃尝试新事物的种子用户);四是年轻女性(几乎所有的社交类产品,尤其是社区及直播类,都深知年轻女性用户的重要性);五是中小V(有欲望求发展的种子用户)等。

(3)如何测试自己找到了种子用户。拿微信公众号来举例,这里提供一个简单的参考标准,主要有四个方面的内容:一是找到一个细分垂直领域,开始形成明显的新媒体标签;二是在社群里有超过50个铁杆粉丝;三是一个月有3篇以上或内容打开率比正常要高2~3倍以上的数据;四是有其他账号或网站开始转载你的内容。

(二)新媒体成长期的用户运营

企业在成长期一般会考虑两点:一是用户的单个获取成本;二是用户贡献的终身价值。如果一段时期内,用户贡献的终身价值始终大于用户的单个获取成本,那么增长是可以持续发生的。在成长期,用户运营需要关注增长渠道和转化率,也就是找到匹配市场需求的产品后,更加注重用户量的增长。

任何一个渠道驱动,都需要付出相应的人力成本、物力成本,都会取得对应的转化率。转化率是指用户的留存率或购买率等业绩指标。

1. 成长期的用户运营标准评估

(1) 至少拥有且使用过一至三种核心增长方式,每月至少使用一次。

(2) 每个月或季度用户增长呈上升趋势,且不低于10%。

(3) 每天以及每月都会特意关注增长数据。

(4) 有专人负责增长项目。

2. 成长期的三种核心增长方式

(1) 黏着式增长。通过口碑或品牌传播等形式实现的增长,其典型表现就是依靠内容增长的方式,带来有黏性且精准的粉丝。只要自然增长率减去流失率的结果为正数,增长就可以持续。依靠内容增长,既可以是通过自己生产的爆款获得增长,也可以是通过建立稳定转载源获得增长。

如何建立稳定的转载源?

首先,可以盘点所有转载文章;其次,按照转载篇数和转载效果排名,筛选不同转载渠道;最后,维护核心转载群,以备长期之用。

(2) 裂变式增长。所谓裂变,其本质是用户带用户;其核心逻辑是用户看到新媒体的内容,然后点开浏览,继而参与活动,最后分享给别人。看到就是曝光量,点开参与指的就是参与率,分享就是带人率。

成长期的用户运营,就是让看到的人愿意点开,让点开的人愿意参与,让参与的人愿意分享(可以采用引起其他用户兴趣点、痛点、利益点、好奇心等方式),让分享的人带来更多人(比如建立信任、增强欲望、促成服务等)。因此,裂变成功的核心要素是种子用户的精准度和数量;再有就是曝光量、分享率以及带人率;最后是循环速度,速度越快,裂变越强。

常见的裂变式增长有测试类活动、社群裂变、分享即得红包、打卡分享等四种方式,具体内容如下。

第一个方式是测试类活动。这是一个永远不会过时的玩法,它利用人的社交天性让用户自发传播。曾经刷屏的星座吐槽、左右脑测试都是采用了这种玩法。

第二个方式是社群裂变。比如,让用户通过扫描海报上的二维码进入社群,并分享海报到朋友圈,完成一定任务,即可获取对应的奖励。社群裂变的核心逻辑是沉默的螺旋,增长的核心是让更多用户在群里完成任务,使源源不断的新用户通过朋友圈的海报进入新群。

社群裂变有两个核心指标:一是参与任务率,要让大家参与任务,打破沉默的螺旋;二是裂变率,即分享到朋友圈后,平均能够带来多少新用户。

第三个方式是分享即得红包。简单来说,就是以红包为诱惑让用户不断拉人、不断获利。例如滴滴打车在成长期,对用户进行花式补贴,在2014年到2015年的花式发红包,其核心是找到增长模式或引擎。

第四个方式是打卡分享。打卡分享主要是让用户参与某个周期性活动,把活动内容分享到朋友圈或社群,其他用户通过该通道进入,关注公众号,再参与活动,从而完成周而复始的循环。用户把积极参与的内容分享到朋友圈,通过日常打卡行为,维护自己的社交名片。例如,薄荷阅读找到白领用户在英语学习中没有大段时间、自主性差的痛点,通过阅读英文名著切入,让用户在社群中进行碎片化学习,最后打卡,完成产品闭环。

(3) 付费式增长。顾名思义,就是通过广告投放等费用付出的方式,来达到用户的增长。其手段包括效果类广告投放,找到标杆案例包装并进行付费推广。付费式增长考核指标是单个获取成本和后续的 ROI(投资回报比)。付费式增长典型的玩法有互推增粉、Wi-Fi 关注增粉、广点通增粉等三种方式。

互推增粉是一种比较成熟的涨粉方式,主要是找到一个或者多个公众号进行账号相互推荐。互推增粉涉及两个技巧:一是目标人群的一致性;二是互推文案不宜过分生硬地直接推荐到对方账号,最好能结合相应的场景,然后再加上对整个公众号的基本介绍。

Wi-Fi 增粉主要是指在机场、商场、餐厅、医院等公众场合,商户提供免费 Wi-Fi,用户在连接时会被要求关注。这类粉丝的获取是强制关注模式,很多用户在完成某些动作后会马上取消关注,所以在采用此类增粉方式时,需要关注用户的留存率和互动率。

广点通增粉是在包括微信、QQ、腾讯新闻等腾讯系列平台,根据用户的单次点击进行付费。点击单价的主要影响因素有定向人群的精确度、行业、时间节点、企业广点通账号的投放量和账户的稳定性。

3. 选择合适的增长渠道

(1)进行打分。将增长渠道按照获客成本、粉丝质量、增长可控程度、团队投入时间、渠道数量规模、产出验证时间进行打分。成本时间投入低,产出时间短,则得分高。

(2)取平均值分析最终打分情况。

(3)根据综合评分进行预算配比。

(4)选择组合增长方式。最好不要超过三种,而且要适应"721 原则",即七成给最有把握的增长渠道,两成给有潜力的渠道,一成给探索渠道。

所有增长方式都会面临越用越泛滥、效果越来越差的问题,所以要及时调整优化。同时增长也存在两种风险:一种风险来自无效增长,比如人群不匹配;另一种风险是虽然增长喜人,但在平台上有可能被封杀或清粉。

(三)成熟期的用户运营

拥有了用户,并不意味着用户运营已经完成。相反,这意味着运营人员的工作才真正开始步入正轨。

在成熟期,用户运营主要关注两方面的内容:一方面,用户成长周期到了成熟阶段,公司将重点考虑商业收入的增长;另一方面,增长效率模型可能遇到了瓶颈,公司需要寻找新的产品或效率模型。因此,如何激励现有的用户实现购买,以及进行用户成长体系设计成为此阶段重要的运营任务。

1. 建立用户激励体系

所谓用户激励体系,就是通过一系列的激励或约束导向的产品机制,更好地鼓励或引导用户在你的产品站内发生特别的行为。比如一些游戏中的等级或积分等,就是最常见的用户激励体系。建立用户机制的目标,就是激励用户在使用产品过程中无私奉献自己的能力,这种能力可以是用户生产内容、互动评论转发,也可以是产生流量或交易额。

常见的激励用户参与的方法有五种。

第一种是物质激励,就是以直接物质奖励刺激用户参与某个行动的意愿;第二种是概率性事件,例如抽奖;第三种是营造稀缺感或荣耀感,比如给一个东西增加边界、增加行动机,如"新产品两天抢购八折,过后恢复原价",就是营造一份稀缺感;第四种是激发竞争意识,比如微信运动排行榜;第五种是营造强烈情绪和认同感,"例如小米早期米粉之狂热和给力,就是源于针对小米论坛中的反馈建立,小米早期会保证在24小时内一定会给出反馈,1周内确认解决,且每一个问题当前进展,都会实时更新"①。

2. 用户召回

简单来说,就是在站内用户由于各种原因不再登录或活跃时,通过某种方式去触达和影响他们,从而再一次把他们拉回,重新成为有效活跃的用户。

要做好用户召回,就要注意分析用户流失的原因,判断他们的属性。如果流失用户中有一半是同一类用户,这批人肯定是优先召回对象。所谓召回策略,就是针对一群用户的什么需求,在什么场景下,通过何种方式去触达和把信息传达给他们,从而能够令其再次使用产品。

比如滴滴出行在进行用户召回时,就考虑类似在上下班路上,一身疲惫的人却打不到车的场景,以此方式来触达这群人向其推送优惠信息等。

3. 社群运营

是谁勾勒出了城市的天际线?在世界上大多数城市,不同组织在不同时期会建造出不同风格的建筑,最后拼出了我们所在城市的景象,这就是整体效应。互联网时代的飞速发展就是整体效应及功能性的一个绝佳例证。在今天,可以说互联网营销的本质就是在点亮社群②。

好社群的一个共同特点,是社群里的人有共同的愿景。打造高质量的社群,有以下八方面的内容。

(1)有门槛。利用高门槛限制群员,让用户花钱或花时间才能入群是两种最常见的门槛。通过这两个门槛,可以筛掉一些低意向的用户。入群的用户有一些特定付出,就会更珍惜这个社群,更愿意服从社群管理。

(2)有严格的群规。不以规矩,不成方圆。建群后一定要制定一套相应的群规则,明确这个群的目的、行为规范、奖惩措施等,并督促群成员严格执行。如果有群员违反,一定不能法外开恩,而是坚决按照群规处理。当然也不能一味向用户强调群规,有时候用行动引导他们做什么比单纯告诉他们不做什么更重要。

(3)有固定的话题。对于一个优质社群,高质量的讨论必不可少。群内可以定期发一些固定话题,唤醒用户。一周一个话题即可。

(4)有核心成员。如果自己时间、精力不够,那么可以在群成员中招募志愿者管理社群。他们不仅可以协助日常管理,还可以增加群成员的参与感,提高群的效率。

(5)有群升级体系。如果管理上万甚至几十万人的社群,则需要进行分层管理。例如在一个四级分层群中,最底层是纯裂变群,基本不会涉及服务,群成员进出流动性大;从底层进入初级群中,会定期分享一些内容或专家答疑,但这些内容并不强制用户进行传播;到了高级群,则是要支付一定的费用才能进入;最后是明星用户群,既有服务,又有分享收益,这一层也是核心用户群。四级体系建立后,社群就有了上升和退出通道,为后续的可持续运营提供了基础。

(6)转化遵循群生命周期。如何衡量一个社群是否成熟,有两个考量的指标:活跃度和信任度。

活跃度是社群发言人数除以社群总人数;信任度等于群主发起或提议行为后响应人数除以社群总人数。最好的商业转化周期就是信任度和活跃度乘积相对较高的时候。

---

① 黄有璨.运营之光[M].北京:电子工业出版社,2017:226-230.
② 布莱默.互联网营销的本质点亮社群[M].上海:东方出版社,2010:24.

(7) 有线下活动。社群最好的活动一定是在线下,因为线下可以使关系进一步深化。

(8) 有不定期的小惊喜。如果是做服务类社群,就要学会给用户制造惊喜。"这里可以是一些小举动,一些小心意,让用户有被关注、被尊重的感觉。在恰当时候给予用户正反馈,也是用户运营制造的参与感,引发更多用户自主传播。"①

将用户运营做到极致的案例,腾讯绝对榜上有名。在 QQ 上各等级会员有不同类型和不同程度的增值服务(如绿钻贵族可与 QQ 音乐绑定),一个 10 元生意衍生出一系列 10 元的生意,并且能够在腾讯的季度财报中占极高的比例,收入超过百亿元人民币,实在令人钦佩。"二十年来,QQ 十分细致地做了用户运营各种不同程度的尝试,从一个初期以炫耀与安全为主的会员功能开始,通过各种手段提升用户体验,转变为提供丰富的个性化的服务,从而牢牢锁定并扩充用户群体,更获得优异的利润。这种细致的运营,也是腾讯多年屹立不倒的关键原因。"②

因此,所谓用户运营,就是围绕潜在用户、新用户和老用户,如何让他们产生购买、持续购买,所设计的一系列的行为。它是一套系统的工作,而不是单点或某一项工作,运营者应该以一个较高的视角去看待它。这样,随着运营的深入,运营者与用户之间的关系会越来越紧密,甚至还会产生情感关系。

第四节 渠道运营

一个产品,如果拥有好的内容质量,却没有好的渠道进行推广,就好比好马没有伯乐赏识。

从职能方面来看,渠道运营的核心问题是搭建起一个可以实现良性循环的体系,只是这个体系是围绕渠道而展开的。内容要变现,必须借助渠道的力量。

渠道运营又称第三方推广。凡是通过非直接触达用户的手段实现的推广,都叫第三方推广。

对于运营者来说,围绕渠道开展的任务主要有两个:一是利用渠道进行推广;二是对现有渠道进行维护以保证其功能的正常运用。

在互联网网络体系中,渠道运营所能选择的各组成要素,呈现出多样化的特征。

一、渠道运营的种类

渠道运营主要有两种类型,一是免费运营,二是付费运营。

免费运营主要指的是通过某个平台或产品自发自主地进行宣传或是推广。常见的免费运营主要有电子邮件免费营销、免费进行一定的商务合作、免费在社交媒介上推广。在进行免费运营时,一般情况下容易流于形式,很难引爆流量。如果想要迅速精确地抓住用户,需要掌握合适的推广技巧,其中最核心的原则是把免费运营当成付费运营那样用心,提前做好准备,找到创意点子与目标用户。

---

① 龙共火火.高阶运营[M].北京:人民邮电出版社,2018:183-187.
② 张亮.从零开始做运营[M].北京:中信出版社,2015:204-206.

付费运营主要是指通过支付一定数量的资金来进行某个项目或是内容的推广,常见的付费方式有点击付费广告、精准广告、媒体广告、资源广告等几种类型。根据运营推广的不同平台和不同的人群设置,可以选择相应的广告形式。

"不论是付费推广还是免费推广,有时还会交叉使用这两类推广方式。例如,通过广点通来进行 SMO 自推广等方式,使两类推广方式的合作方向及发展方向,不同推广组合方式也会带来不同的推广效果及用户质量,善于分析及研究才有助于提高推广技能的熟练度。"[①]

二、渠道运营推广的常识

(一)三个核心关键数据

数据运营的好处在于我们可以把数据当成相关的准则,再结合自己的经验判断,从而有效提升成功的概率。渠道运营基于数据的分析具有科学性和准确性。

1. 曝光

曝光即多少人看到,这取决于频道和流量。曝光次数越多,说明你的粉丝越多,也说明粉丝质量比较高。

2. 点击

产生点击才有效果,不产生点击就不能形成转化。

以一篇文章为例,这篇文章的链接被点击了 100 次,其中 50 次点击停留平均时长为 20 秒,10 次是点击后直接关闭页面,另外 40 次点击停留的平均时长是 3 秒。通过这些数据,我们可以了解到,这篇文章的质量可能是不错的。接下来要做的事情是,10 次直接关闭网页和 40 次平均 3 秒的停留时长背后的用户还看了哪些文章,他们的行为是怎么样的。通过这样的数据分析,可以了解如何通过改善内容的类别、质量,提高内容对于用户的价值及契合度,从而提高内容被展示的次数[②]。

3. 转化

这是个非常重要的指标。

实际上,判断一个用户是否已经成功转化,主要是看用户是否留下了姓名、联系方式以及家庭住址、购买信息等。此外,对用户的交易数量进行统计,还可以监测出渠道是否真正有效,据此也可以计算出用户的转化率。当然,在用户转化方面,不能只看数据,也要看产品本身的质量及推广人员的能力等因素。

(二)制作可落地的渠道推广方案

快速熟悉一个陌生的推广渠道,并能制作出一份可落地的渠道运营方案,这对运营者是不小的挑战。

比如,在百度做搜索引擎推广,需要做的准备工作有:先在百度上开户,提交百度要求的资料,全面了解百度的收费情况,开户成功后还得学习操作流程及投放要点。

---

① 郑文博.互联网运营进阶之道[M].北京:人民邮电出版社,2018:83-87.
② 张亮.从零开始做运营[M].北京:中信出版社,2015:250.

一个可落地的渠道推广方案,包括以下四个方面内容。

(1)快速了解新推广渠道的核心规则和逻辑。

(2)做好用户转化路径和场景设计,制定好转化诱因。

(3)准备好推广落地时所需要的物料以及推广排期表。

(4)对数据进行监控并设定好运营指标。

在渠道运营方案中,需要注意以下两点。

一是敢于尝试新渠道和新玩法,这样可以节省推广成本。运用新渠道,有可能花几毛钱就可以拿到一个用户。例如早期的豆瓣小组推广,一个拥有二三十万粉丝的大号,在2012年一条转发只收500~600元;到了2017年,一条转发就到了成千或上万的价格。这时有效的渠道有免费玩法和付费玩法两种,完全可以尝试同一渠道的不同玩法。微博早期是只能发140字和一张图的,到了2014年前后,九宫格成为最为常见的传播方式,且传播效果大有增长。

二是与其大量铺渠道,不如把一个有效的渠道玩透。

首先要了解免费玩法。常见的免费玩法有首发、特权活动、专题、新品推荐、精品推广等,我们都可以做些尝试。

其次要了解付费玩法。常见的付费玩法有CPT(cost per time,按时长付费)、CPC(cost per click,每次点击付费)等。付费玩法因为要投入资金,故要慎重,既用之,就要认真准备、认真对待。

三、渠道运营的操作流程

刚开始做渠道运营时,常常遇到这样的问题:一是找不到合适的渠道;二是面前有一堆渠道,不知道如何选择和判断;三是手里有一个渠道但不熟悉,不知道该怎么做;四是推广效果不好,不知道原因在哪里,也不知道如何提升效果;五是独立制订一个推广方案时,完全没有思路。

下面,针对这五个问题,具体讲解一下渠道运营的操作流程。

(一)找准你的用户

一是找现有的产品数据,比如可以利用百度的后台数据,看一看这些数据是否可利用。二是做好用户的调研和用户访谈,这是最扎实可靠的方法。当没有人力、物力、时间去做大范围的用户调研与用户访谈时,可以找到小范围人群做调研与访谈,这样取得的结果也会非常接地气、非常有针对性。

(二)找到你的潜在入口

如何找到你的潜在入口?推荐以下四种思考方式。

第一种方式是因为看到A,想起消费B。例如"帝都十大不容错过的小资酒店""史上评分最高的100部电影等"。

第二种方式是因为看到A,不得不考虑B。例如,求职不得,产生参加培训的需求;因为线下餐厅排队长,所以觉得在线预订更省力。

第三种方式是存在需求B的用户,大量活跃在A平台。例如,20~35岁女性关注新世相;很多互联网从业者在知乎发问求证。

第四种方式是切实产生了需求 B,用户会寻找对应的产品和服务。例如想了解某家机构、某项产品的情况,可能会用百度或知乎来搜索或询问。

四、渠道运营推广的方法

业界常用的渠道运营推广方法,主要有以下六个方面内容。
(1)搜索用户有可能去的网站、社群等寻找共性点。
(2)进行用户调研和访谈。
(3)加入行业群、合作群,获取推广渠道方式。
(4)多参加线下的主题沙龙。
(5)多认识做过推广合作的人。
(6)多浏览行业垂直网站论坛。

五、四类渠道运营推广操作

(一)媒介资源购买占用型推广

比如想了解微博大号的报价、社交网站的广告报价表(广告刊例)等,需要找到对应的广告渠道或媒介公司,如联盟、新榜等,获取资源表及报价。接下来就是洽谈资源、价格和排期以及折扣,之后准备物料,完成投放。这个过程就叫媒介资源购买占用型推广。

媒介资源购买占用型推广的特点是,曝光量基本稳定,变化不会太大。当大号的粉丝量相对稳定时,广告位曝光量会基本一致。

社会化媒体中的媒介资源曝光量,主要取决于内容和文案的优劣。用户产生点击,基本上是靠文案和其他推广物料的吸引;用户转化,主要取决于流程和文案、物料等方面内容。

(二)信息分发平台流量推广

这里的信息分发平台指今日头条、百度、App 商店等。

拿百度来说,通过研究渠道信息展示排序规则,可以发现其网页长度、后台代码都可以优化。通过调整字段、调整信息发布形式和细节,可以将搜索结果从排名 100 位上升到排名第 20 位。接着持续优化调整,排位就会再上升。

如果是 App 商店这类渠道,可以通过渠道负责人获取近期官方推广活动等信息,准备物料,加入活动,待活动上线优选调整,完成推广。

信息分发平台流量推广的特征是,其曝光量基本稳定。活动式推广有时还取决于平台的推广力度和策划能力,但是点击与转化基本靠文案和物料,这两点在做渠道运营时需要留意。

(三)传播事件型推广

2015 年 7 月 30 日的傍晚,炎炎夏日的成都沙湾路十字路口,一个悠然自得的胖子,坐在铺好的沙子上,手里拿一个高脚杯,仿佛置身于马尔代夫的阳光沙滩般惬意。沙滩哥火了,照片疯传于微博与朋友圈。随后推出的视频却是一部逆袭大片,这个沙滩哥真的来到马尔代夫,摆着同样的姿势,和不同的人留影,实现了现实版的梦想成真。这个类似网友恶搞的传播事件不但在视觉上冲击了很多照片观看者和视频观看者,而且对观看者的心理也留下一定的冲击。因为,几乎每个普通人都有海阔天空的梦想,都期望着现实版的落地实现。

沙滩哥事件让始发者途牛网的百度指数一天内瞬间上升到6万多,同比上涨了23%。"只要心中有沙,哪里都是马尔代夫"。途牛网正是利用了网络受众对旅游猎奇的心理,利用沙滩哥这个事件在社交媒体上得以广泛传播。其中微博话题♯被玩坏的沙滩哥♯累计阅读量达到693万,结合途牛品牌推动的话题♯牛牛的沙滩style♯一跃成为新浪微博旅游类话题排行榜第1名,累计阅读量达到1723万,视频播放突破1000多万,有力地增加了品牌曝光度。创意带动品牌转化率,百度指数整体增长200%,移动增加400%,在线订单增加75%。

一个好的传播事件型推广,离不开好的创意策划。途牛网就是从庞杂的信息中提炼出"行为艺术"和"梦想实现"两个标签,与旅游爱好者进行了一次敞开心扉的交流,通过网红、图片、视频、PS大赛、病毒式传播等多种资源整合,接下来又有演员沙溢等的转发、纸媒的跟进、腾讯新闻弹窗全网推荐,马路沙滩哥一夜成名。执行到位,触动人心,效果突出,堪称经典案例。

当然,在事件型渠道运营中也存在着曝光量、点击量、转化率等基本靠策划能力和运气的因素。这也恰好说明,互联网时代的运营推广,新颖有趣的内容将重新回到最核心的位置,独特的内容至为关键。

(四)精准营销和效果广告推广

精准营销和效果广告推广是最常见、最稳定的投放方法。

首先,可以直接找到广告联盟,如IDG、广点通、阿里妈妈、百度联盟等,开通投放平台账号,熟悉投放平台规则;接着配置投放规则及预算;最后是上线测试,不断调整,即可完成投放。这里的营销转化逻辑是做好每个环节,增加用户的转化率,减少用户的流失率,到最后一步让用户下单。

在做效果广告推广时,要注意关键词在广告位的展示、因创意和广告图片点击进入页面产生的效果。

具体说来,需要考虑问题的有五个:第一是包含关键词的匹配方式是否合理;第二是推广地域、推广时段、账户结构是否合理;第三是关键词数量的多少,关键词类型是否足够宽,排名是否靠前;第四是创意和广告图片的相关性是否足够好,创意是否足够吸引人;第五是网页访问点击广告图片时打开速度如何,页面是否足够吸引人,创意和页面设计相关性高不高。

六、搭建转化场景,铺垫好用户转化

(一)根据场景设计转化路径

1. 同一屏幕内顺利完成转化

每个点击与下一个点击之间的衔接一定要平滑、顺畅,能够不断给用户创造认知和预期,不要让用户疑惑。比如淘宝服装饰品店,就是不断通过文字、图片、实时销量、限额等给用户诱惑、再诱惑。此时,最重要的因素就是转化流程一定要顺畅。

2. 跨越多个不同场景完成转化

需要设置足够强的兴奋点、福利等诱饵，促使用户完成超越多个场景的转化行为。线下发传单时，建议用户手机扫码、下载 App，让用户先留下联系方式，以便后续通过更多的服务、咨询等方式完成转化。

移动端推广单价比较高的咨询服务或企业付费产品时，可通过冲击文案、诱惑文案等方式给用户一个较轻的诱因，让用户留下联系方式，此后再转移到其他场景，如通过客服电话回访、上门沟通等多种方法慢慢转化用户。

(二) 转化路径要尽量唯一、最短、可信

在公众号下方推广，用一张图或一句文案给到用户足够的诱因即可，最适合用福利、折扣、效果承诺等方式。如果用一个着陆页面来推广数万元的课程，则可以考虑用大量视频、用户案例、公开承诺、媒体报道等诱因，来不断加强用户信赖，甚至可考虑用在线咨询，顾问式销售等方式，来辅助用户完成转化。

(三) 搭建具体的转化场景

可根据用户决策类型和决策成本，搭建具体的转化场景。

比如，用户选择在微信大号这个平台。粉丝用户阅读文章后转发至朋友圈、微信群的关键因素是内容的优劣。因此要在影响用户打开率的因素上，搭建具体的转化场景，如在标题、头图、摘要、推送时间上下功夫，保证有优质的内容、清楚又吸引人的图片、简明扼要和有悬念的摘要，然后在与用户阅读相密切的起床时间、用餐时间与睡觉前时间之前及时推送等。

比如，选择豆瓣小组的用户，主要是通过浏览小组列表页点击帖子后浏览帖子内容，点击的关键便是帖子的标题。那么，运营方搭建具体的转化场景可操作的方法就有人肉顶帖、管理员推荐等，即在发帖、顶帖、置顶上用心经营。

(四) 常见的用户转化诱因

常见的用户转化诱因主要包括承诺、限量、免费、折扣、附加服务、真人现身说法、用户评价、代金券、媒体报道、产品对比等。在电商类别中，还包括包邮、满减、满返等，这些在京东、淘宝、当当上比比皆是。

七、落实物料，排期落地

(一) 梳理需准备的物料

1. 关键词词库

从百度指数中找词，从产品中找词，生成关键词词库。

2. 好创意

首先，好创意体现在标题上。

比如说，一个用户想转行做产品经理，但又不明白产品经理具体都要做些什么，于是他开始在网上查找，得到这样几篇文章：《BAT 导师带你入门产品经理》《三个月学会产品经理》《产

品经理是什么?》,他感觉千篇一律,很是惆怅无奈。

其实这三篇文章都是好文章。

如果改变一下表达,或许有不一样的感觉:《想做产品经理?BAT名师授课与大咖零距离接触》《毕业想做产品经理?三个月带你熟知互联网产品行业》《来这里学产品经理,1对1辅导,月薪10K起》。实际上,这样的标题更能吸引到众多的阅读粉丝。

其次,好创意有四个标准。

这四个标准是突出优点、解决问题、刺激痛点、产生欲望。一句话,就是让用户对产品产生兴趣,达到产品效果。比如《产品经理学员年薪突破30万》,这个标题很有冲击力,有利益诱惑点,年薪突破30万是个亮点。

3. 着陆页

做渠道运营时,确定好着陆页非常重要。比如互联网PC端与移动端,着陆页是否清晰明白,是否能快速点开获取相关内容,需要运营人员提前做好准备,包括相关链接、图片、广告、文字扩展内容等。着陆页也叫引导页,重点是做好用户进入页面、停留阅读页面、点击延伸阅读相关信息的引导工作,标题要醒目、清楚;图片要大方、得体、富有内涵;相关链接不要太繁杂,要配合着陆页的主题来排列,内容有干货,吸引用户眼球的同时,能对用户产生一定的冲击力、影响力,可以引导用户有可能出现的咨询行为、转发行为、评论行为、购买行为等。

注意,着陆页一定要有可以轻松、快捷和返回相应内容的页面列表。

4. 广告图片

广告图片要求质量高,并且不违反相关规定。广告图片的内容、公司标识、产品图片、场景图片等,一定要真实可靠,不骗人,不能违反广告法律法规,广告图中的短文案、banner位置等,重在刺激点击、阅读和引发分享、传播和购买关系。

(二)渠道沟通排期和协调资源

好的渠道运营,至少要提前预留3~4周的沟通时间进行排期。不仅要落实渠道需要用的推广素材,而且还要有人员方面的考虑。比如需要名人来助阵,就得提前协调好时间,以便他们在活动当天能准时到场。

八、监测数据进行分析以便调整优化

(一)渠道运营中的数据分析

数据分析的本质是通过反馈找到调整和改进的方向,最终实现产出最大化。比如优化关键词,可以提供基础流量,降低点击价格;优化创意,则能增加点击率,减少用户流出;优化着陆页,能提高转化率,增加用户的下单量。

如何在推广中获取数据?一般有两种方法:一是提出数据需求,由产品和研发实现数据埋点;二是通过接入第三方数据平台获取数据,比如通过接入百度统计、GA、友盟、神策数据等平台获取数据。

(二)穷尽所有的理由细化验证

对于渠道运营来说,在协调资源与整合能力方面的要求比较高。运营过程出现的问题往往不是存在于用户这一个方面,更多是存在于渠道、内部协调中。要学会穷尽所有的理由来进行细化验证,找出自己运营出现问题的背后原因。例如,70%的跳出率,是哪些原因导致跳出的?加载速度为什么这么慢?有可能是下载环节出现问题,需要提升服务器。用户停留为什么时间短?有可能是页面设计有问题,需要换个角度来设计等。

在互联网运营中,需要时时刻刻协调沟通、进行整合,这是一个不断锻炼与优化自身的过程。运营就是通过个人能力协调、整合企业与外部环境等多种资源,用最小的成本获取最大的成就或效果。

本章思考题

1. 新媒体互联网的基础运营有哪些?
2. 新媒体互联网内容运营如何做好定位与调性?
3. 新媒体互联网内容运营的基本策略有哪些?
4. 如何搭建一个持续运营的内容生态平台?
5. 一个合格的新媒体活动运营人员要具备哪些能力?
6. 互联网短期运营目标有哪四种?分别是什么?
7. 举例说明一两种你感兴趣的活动运营的方法。
8. 新媒体启动期的用户运营如何做?
9. 谈谈你对种子用户的认识。
10. 新媒体成长期的用户运营如何做?
11. 新媒体社群运营的共同点是什么?
12. 打造新媒体高质量的社群运营有哪些具体因素?
13. 谈谈免费推广与付费推广的方法有哪些。
14. 渠道推广的三个核心关键数据是什么?
15. 举例说明渠道运营的实操流程及要点。
16. 试述常见的四类渠道运营及核心操作逻辑。
17. 渠道运营中,转化路径和场景设计的三个指导原则是什么?

第八章

移动互联网运营

第一节 微博运营

随着移动互联网的发展,微博横空出世,2010年被定义为"新媒体运营元年"。微博成为社交媒体的领头羊,很多公司开始招聘专人从事微博运营,但是微博运营岗位真正大规模设立是在2013年以后,这时微博和微信开始成熟发展。

一、微博运营的强媒体社交本质

一种媒介,只有进入某一个圈子,某一类人群,某一类经济链条、消费链条当中去的时候,才有更多的价值空间。微博作为节点共享的即时信息网络,对于信息的聚合和传播,对于构建人们基于信息共享的圈子,具有天然的优势,微博是一个具有强媒体属性的社交平台。

"微博产品通过某些功能的设计,达到对信息资源的深度挖掘和整合,会嵌入人们的生活链条中,成为辅助人们生活消费的平台,成为各种商业资源、社会资源、人脉资源、信用资源等整合的枢纽。因此,微博为社会、为消费者和受众不仅仅是提供新的生活要素,还能提供从生活时尚,到社会公益、到人们消费投资等价值。"[①]

2010年底,一名婴儿得了怪病,当地医院也没有好的救治办法。无奈之下,父母托人发微博求助。无数网民开始转发求助微博,消息一传十十传百,很快,新浪微博人气榜上排名前列的艺人、名人都加入了转发行列。许多人在微博上发起募捐活动,提供医疗建议。最终,婴儿在微博众人的帮助下住进了北京儿童医院,确认是结节性脂膜炎,得到了最好的治疗[②]。

在微博上,引人注目的信息一经发布,首先看到信息的转发者就成了病毒式传播的第一级传播通道,经过分享转发,信息阅读量就会轻松达到数十万甚至数百万。微博属于社会化的媒体,内容的创建者和内容通常是联系在一起的。关注者正是基于信任才在那么多信息发布者中,筛选收看到了被关注者的信息内容,而这种模式就是基于信任的病毒式传播。上例中婴儿

---

① 喻国明.微博:一种新传播形态的考察影响力模型和社会性应用[M].北京:人民日报出版社,2011:118-119.
② 李开复.微博改变一切[M].上海:上海财经大学出版社,2011:61.

病情的传播过程非常好地阐释了基于信任链的病毒式传播特点。

同样的道理,许多商家利用微博进行品牌宣传推广,也是利用了病毒式传播的原理。

二、微博对品牌运营的作用

微博是品牌传播、舆情监测、落地转化以及事件营销的引爆场地。

(一)品牌传播

如今很多热点新闻事件都是在微博上被率先曝光,因此可以借势微博上的热点进行营销。2017年2月中旬,全国大部分地区降温,个别地区成为强降雪聚集区。20日上午,中央气象台官微别出心裁发布了一条"萝卜蹲体"天气预报:"#暴雪黄色预警#新疆下,新疆下,新疆下完陕西下。陕西下,陕西下,陕西下完山西下。山西下,山西下,山西下完河南下。河南下,河南下,河南下完山东下。山东下,山东下,山东下完,嗯,就该下完了。"这条微博迅速斩获1.2万多条评论,1.4万多次转发。随后,大批企业官微捕捉到这一热点,借势宣传自家产品。如吉利汽车官方微博:"既然天气这么冷,要不来个帝豪GL试试?加热坐垫5分钟即可升温至35℃";海南航空:"好了我知道了,你需要飞去热带的岛屿游泳。"

(二)舆情监测

很多用户遇到品牌问题时,会@相关企业的官微或者媒体。微博话题属于广场式集合,所以舆情爆发相当快。企业通过微博运营能更好地监测舆情及引导相关话题。

(三)落地转化

落地转化就是商品销售。企业可以直接在微博上卖货,通过商品图片产生的链接关联淘宝店铺,用户点击商品链接就可以购买,从而增加了商品销量。

(四)微博是事件营销引爆场地

通过微博,每天可以发很多条信息,并且能够随时更新,微博是最好的事件营销引爆场地。微博也是企业建立新媒体矩阵的必备选项。

小米科技充分利用微博占领运营市场。新浪微博上有小米的官方微博,有创始人雷军的微博,有高层管理人员的微博,有员工的微博,甚至小米的单个产品都有官方微博。

如何评估是否要做微博运营?这需要考虑以下八个问题。

(1)我的潜在用户是谁?

(2)他们中的大多数人是否是微博用户?

(3)我的产品信息是否适合微博上的人群进行分享和讨论?

(4)我需要将用户集中到微博上来进行维护,还是需要从微博上为产品导流用户?

(5)我还有哪些其他渠道可以选择?

(6)微博渠道是否是最有效的渠道选择?

(7)如果选择做微博,我要投放哪些人力物力?

(8)我的成本是多少?

三、微博运营的必备要素

(一)微博运营的基本信息

微博运营的基本信息包括微博的名称、地址、标识、一句话介绍等。一个创意标识是树立微博的标志,应与企业品牌和文化联系在一起,方便网民记忆。要让用户养成阅读习惯,就需要定时、定量、定向发布内容,不断更新。

(二)庞大的粉丝群

拥有高质量的庞大的粉丝群,是微博运营成功的基础。

微博"我们爱讲冷笑话",主要面向办公室人群,笑话很短,阅读一条冷笑话花费的时间不多,娱乐性强,粉丝获取内容的成本低,易传播,目前牢牢拥有803万粉丝(截至2019年8月数据)。

(三)在微博上做活动

微博最简单有效的流量玩法就是做活动。

在微博发布内容,要求为原创、有重点、图文并茂,同时需要经常发布活动促销信息、免费信息,有效吸引网友关注,增加用户。比如说"抽几位送精美礼品"的效果就不如"抽10名送拍立得"效果好[1]。

四、微博运营的四个层面

(一)微博运营的内容生产

1. 微博定位

任何新媒体运营,第一步都是需要定位,微博运营也不例外。

微博运营的初始化定位,不外乎包含以下四个方面的内容。

第一是人群定位,即明确用户是谁。从微博的用户人群可以发现,微博用户更加年轻化,同时包括很多下沉用户。所以定位时,可以有意识地按照这个方向寻找用户。

比如,某化妆品公司的产品人群定位分布在20~45岁,那么运营微博时,就可以针对20~30岁区间段的女性运营,因为在微博上这个年龄段的女性数量更多,也更活跃。

第二是内容定位,即明确用户喜欢什么内容,主要解决日常引发哪些话题的问题。内容定位,重要的是找到关键词给自己打标签。这里包含两点:一是包含与核心产品和服务的价值相关的关键词;二是包含与个性相关的关键词。

比如,某一微博分析粉丝画像后,发现其粉丝最感兴趣的领域为搞笑段子、流行搭配和美容美妆,所以这三类内容就成为该微博内容运营的主要输出方向。

---

[1] 喻晓蕾,苑春林.网络营销[M].北京:中国经济出版社,2018:195.

第三是栏目定位,即找到更匹配的内容输出,确定内容的具体发送时间,让用户有"肌肉记忆"。同时固定栏目也可以收录在某个话题中,增长整体的话题曝光数。设定固定栏目后,再根据栏目确定每天发文的固定条数,当然也不宜过于频繁,大约在每天 5~10 条即可。

如果觉得定位细化的过程有点抽象,可以为确定好的每一个内容栏目收集 1 到 2 个参考的模板,来说明你想要填充的到底是什么样的内容。例如用户真实故事占 40%、独具匠心的细节占 40%、想象力丰富和快乐的体验占 20%。

第四是人格化定位,即明确以什么身份跟用户沟通。这是为了让粉丝强烈感受到他们喜欢的是一个具体形象的人。微博粉丝数排名前 50 位账号以艺人微博居多,他们都有很强的个人品牌属性,也是粉丝喜欢的原因[①]。

2. 微博的制作与发布

制作与发布单篇的微博,最常见的版本是"内容+配图或视频"的方式。可以是鸡汤文字佐证图片、心情文字配上表达情绪的图片,也可以是搞笑吐槽文字佐以证明文字的图组,还可以是引起用户兴趣的文字加上小视频等。

如果还是不了解怎么创作微博内容的话,不妨把自己放到用户的视角描写出他们的心里话。比说想去大理拍婚纱照,想了解整个服务过程、价格等,可以参考如下的制作思路:"最美的风景,就是和你一起在洱海",附上短视频;"大理的婚纱照不需修图,美到让人落泪",附上婚纱图;"领取 6999 元礼券,在大理和爱人一起看海",附上活动信息;等等。

要完成这样丰富的内容,图片是重要的加分项。当然,根据微博平台发布的规则,有侧重的发布也很重要。

微博运营一定要准备稳定的内容来源,保证内容源源不断供应,才能完成多样化的内容产出,而不会断档。另外,微博的发布需要有节奏。例如在每日的 8 点至 10 点,11 点半至下午 1 点,下午 5 点半至 6 点半,都是发布微博的最好时间。当然,对于热点爆料,则不需要遵守时间规则,而是从快为要。

(二)微博文案写作

1. 写好文案

任何一家新媒体运营都不可能离开文案写作。好的文案,要注意以下四个方面的内容。

第一个方面是从无感到有感。所谓无感的文案,就是整个文案没有有效内容,让人看不懂,弄不明白,让阅读者没有带入感和融入感。

如何将文案从无感转变成有感?或许做好下面三点就会有所改观:一是把观点变成大量的事实;二是把空洞形容变成具体细节描述;三是把观点、专业术语等陈述转化为场景化的表达。

比如"这是一门非常好的课程",这就比较空洞,若将其转化为"据统计,学过这门课的人半年内月薪提升 2326 元",就会显得更具体形象。

第二个方面是找到产品卖点,关键在于提出正确的问题。

比如说,产品有哪些值得人关注的细节?产品能解决什么问题?为什么能解决?对比同类产品,有什么显著的特点?设计和生产中的细节能体现出哪些不同的特色?有哪些实际产

---

① 龙共火火.高阶运营[M].北京:人民邮电出版社,2018:276-280.

生的结果和用户行为特别能体现产品的优势？有哪些人、事物、品牌的背书，可以体现我们产品的优点？等等。

乔布斯在新产品发布会时，通常都是用140个字节来描述自己的产品和服务，比如在介绍iPod时，他这样写道："它是你口袋里的1000首歌。"这样的描述虽然简单，但掷地有声。

另外，也可从用户的痛点反推产品的卖点。例如，水杯的功能从保温到轻便，再到今天的可以加热等功能，都是从用户的痛点延伸出来的。

第三个方面是做好文案的转化策略。

一是明确文案策略，即明确文案面向的用户是谁，用户需求是什么。如果用户明确自己的刚需，可以通过解答用户的疑惑等方式撰写文案，说服用户；如果用户需求较弱，则需要植入更精细的场景，激发用户欲望；用户倾向于没有需求，文案方面就得从制造某种认知失衡重构用户的认知，比如"洗了那么多年的头发，你洗过头皮吗？"就是制造某种认知失衡来重构用户对产品的认知的。

二是明确用户所处场景是否可以直接形成转化。若可以，用户就会产生点击或购买；若不行，要考虑通过跨场景方式的文字，令阅读者记住。典型的做法是给阅读者福利和优惠，让其能进入另外的场景成为你的用户。

三是明确用户潜在阅读时间是长还是短。这与文案有直接的关系。可以参考以下三个方面的内容。

文案信息含量在15字以内，阅读时间在10秒以内。这时的文案写作重在品牌认知，形成印象，强调记忆点，或制造好奇，引导用户进入其他场景。例如"怕上火就喝王老吉"。

文案信息含量在100字以内，阅读时间为1~3分钟。这时的文案写作重在形成更深刻的感知印象，可引发共鸣，可引导用户行为。比如诚品书店曾做过的促销文案"过期的凤梨罐头，不过期的食欲；过期的旧书，不过期的求职欲"，就是有共鸣的好文案。

文案信息含量在500字以上的长文案，阅读时间在5分钟左右。这时的文案写作重在讲述更完整的故事、理念和价值观，可营造大量趣味互动。通用的策略是找到该产品或服务适用的极端场景，找到该产品对标的需求和极端用户、极端问题。例如中国移动的海上救援广告就是此类典范。

第四个方面是文案的组织与表达。文案的组织与表达的原则是内容精简和优化，就是把事情讲清楚，增强用户的感受和体验。讲清楚的重点在于去掉一切用户陌生的概念，把表达逻辑和要点提炼得更清楚；增强用户感知的最佳办法是要有画面感。

比如在报道北京大雨的内容策划中，像"北京遭遇60年不遇暴雨""暴雨行车安全指南""汽车被困逃生方法""北京道路积水分布图""汽车泡水如何理赔？""下水道，一流城市的良心"这样的内容整理，更贴近于微博用户的阅读习惯。

如何删减文案？一是紧密围绕场景和用户潜在阅读时间来调整；二是删掉不必要的修饰词；三是一旦感觉用词生涩，尽量找合适的类比对象代替。

2. 策划打造爆款模式

一个爆款标题的传播，有其基本逻辑，即传播等于内容乘以渠道乘以时效。这里的内容指的是内容深度，它影响用户分享和收藏；渠道指的是用户点击数；时效指的是时间速度。

爆款微博内容的决定权公式，可以用以下公式表达：爆款内容＝50%的选题（公众号风格、风险和价值观）＋20%标题（初次打开率）＋30%泛文案（分享率和收藏率）。其中选题非常重要,这是因为目标用户十分关心此话题,它直接影响此微博的高打开率;另外,跨圈用户也在密切关注此话题,它影响着用户点击阅读后的高分享率。

(三)微博运营的核心关键

微博运营的核心关键是微博粉丝互动。所谓粉丝互动,即寻找潜在的 KOL 用户,与其建立紧密联系,并能定期发福利培养用户的阅读习惯。因为微博娱乐属性较强,许多企业就把娱乐营销的重头戏放在微博。在做微博娱乐营销时,要注意第一时间关注反馈相应用户的诉求,这会让用户感到自己被尊重,这一点很重要。

另外,利用微博做一些有影响力的活动时,一定要常常让用户获得参与感,时刻注意与粉丝互动,让粉丝感觉到自己为支持的艺人提供了助力,帮助自己的偶像提升了影响力。

(四)微博用户服务

在微博用户服务中,要准备一些客服常见问题、公司每周产品活动、每周或每月常规用户福利活动的动态等信息,随时与用户沟通交流,照顾好常规用户的诉求服务。

五、微博运营的未来:社会化生存

互联网趋势研究者谢尔·以色列在其著作《微博力》中指出:"我们正处在一个转换的时代——一个全新的交流时代正在代替老朽的、运转不灵的传播时代。在这个由微博推动的、正在到来的交流时代,如果我们还没能跟上它的脚步,那么就可能会被这个时代所抛弃。"[1]

360公司创始人周鸿祎曾经说过,好的产品都是运营出来的。在产品同质化越来越厉害的当下,运营成了同质化产品竞争的法宝,尤其越到产品后期,运营为产品带来的产异化价值越大。这也是为什么我们需要了解运营、研究运营,并且通过运营改进公司和产品状况的原因。

微博于2009年内测上线,截至2018年6月,微博的月度活跃用户数为4.31亿人。微博的崛起的确是运营能力的体现,微博近几年的发展非常好地证明了这一点。

第二节 微信公众号运营

一、微信的出现与运营

2011年1月21日,腾讯针对火爆的智能手机市场,推出一款提供即时通信服务的免费应用程序,名为"微信"。这是一款通过网络快速发送语音短信、视频、图片和文字,支持多人群聊的手机聊天软件。微信最初的产品运营多是基于功能的开发,主要是为了满足用户聊天、分享的需求。后来,微信这一产品的商业价值被深入挖掘,腾讯利用其社交属性的优势开始进行其

---

[1] 以色列.微博力[M].北京:中国人民大学出版社,2010:97.

他业务的拓展。

2012年8月,腾讯上线微信公众号平台,为新媒体营销与运营带来新契机和发展天空。在社交分享的平台上,绝大多数流量仍然集中在几家主要的新媒体上,其中微信、微博、QQ位列前三,而微信的分享回流率最高。

2013年8月,公众号开始分为订阅号和服务号。服务号出现后,可以在公众号里承载一款产品。

2015年9月,微信群的功能有所更新,允许群转让、改公告等,这一年也被称为"社群运营元年"。

2017年,小程序出现。它是一个无须安装即可使用的应用,一方面免除了用户担心应用占用手机内存的烦恼,另一方面使得用户获取信息更加便捷。

随着公众号、服务号、小程序、微信支付出现,微信开始成为具有众多实现商业价值的有效工具,出现了更多的流量或者功能入口,微信运营成为移动互联网时代营销的重要手段。

二、微信公众号运营类型

微信公众号平台是一个拥有海量用户基础的新媒体平台。海量用户是其先天优势,但不是绝对优势。如果运营得当,它就能够吸引相当大的流量,如果运营有方,流量会成功变现。

微信公众号的运营是一项很有含金量的工作。在微信建立起的商业帝国里,微信公众号就是一座有待挖掘的金山。微信公众号运营具有形成商业闭环的可能性,它包含了发布、传播、咨询、下单、支付和售后各个环节。

目前,常见的微信公众号运营有以下三大类型。

(一)以读者为中心的媒体品牌型

以读者为中心的媒体品牌型微信公众号作为微信公众号运营的第一种类型,就是以读者为中心,立足点是提供内容,它的核心价值是传播品牌、成为人群谈资、产生美誉度。

成为谈资最好的方式,就是制造一些话题或者提出某些能引发共鸣的观点。微信内容的影响力可以通过粉丝量、粉丝活跃度、评论量等参数体现。

微信运营者应该明白一个道理,要想让用户在上班途中看完一篇1000字的公众号文章,只有保证内容对读者有益、有利。因此,以读者为中心的媒体品牌型微信公众号要死守内容关,确保优质、持续的内容输出。对微信运营者来说,只要保证高质量内容的供给,粉丝就可以稳定增长。比如早期的十点读书及视觉志等微信公众号,就是依靠内容积累了大量粉丝。

微信内容运营的核心指标是阅读量、公众号打开率、原创率、文章留言数、点赞率、转发率、收藏率、粉丝数等。

目前,每一个品牌宣传企业,都会针对自身用户群体提供相关内容,大部分发布在企业自有微信公众号上,有时候也会投放到其他自媒体号上,这样可以形成流量矩阵。

(二)以用户为中心的产品服务型

第二种类型是以用户为中心的产品服务型微信公众号,它以用户为中心,立足点是产品。产品服务型的公众号的核心价值在于帮助用户解决某个问题,即为用户提供个性化服务,并根据用户需求做好匹配。这种类型的公众号注重功能层面的创新。

2016年,万达影院通过微信公众号渠道日均出票达到上万张。万达影城的微信公众号系统为用户提供了便捷的票务服务,用户关注万达影院微信公众号后,便可以享受在线预订、在线选座、查询热映影片及待上映信息、评价分享等。它还通过不定期的会员活动,增强粉丝。比如,拉好友关注能享受一分钱看电影、送爆米花等优惠。

对于万达影院来说,其微信公众号就是产品服务型的公众号,万达影院用它来进行用户转化。其核心指标有新用户关注数、产品功能注册数、人均使用次数。

小米在早期用户积累阶段,最重视的就是微信公众号的用户忠诚度及初期用户的纯粹度。小米用户的不断积累,完全依靠小米产品服务带来的优秀口碑。当小米赢得了足够的用户忠诚度后,才选择通过传播营销方式来扩大营销力。

在产品服务型的公众号运营中,还要注意留存率。留存率是指用户没有取消关注公众号,而是使用了公众号推荐的产品的一项或某几项功能,以及获取收入的付费用户数。

(三)以客户为中心的电商售卖型

第三种类型是以客户为中心的电商售卖型微信公众号,其目的是让大家购买产品。商品售卖型的公众号是以客户为中心,它的核心价值就是让顾客消费,它用质优、新奇或便宜的商品吸引用户,促成交易。

商品销售型的公众号的核心指标有订单数据(成交额、成交用户数、成交单价)、用户的购买路径数据(访问数、注册数、下单数和成功购买数)等。

虽然微信是作为通信工具推出的,但并不影响它成为一个电商平台。在微信中,用户之间不存在距离限制,可以即时与其他注册用户形成一种联系,用户通过微信订阅自己需要的信息,而企业则可以针对用户的需求,推广自己的产品,从而实现点对点的营销。

作为一个超级App流量入口,通过开放合作的模式,微信电商拉近了相关行业的产品和服务用户的距离,同时也带动了各领域的升级。微信小店和微信商城都是新型的电商渠道,两者基于拥有庞大流量的微信平台,在先天条件上占优势。但值得注意的是,要想将流量据为己有,就要牢牢把握住渠道的关口,如提供优质的产品内容,抓住用户的真实需求等。

三、微信公众号运营定位

微信公众号运营的定位从初始化定位开始。初始化定位,即在运营之前完成账号的初始化设置,这里涉及公众号类别、公众号取名。之后,要不断通过市场分析、用户数据分析等进行优化,它属于一个动态过程。

(一)定位市场运营方向

定位是引入一系列用户行为的关键要素。一般来说,确定公众号类型常常是通过市场分析、用户分析找到定位突围点,再经过用户需求分析后,确定运营方向,最后通过后期运营,不断优化定位公众号的内容属性。

从目前实际应用场景看,做纯内容的公众号更适合用订阅号,做营销类的公众号更适合用服务号。有些企业会采用双向组合的形式,服务号做促销类活动,用户通过点击日常推送进入购买商城；订阅号则推送好内容。

(二)给公众号起名

一个好的公众号名字,有三个要素组成：一是好搜索；二是好理解；三是好传播。从目前来看,以组合名词为最受用,例如"十点读书""印象笔记"等。

2016年3月21日晚,因为《欢乐喜剧人》节目火爆,相声新秀岳云鹏首开公众号"岳来越好"。这个名字,既有岳云鹏的姓氏,又有愿望,读起来朗朗上口。

(三)数据优化

在后期运营中,优化定位主要通过数据优化来完成。这里包含的数据有数据周报、内容周报数据汇总,关键数据有上周、本周的环比。

数据收集从两个方面着手：整体数据分析和热文分析。整体数据分析,是按照各个维度进行统计,按周或月做表,了解数据特点,并重点分析数据异常点；热文分析即按照打开率和分享率两个维度,对文章进行聚类分析,然后给所有的文章分别打上对应的标签,一个文章有1到2个标签。需要重点分析的是"双高类"文章的标签,也就是哪些文章是用户真正喜欢的内容。

(四)梳理用户

梳理用户是微信运营定位中最重要、最需要解决的一个关键问题。要了解自己的微信用户画像,最直接的方式是利用微信公众号后台的数据得出用户特征,比如用户的省份分布、手机机型、性别比例等。要想得知用户的行为和兴趣爱好,一方面可以根据之前公众号做过的活动中给用户打过的标签作为参考；另一方面,可以通过社群、线下调研等形式获得这些信息。

(五)价值定位

价值定位是微信定位中的一个核心问题,价值取向决定微信公众号的特色方向。如何在目前两千万个公众号中脱颖而出,最主要的方法是给用户提供需求的差异化价值。

美图秀秀的产品运营是借助微信公众号来完成的,主要是为了树立产品和企业的形象。罗辑思维每天发布一段60秒的语音进行内容导读,将语音跟内容完美结合,是内容形式差异化的例子。素食星球则是一群吃素养生年轻人的聚集地,他们分享全球素食资讯、创意蔬菜食谱和潮酷素食餐厅、吃素大咖精彩故事。

(六)场景定位

场景定位解决的就是"用户在什么时间点打开"和"用户出于什么目的打开"两个问题,让用户恰好在需要时看到这篇文章。这个思路应用在一些带有实体性质的企业尤为突出,如餐饮、酒店等。

四、微信公众号选题策划和内容

张小龙曾在微信公开课上,分享了一个数据：20%的用户在微信公众号中挑选内容,然后80%的用户在朋友圈阅读这些内容。

微信公众号运营中大量的工作,就是如何策划选题和创作内容。其中选题就是你决定写什么主题,一个好的选题就是你的主题,它是用户关心并愿意付出时间来阅读内容的前提。

常见的微信公众号选题主要分三种,即常规选题、热点选题和系列选题。

(一)常规选题

常规选题即日常选题。在策划常规选题时,需要注意两个要点:一是需要符合公众号定位,二是要比用户早半步。

为了方便找到更丰富的参考材料,可以建立自有素材库、竞品素材库、转载库和知识库,以备使用。用户是新媒体最值钱的资产,可以将用户的喜好作为选题参考。获知用户喜好最直接的方法就是参考公众号后台留言,从文章评论区引导出讨论话题以备选题。还有一种叫竞争对手调研法,即对竞争对手的爆款选题逐一分析,选择合适的作为己用。

(二)热点选题

热点选题就是围绕社会热点或者行业热点的选题。因为热点意味着短时间内用户对该话题的关注迅速提升,用户更愿意分享或评论该热点文章。

热点选题,涉及以下四个方面的内容。

(1)从哪里找热点?可以通过热点日历、微博热搜榜、朋友圈、传统主流媒体报道等渠道,寻找热点话题。

(2)热点要不要跟?可以从评估热点事件本身的影响力、传播性、时效、匹配度和企业回报率五个维度进行打分,最后完成决策。

(3)蹭热点。一般而言,需要在3小时之内完成热点跟进,不能超过12小时;如果没有第一时间发布或者没有第一手资料,那就发表见解、看法,以差异化内容取胜。

(4)蹭热点也要注意避免负面影响,需要注意防假热点、防自嗨、防被打脸、防灾难营销等。尤其是灾难营销,特别指的是利用自然灾害等事件进行商品营销博人眼球,这一点最缺乏人文关怀,最不值得推荐。

(三)系列选题

系列选题就是以某种固定的形式或围绕某一个主题进行内容创作,是一种能够让读者长期记住公众号的选题形式。系列选题主要有固定时间维度、固定话题维度、固定形式维度(比如视频、漫画、直播)、专人编辑等特点。

举个例子,一个美食类的公众号,用户画像经过调研是位处江浙一带,年龄在23岁至29岁之间的白领。通过进一步分析,发现用户的痛点是没有那么多时间来做美食,因此更倾向于快餐或不需要太多工具就能完成的美食,爱美食但又不喜欢太辣或太油腻的食物等。这些核心用户的关键词体现在上班族、动漫、爱颜值、口味清淡、爱旅行等。

根据这些用户画像及特点,会得出一些选题方向及话题,从而建立起专栏名称,例如生存料理(做一些容易上手的菜教学)、二次元餐饮大点评、颜值料理、粤菜及江浙菜系探秘(拍一些旅行中的美食视频),于是围绕这些关键词一周的内容选题库就出来了:

周一"拌饮超级香(绵羊生存料理)";

周二"新手入门厨具选择(绵羊种草机)";

周三"火影的味千拉面是这样搞定的(绵羊料理)";

周四"菠菜清谈(绵羊减肥餐)";

周五"日料正宗和非正宗的区别?(绵羊带你逛大阪)";

周六日"读者留言精选(你问我答)"。

梳理好选题,接下来的内容创作也就有方向了。

五、微信公众号的粉丝运营

微信公众号的粉丝运营主要分为公众号运营、社群运营、个人号运营等。

做好粉丝运营需要具备的能力有三点:一是保持非常高的社群用户活跃度,二是准确把握用户推广节奏,三是将用户进行清晰的分层。简单来说,就是知道哪些是熟知沉默用户、忠实用户和核心KOL等用户类型并进行分级、分别运营。能做好以上三点,就具备了突出的优势。

罗振宇在微信上的罗辑思维公众号,订阅数高达330多万,并有人给予其1亿美元的估值,其特点就是:"有种、有趣、有料"。如今,罗辑思维增添了不少新内容,慢慢成为影响力巨大的互联网知识社群,它的目标受众主要集中在"80后""90后"中那些有强烈求职欲望的群体,粉丝效应良好。

罗辑思维通过庞大的粉丝群体,不管是卖会员、卖书籍,还是卖月饼、卖"柳桃",用户都会玩得不亦乐乎,它的用户运营逻辑有三个方面内容:一是通过高质量的内容吸引兴趣相同的粉丝形成社群;二是通过限额会员制和付费会员制打造拥有共同价值观的社群;三是将社群打造成宣传品牌的基地,并广泛与其他平台合作。

六、微信矩阵的搭建方法

(一)新媒体矩阵及作用

随着新媒体平台越来越多,有一个概念被频繁提及,即新媒体矩阵。

新媒体矩阵一般指的是,能够触达目标群体的多种新媒体渠道组合。其作用有多元化效应、放大效应、协同效应、分散风险多渠道、各个内外矩阵形式互补、吸引不同口味粉丝、品牌最大化触达、给粉丝更好的体验等。

建立新媒体矩阵后,不同平台的产品及调性可以形成互补。比如进行事件营销,可以先在微博上造势,再在微信上进行转化,最后在今日头条等媒体网站发布品牌公关以达到协同放大的营销效果。

(二)新媒体矩阵分类

新媒体矩阵一般分为横向矩阵和纵向矩阵。

(1)横向矩阵,也称多渠道矩阵,指企业在全媒体平台的布局,包括自有App、网站和各类新媒体平台,如微信、微博、今日头条、一点资讯、企鹅号等。

以小米为例,有官方网站、小米论坛、官方微博、官方微信服务号,还有其他社会化媒体平台。

(2)纵向矩阵,指企业在某个媒体平台的生态布局,是其各个产品线的纵深布局。比如,在微信平台可以布局订阅号、服务号、社群、个人号及小程序。

(三)如何做好微信矩阵

1. 海底捞案例分析

海底捞以其极致的服务体验为人熟知,例如等位区有免费的水果赠送,还会提供免费的美甲和擦皮鞋服务。海底捞的成功不只是服务花样,更重要的是在外界环境不断变化时,能够有持续的独特的创新力。

海底捞微信公众号采用的是一对一的营销方式,能够精确到人,掌握到这个人吃东西的喜好,可以通过微信 Hi 客服功能与用户进一步沟通。在做了社群营销后,海底捞将极致服务从线下提升到移动端线上平台,微信公众号粉丝数更是每日增长 4000 多人。

综上所述,海底捞的成功经验可以归纳为以下三点。

一是用户可以在微信公众号上预订座位、享受送餐上门的服务。只要用户想点外卖,只需要输入送货信息,就可以坐等美食送到嘴边,这是不休息的自助服务,这种做法广泛赢得好评。

二是用 Hi 游戏推出了一系列与食品相关的小游戏,如 Hi 农场、Hi 拼菜、遥遥乐、Hi 吃海底捞等,虽然界面简单,但深入的互动体验,使用户会因好奇而尝试去玩,从而加深联系。

三是海底捞微信公众号不单单是一对一的社群平台,还是多对多的社群平台。在公众号里,用户可以用海底捞账号、QQ 账号、微博账号等登录,进入 Hi 地盘,用户可以在里面发布消息、自己的心情、想做的事情,不过最多的还是在海底捞吃饭后的体验。

据悉,海底捞通过微信接入的订单数在短短几个月飞速上涨,由开始的 400 多笔上升到了 3 万多笔,而且从微信平台、实体店支付和其他渠道等角度来看,微信的订单数占到了 60% 以上,每天通过微信预订的数量达到了 100 万笔。由此可见,微信营销加上海底捞的极致服务,其转化率还是非常高的①。

从海底捞的微信运营可以看出,企业是否需要做矩阵,需要分析现状、进行现实判断,然后再根据分析结果选择合适的平台进行创建。

2. 按现阶段资源与目标人群的需求满足程度定矩阵

如果是单一账号内存在着两类差异很大的人群(比如滴滴打车软件,就存在两类不同的用户:乘客与司机),就适合采用多个公众号运营。

3. 按微信公众号的发展阶段来定矩阵

微信公众号的发展共分为启动期、增长期和成熟期三个阶段,应根据不同的发展阶段来定矩阵。

比如,在启动期,微信以一个账号为主,作为核心发力点;在增长期,需要有固定的外部矩阵,初步形成稳定结构,方便找到多种模式,寻找新的流量;在成熟期,有新型的平台加入,根据人群需要,找到多元化矩阵点或细分人群运营形成红利期,再进一步拓展新媒体矩阵。

---

① 倪林峰. 人人都是运营经理[M]. 北京:电子工业出版社,2018:222-225.

第三节　微信群运营

新媒体时代离不开朋友圈与微信群,如何运营一个特定的微信群,留住用户,保持群的活跃度?本节试着探讨一些最基本的方法。

一、微信群的运营目标与定位

微信群运营的主要目标有销售产品、提供服务、拓展人脉、聚焦兴趣、打造品牌、树立影响力等六种,应根据不同的运营目标对微信群进行准确的定位。

(一)共同的价值观

运营者一定要确定一个微信群共同的价值观是什么,这是此微信群的内核,这些价值观一般来自创始人所秉持的或者某一产品所蕴含的理念。有了共同的价值观,群成员之间交流无障碍,沟通有质量。

(二)共同的兴趣爱好

在找到共同价值观的基础上,运营者还要找到微信群的共同兴趣爱好,这样一来,有大家共同认可的价值观维持,又有共同的社群爱好追求,此群才能保持长期的生命力。

(三)三个关键点

(1)抓住某些痛点。比如客户流失、产品质量下降等,抓住这些事件要来让大家反思,总结经验教训,促进群中交流。

(2)把价值观具体化。要在群里经常搞一些优惠活动、免单活动或是话题讨论,借具体的事例把群价值观与共同爱好落地。

(3)多找互惠互利的共生点。有必要时,运营微信群也可要求群成员缴纳一定的会员费,但不能太多,作为回报的载体,运营者要找出一些互惠互利的共生点,增加社群的归属感和参与感。

二、微信群的建立

(一)微信群名称

微信群的名称,一般有三种命名方法。

第一种方法是从现成的核心源头延伸出来。从灵魂人物延伸,用灵魂人物的名字命名;从核心产品延伸,比如购买苹果的用户群可以叫"平安果"。

第二种命名方法是从目标用户着手,比如爱读书的群,可以叫"书中黄金屋";也可利用各种爱好来命名,比如爱健身的群可以叫"美丽人生";也可以从内容上下手命名,如经营农产品的群可以叫"有土斯有粮";也可以从目标用户的理念下手,比如珍惜时光、热爱生命的群,可叫"一期一会"或是"留得青山在"等。

第三种命名方法是将以上两种方法混合,即用核心人物与目标内容一起命名,比如说"某某读书恳谈会"。

(二)微信口号

微信口号一般都浓缩成一句话,点出主题,比如"相见总不晚,有爱伴你行"。

(三)视觉设计

微信群的视觉设计主要指头像选择、背景设计等,这些视觉要素是用户进入此微信群的最基本认知,是人们的第一感观,所谓先入为主,所以一定要精心构思。视觉设计的核心就是建立独特的标识。

三、微信群的指标体系

作为群管理员,要建立一套此微信群的指标体系,方便运营管理,大致可以分为以下五个方面的内容。

(一)群规

建立群规是管理群的要务所在,它并不是规定什么能做什么不能做,从本质上讲是规定群的文化内核,而且要不断优化群规,灵活执行。群规常包括微信群的引入规则、入群规则、交流规则、分享规则和淘汰规则五个方面内容。下面分别展开叙述。

1. 引入规则

微信群的引入规则主要有四个方面内容:一是群主邀请,这样比较能保持成员的隐私,成员之间相互保密;二是朋友介绍递交名片,这种举荐制引入成员看重的是朋友交情与信任;三是在活动推广或是广告、产品销售等环节中,自行扫描群二维码加入,这种方式引入的成员是对此群有一定的兴趣、想深入了解的;四是自己填写资料,这种申请制的引入方式适用于大群,看重的是群中特有的某种特殊的条件,像专业区分、易于报团或是能区别于其他群的东西,比如大学某届校友微信群等。

2. 入群规则

入群规则一般包括系列化命名与视觉统一、告知入群须知和自我介绍三个方面内容。

群的系列化命名和视觉统一常用两种形式,一是群名统一命名,比如社群＋序号、群主名＋归属地＋序号;二是成员名统一命名,比如身份＋序号＋昵称或者是归属地＋类型＋序号等。

告知入群须知,需要提前准备好统一的群公告,告知相关事宜,如入群后如何报到,是否改自己的微信头像为真实照片或是名称不许用昵称,设置聊天字体等。也可用群公告告知群内鼓励行为、不提倡行为与禁止行为。鼓励行为包括可以发表原创分享、入群的自我介绍、学习感悟、经验发表等;不提倡行为包括在群中发某些链接或是与群中产品相对立的广告宣传等;禁止行为包括滥发广告、拉投票、言语不雅不净、无休止的争论和破坏群中气氛的行为。

入群的自我介绍可以规定一定的格式,也可以不规定格式,允许入群成员报到后进行自我介绍,这是新成员与群互动的破冰之举,要注意及时反馈,发表情包或者文字呼应,适当时也可发红包欢迎。

3. 交流规则

制定一定的交流规则,对维持群正常且有质量的运营非常重要。比如某培训群,为了教学方便可以设置如下交流规则。

第一,入群要编号,实行实名制,头像应是真实相片,名字是真实姓名;要学会聆听,在其他成员没有完全表达清楚观点时,不随意评论或插话,可以质疑对方的意见,但一定要呈现理由,一定不能人身攻击。

第二,入群后不必客套打招呼,提前告之每个成员不要发非群里信息相关的分享链接,这样可以保持群的干净与信息的清净。

第三,所有成员未经群主或管理员允许,不可发布任何广告或软文等。

4. 分享规则

可以由群主控制,也可让群里成员轮换上场,分享规则务必在入群时表达清楚。

5. 淘汰规则

常见微信群的淘汰规则有三种类型。

一是人员定额制。由群主或管理员决定,固定人数,保持清净。

二是积分淘汰制。比如,每周规定有小任务与作业,根据成果质量的不同换取积分,一个周期过后积分排位在最后的几位必须剔除,然后进行新一轮的招募,加入新鲜血液。

三是成果淘汰制。进群之前就明白公布,凡进入此群者要完成一定的成果研究、量化指标。比如交学费或会员费进入群的成员,在完成此成果或指标之后,学费或会员费全额退还;如果没完成成果或指标,学费或会员费就作为群的运营费。

(二)干净

保持群的干净即保持群里的信息与人员的干净。

群主或是群管理员要注意及时公布信息,及时回复群成员的问题,提示群中成员及时阅读观看,同时要清除群中庞杂的内容,及时删除群中不良或违规内容,也要及时记录群成员对群中发布信息的反应,整理不同的态度与意见,对群中异常或特别的情况,要及时向主管领导汇报。

(三)有序

要做到群有序,就要保证群中发布的信息、资料能够定时、定点传输,使群成员形成一定的阅读习惯。按时阅读的习惯是所有入群者都需要遵守的规则。

(四)活跃

保持群的活跃非常重要,一定不要让大多数的成员成为"僵尸"或"潜水艇",以免群中死气沉沉的。此时,群管理员可以开展线上活动,要么开展有关话题的讨论,要么是进行一定信息、资料的收集、归类、分析,让群中的成员兴奋起来。这是保持群活跃度的有效手段。

如何保持群的活跃度?

(1)组织话题讨论。提前预告要讨论的话题,具体明确,告知成员从什么时间到什么时间,要集中讨论什么话题,提前告知成员讨论此话题的注意事项是什么。比如:大家好,我是某某,我们这期讨论的话题题目是"朋友圈里的杀熟现象",可以结合自己的经历说明。群中集中开放讨论时间为本周四晚 8 点到 11 点半。欢迎大家自由发言。

(2)及时总结发布归纳成果、经验、教训。

(3)适时发红包或者是分发一定的福利。在微信群中,发红包的目的一般有七种:活跃气氛;新人报到的福利;激活成员;宣布喜讯;打赏激励个人;发广告;节假日慰问。

另外,群中发红包要注意四个问题:一是师出有名,不能任性而为;二是要么够多,要么够大,调动群中成员积极性;三是在正确的时间点发红包,讲究时机;四是巧设规则让红包成为一种激励。

分发一定的福利,包括五个方面内容:物质福利;现金福利;学习费用;荣誉证书或是头衔;送积分或是电子券、代金券、折扣券等虚拟类奖励。

(4)适时制作、发布表情包,建立强关系。

所有的微信群,一旦形成自己的价值观和亚文化,就可适时制作并推送各自特色的表情包,大家看到表情包会心一笑,其义不言而喻。

(五)黏性

群的黏性与群的活跃度有一定的关系。在活跃度强的微信群中,群管理员时刻注意维系群的黏性,做法有以下三种:一是定期汇总群里有价值的信息并整理发送;二是定期举办社群平台设计的活动,聚集人气;三是对活动内容及时进行文字记录与方案总结。

四、找准群中意见领袖

(一)何为意见领袖

在消费行为学中,意见领袖特指为他人过滤、解释或提供信息的人,这种人因为持续关注程度高而对某类产品或服务有更多的知识和经验。家庭成员、朋友或媒体、虚拟社区消息灵通的权威人士常常充当意见领袖。

微信群意见领袖也称为"微红"(微信群中的红人),他能带动社群气氛,增强社群成员的联系,也能引导社群舆论导向。每个微信群中都会有这样的一两个意见领袖,要与他们建立良好的沟通交流,他们可以保持群的活跃度,一旦他们沉寂了,群内也就沉寂了。

一般情况下,意见领袖具有以下五个方面的特点:善于交流,乐于分享,有沟通的天赋;情商高,善解人意;有某项特长或专业积淀很好;有一定的粉丝;时间相对充裕。

(二)培养意见领袖的方式

1. 群中培养

要善于发现群中乐于发言与分享的成员,观察他们的意见与反馈情况,从群内部发现并培养意见领袖,与其建立良好的私人关系;同时,适时给予他们鼓励与奖励,带动群中成员在群中积极发言,献计献策,分享交流。

2. 外部引入

外部引入意见领袖一定要因群而异,因为外部引入受很多条件限制,也会涉及一定的利益分配问题。如果引用得好,就可以进群合作,纳入社群。一般常用开讲座、授课、分享交流等方式引入外部意领袖,引入后要注意观察自己群中成员的反应,总结得失利害。

五、群运营者的自我素质

(一)思路清晰,表达明白

作为群主或群管理员,要有一定的口头与语言文字表达能力,对此微信群的定位与发展有思路准备、有日常应对、有对突发事件的措施考虑。在群中尽可能少用语音,因群中人多,刷屏速度快,易被冲流,尽可能用文字表达通告或是活动安排。

群中清晰的表达方式,有五个方面供大家参考。
(1)首次与成员沟通时,要铺垫事件因果头绪,不能只说结果。
(2)对于转述的内容,要标明出处,交代来源及转述的目的。
(3)按照事件的节点,逐层开展叙述。
(4)补充必要的背景材料。
(5)发布重要内容时要交代前因,也要有后续追踪。

(二)保持冷静观察与思考

(1)多问自己一句为什么。为什么要发此消息,为什么要公布此内容,为什么要组织此次话题讨论,为什么还要操持线上线下的分享交流活动?在这个过程中,冷静观察成员们的反应、意见、看法。
(2)不急于下结论,不急于做评论。
(3)多进行全盘思考,多做总结。

(三)项目或专业化思维

运营微信群,一定要依据群的特色与特征进行,运营者要有项目化思考或专业内容的积淀,如果不充足时,自己要充分利用群资源,补充并提升专业知识,做个内行人、明白人。

(四)沟通人脉,打通壁垒

运营者要把自己作为此群的信息中心,多与成员沟通交流,了解成员的真实想法和思路,建立人脉系统,当出现问题时,要主动承认自己的过失,打通壁垒。

(五)勇于担当,职责在心

运营一个微信群不容易,特别是大群,成员多,操心的事也多,群管理员要主动承担本职工作,对于出现的新情况、突发事件,勇于揽责、敢于破冰。

第四节 头条号、小程序及短视频运营

如今,各类社交媒体和社区呈井喷式涌现。2014年今日头条、知乎等产品开始成长;2016到2018年,音频、直播、短视频等社交媒体开始出现,小程序的出现成为亮点之一。至此,新媒体运营岗位不仅出现在微博、微信平台上,也出现在头条号、小程序、短视频上。

本节主要谈谈头条号、小程序、短视频等新出现的互联网运营方式。

一、头条号运营

(一)今日头条运营案例分析

今日头条是北京字节跳动科技有限公司开发的一款基于数据挖掘的推荐引擎产品,主要为用户推荐信息,提供链接信息服务,于2012年3月创建。其创始人张一鸣与今日头条团队,希望产品能在互联网时代,像造纸术和印刷术一样,改变信息的传播。

今日头条可以根据用户社交行为、阅读行为、地理位置、职业、年龄等挖掘出用户兴趣。如通过社交行为分析,5秒计算出用户兴趣;通过对用户行为进行分析,10秒内更新用户模型。

头条号是今日头条针对媒体、国家机构、企业及自媒体推出的专业信息发布平台,致力于帮助内容生产者在移动互联网上高效率地获得更多的曝光和关注。

对于头条号来说,只要文章好或者观看的人多,满足头条的算法,就会被推荐,文章就会被更多的用户看到。头条号的推荐栏目中基本都是十万以上阅读量的文章,头条号基本上就是根据这样的推荐机制和头条号指数来完成文章推荐,指数越高,推荐力度越大。这里,头条号指数是由活跃度、原创度、垂直度、健康度、互动度构成,每一类的构成会直接影响最终推荐的数量与头条号指数。

截至2018年3月,头条号账号总数已超过150万,每天发布60万条内容,创造超过50亿次的信息消费。

(二)如何做好头条号

企业注册了头条号后,要想把这一渠道运营好,就必须在多个模块上下功夫。头条号、微头条、悟空问答是今日头条的三大核心板块,每个板块都有自己的运营模式且可自动同步,即创作者可以通过头条号平台,有效触达各产品共计10亿用户。

想运营好头条号,可以参考以下四个方面的内容。

1. 原创度

坚持文章原创和首发,伪原创和非首发都会影响推荐机制的判断。此外,头条号的篇幅不宜过长,应控制在800~1500字,每400字左右配上几张相关图片,这样更适合网友的阅读习惯。

2. 活跃度

坚持每天发一篇文章,尤其是在周末和节假日,这样不仅可以提高活跃度,还能获得更多

的推荐量。

3. 垂直度

垂直度会影响头条指数，因此找准定位，选择哪个领域就专攻哪个领域。文章内容的垂直度越高，机器算法就会给予更多的推荐。

2015年5月，国内旅游社交网站马蜂窝入驻今日头条并开通头条号，为5000万的网友提供了全球200多个国家和地区，6万多个旅游目的地的旅游攻略、酒店预订、旅游点评等服务。马蜂窝的内容垂直度很高，很快获是更多关注与推荐。

4. 重视推荐

运营者必须知道，在今日头条平台上，只有得到推荐才会有人看，因此，运营者的一切动作都是为了获得推荐。那么运营者就需要时常对推荐量进行定量、定性的分析，这样才能发现问题、吸取经验。

进入头条号，运营者可以通过"内容分析"功能来分析头条号的数据情况。比如，运营者可以看到每篇文章的推荐量、阅读量、评论量等数据，以及平均阅读进度、跳出率等。

懂得头条号的推荐机制之后，也许就可以写出阅读量达百万的爆文，但运营好一个头条号远不止这样，还需要运营人员多方面的努力，充分用好各个功能，让自己的头条号在这个平台占据一席之地。

二、小程序运营

小程序是一种在微信内无须下载安装即可使用的应用，用户通过扫一扫或搜索即可打开，于2017年1月9日发布，属于微信的战略级产品。

小程序是一种趋势，无论从行业、用户，还是从推广成本来说，它代表了在移动互联网时代运营的另一种可能性。张小龙曾预言小程序未来可能取代80%的App。从目前看，有些行业充分利用了小程序优势，其效果验证了张小龙的预言。

从阿拉丁小程序排行榜分析来看，小游戏、电商排名位于前列。小游戏和电商这两项之所以能快速爆发，是因为在有限的时间中，对用户的刺激性强，业务变现效率高。

小程序仍然处于初步发展阶段，微信也会随时调整玩法和政策，其功能、机制也需要尽快随之调整，及时适应变化，但其未来值得期待。

(一)小游戏

小游戏之所以成功占据榜首，主要是因为用户使用微信时，多处于无所事事状态。小游戏的出现，正好符合用户想打发这段时间的需求，同时还可以分享给个人或社群。虽然小游戏正式开放的时间不长，但爆发力惊人。

例如，微信新版本开机屏直接用小游戏"跳一跳"作为入口，截至2018年3月这个小游戏已经积累了3.9亿玩家。

(二)小程序电商

小程序电商是发展得非常快的一个品类，开拓了电商购物新渠道，最典型的例子就是拼多多等社交电商的崛起。

小程序电商融合了微信的支付、社交和内容这三大特点,因而能够实现爆发。虽然小程序运营效果从很大程度上取决于运营者自身为此付出的努力,但是,还是需要懂得借助外力来运营小程序,比如,利用好"搜索"栏抢占新媒体入口等,以方便开拓电商购物通道。

流量的多少,直接关系到一个小程序的成败。微博、微信平台都是很好的入口。小程序电商之所以获客多多,且多元化,是因为除了有屡试不爽的三大利器——拼团、分销和砍价之外,还包括直播、社交等方式帮助其进一步扩散。

小程序不强调留存,这是贯彻了张小龙所说的"用完即走"的理念,强调场景的迁移,虽然留存率低,但可以在当前场景中即时转化。

在小程序中有一个设计细节值得我们注意:类似拼多多这类电商小程序,它们并没有购物车环节,而是用限时、限价等方式督促用户直接下单。

当然,小程序仍然处在初步发展阶段,微信也会随时调整玩法和政策。此外,百度也出品了自己的小程序,其功能、机制都会随时调整,未来值得期待。

三、短视频运营

成功的短视频运营,不仅要有优质的视频内容,还需要高人气的推广平台和引人注意的营销策略,这样才能使短视频营销的效果更优化。随着腾讯微视的加入,短视频领域里快手、抖音、微视三强争霸。下面以抖音为例具体阐述短视频运营。

抖音是一款音乐创意短视频社交软件,用户可以选择歌曲拍摄15秒的音乐短视频,上传自己的作品后,就可以获得他人的点赞、评论和分享。

作为今日头条的头部战略产品,抖音自2016年9月上线以来,用户数一路飙升。2018年抖音成为短视频中最强的爆款,国内日活跃用户超过1.5亿,月活跃用户超过3亿,全球月活跃用户超过5亿。"抖音5分钟,人间2小时",就是用户对抖音上瘾的真实写照[①]。

虽然抖音上90%的用户为35岁以下的年轻人,但有数据表明,抖音用户已渗透到各个年龄层,每个年龄层都有自己的兴趣爱好,每个年龄层都有抖音爱好者和使用者。在抖音的世界里,15秒的短视频成为人们了解世界的另一个窗口,人们在平台持续保持UGC内容的输出,打造属于自己的个人IP,成为一件乐在其中的事情。

(一)用户分类

1. 网红型用户——内容生产者

抖音前期招募了300人左右的网红种子用户,就视频内容制作进行统一培训。这批用户对音乐和创意视频制作、剪辑有着极高的热情,他们生产了平台第一批优质内容。

2. 追随型用户——内容次生产者

这类用户认可并追随网红用户的优秀作品,努力拍摄出同样炫酷的视频,参与抖音的挑战话题,持续创造内容。

3. 浏览型用户——内容消费者

大部分用户是抖音内容的消费者和分享者,这类用户为平台带来流量。用户的消费场景

---

① 参见抖音、字节跳动算数中心联合发布的《2018抖音大数据报告》。

主要集中在各种碎片化时间,如饭后睡前、周末节假日、与朋友聚会时、通勤路上等。

(二)运营策略

1. 对外运营

为了获得新用户和品牌塑造,抖音对外运营的重点在于获得传播和转化。

2017年3月13日,岳云鹏在自己坐拥上千万粉丝的微博上发了一条带有抖音标识的视频,他的抖音开始获得大家的关注。岳云鹏时常发布一些自拍萌照、节目视频及自己的最新动态消息等,引发了粉丝们的热切关注。

2017年7月14日,两款现象级H5"世界名画抖起来""找啊找啊找爱豆"迅速刷爆朋友圈,为抖音带来了巨大流量。

2. 对内运营

为了让用户喜欢用产品并形成口碑传播,抖音对内运营的重点在于提高用户活跃度和留存用户,这主要表现在用户运营和内容运营上。比如,抖音会定期策划话题,挑选热门歌曲,让用户参与挑战。那些参与话题、歌曲挑战的视频上传者,会有更多机会获得更高的流量与曝光。

(三)产品定位

抖音的产品定位是"年轻人的音乐短视频社区",通过运营手段打造出"潮酷""年轻""时尚""趣味"的产品认知。

海底捞是抖音营销的先行者。海底捞的花式吃法,在一夜之间风靡抖音。据说,因为花式吃法的引爆,海底捞一款豆腐泡的订单量直接提升了17%。

好的产品都是运营出来的。抖音以运营为驱动进行产品迭代,内外结合采取不同策略,实现产品爆发,从抖音的一系列运营事件可以看出,它的运营团队在每个环节都执行得很到位、很专业。如今业界有"两微一抖"的说法,充分证明了抖音在新媒体营销江湖中的地位。

本章思考题

1. 谈谈你所认为的微博运营的本质是什么。
2. 如何评估是否要做微博运营?试举例说明。
3. 微博运营的必备要素有哪些?
4. 微博运营有哪三个层面上的工作,具体指什么?
5. 如何写好微博方案?
6. 你怎么理解微博运营的核心关键是微博粉丝互动及用户服务?
7. 举例谈谈微信公众号的定位问题。
8. 微信公众号如何进行选题策划?
9. 微信公众号策划热点选题时,需要涉及哪些方面的内容?
10. 你是怎样理解微信公众号粉丝运营的?
11. 微信公众号运营的三大类型有哪些?

12. 如何做好新媒体矩阵?
13. 假如你来运营一个微信群,你如何进行定位?你运营的目的是什么?
14. 如何建立一套微信群指标体系?
15. 如何保持群的活跃度?
16. 如何找到群中的意见领袖?
17. 作为群管理员,如何提高自我素质?
18. 如何运营好头条号?试举例说明。
19. 试着设计一个小程序。
20. 你玩过抖音吗?你认为抖音有什么特点?

第九章

新媒体营销变现途径

变现,直白地说,就是变出真金白银,挣钱获利;优雅地说,就是变出合作资源,通过另一种模式(比如支持线下活动)再变现成金钱。

新媒体的盈利模式与传统媒体相比,其实没有本质区别,衡量其变现挣钱的指标也大体相同,比如订阅数、点击量以及业内综合美誉度等。

《2019短视频内容营销趋势白皮书》指出,"目前短视频中商业变现途径拥有广告、电商、游戏和直播分成四种方式。变现模式多元化、KOL影响管理集中化、规范化成为短视频平台提速商业进程的核心体现。"

本章探讨除短视频商业变现之外的其他新媒体变现途径,包括软文广告、平台补贴、IP+品牌、内容+电商、事件传播等五种具体方式。

第一节 软文广告与平台补贴

一、软文广告

美国全球品牌内容营销协会分会主席辛迪·开来普斯曾说:"我们正从一个营销沟通的打扰时代进入一个植入的时代。""在公众对繁杂的传统显性广告感到厌倦和反感时,最不像广告的广告才能成为真正的广告。这就类似于中国传统哲学中大象无形、大音希声,植入广告的绝妙之处,恰恰就在于此。"[①]

软文其实就是植入式广告、植入式营销,就是将产品或品牌及其最具代表性的视觉符号、服务内容策略性地融入电影、电视剧或电视节目、短视频内容中,通过场景的再现,让观众留下对产品及品牌的印象,继而达到营销目的。

(一)软文广告的特点及常识

1. 软文广告的特点

软文广告最大的特点就在于"软",目的是巧妙地将宣传推广的内容融入悉心策划的文章

---

① 刘芸畅.新媒体营销+互联网时代的娱乐营销解密[M].北京:中国文史出版社,2015:137.

当中以达到营销的目的。

"软文的软对应硬性广告的硬。硬广通常是砸钱买效果,简单又粗暴,软文相对来说操作方式更灵活,性价比也相对较高。软文的精妙之处在于润物细无声,让读者在不知不觉之中落入作者的布局之中。当读者意识到这是一篇软文的时候,其实也晚了,作者的推广目的已达到。"①

2. 软文广告的重点

软文广告的重点是吸引用户点击早已策划好的文章,只要用户打开内容阅读完毕,就有可能被内容吸引产生推广或购买行为。

3. 软文广告的本质

软文广告的本质是一种植入式广告,是一种既节省成本又高效的变现方法。

4. 软文广告的基础因素

软文广告的基础因素有三个,即软文、发布渠道和策划。

软文可以看成是广告语的延伸和铺展;发布渠道和策划则是任何一种营销方式都必须要有的基础因素,但不同的是,这里的发布渠道更多集中在线上,如门户网站、官方网站等。

2016年8月,闲鱼App在公众号平台上投放了一篇名为《如果可以回到10年前,你想改变什么》的软文广告。这篇文章标题抓住了人们的怀旧心理,与读者拉近了距离,容易使他们点击阅读。

文章从日常故事开篇,说自己最大的遗憾是没有抓紧时间享受生活,以此为开端将用户带入情境之中,然后抛出10点可以让自己不留遗憾的道理。紧接着一个峰回路转,大道理谁都明白,但是又有几个人真正能做到,引出真正的"主角"——闲鱼App新推出的产品"第二人生体验券",成功吸引用户注意力,制造了产品闲鱼App的记忆点。闲鱼App能够从当年App Store排名的几十名跃至第七名,离不开这篇软文广告情感营销的助推。

(二)软文广告注意事项

1. 提前介入,平时多关注热点事件

提前介入意味着日常生活工作中,时常保持广告营销的思路,随时随地了解社会大众的喜好,从媒体事件和社会热点事件中抓住机会。

在营销方案中要注意协调各个环节,不出纰漏,体现"随风潜入夜,润物细无声"的传播效果。

2. 植入情节合情合理、符合日常生活经验

《ET外星人》影片中,小男孩用一种叫里斯的巧克力豆把外星人引到自己的房间,之后他们成为好朋友。影片上映之后,里斯巧克力豆成为孩子们心中的梦幻糖果,其销量骤增了65%。这个植入式的软文广告就非常贴近生活,所有小孩子都爱吃零食,西方小孩子一直以来都热爱吃巧克力。因此一包巧克力豆冠名里斯品牌,自然而然地借剧情映入大众视线,引起热销。

3. 抓住机会借势宣传

在电影《杜拉拉升职记》中,杜拉拉升职的第一步是完成办公室装修项目,于是在元洲装饰

---

① 孙健.微信营销与运营[M].北京:电子工业出版社,2015:109.

的帮助下,她顺利完成任务。随着影片热映,元洲装饰趁机在全国17个直营公司的城市开展了"边装修,边升职"系列营销活动,用搞好室内装修、有了良好工作环境能利于升职这个潜台词,来说服那些有潜在装修需求的用户马上付诸行动。

二、平台补贴

平台补贴指的是新媒体公司主动拿钱出来,补贴各自新媒体平台里的自媒体创作者,这是新媒体营销变现的一个重要途径。例如2016年3月,腾讯公司启动的"芒种计划",拿出2亿元内容投资资金。同年,头条号创作者大会上,今日头条宣布,拿出10亿元人民币补贴短视频创作,同时给予每一条优质原创短视频至少10万次加权推荐。

据悉,头条号作者还可以通过短内容和问答内容,快速获取更多粉丝、更高频次地触达粉丝、与粉丝更直接地互动,从而提升账号的粉丝价值。

截至2017年11月底,悟空问答已吸引超1亿名用户入驻,日均提问数超3万个,回答数超20万个,总阅读量达2亿人次,头条斥重资签约超2000名答主,签约成本从最初的每月1万元,增长为每月超过1000万元。

针对"千人百万粉"计划,今日头条高级副总裁赵添介绍了帮助创作者涨粉的多种措施,具体内容有以下四个方面。

(1)提升粉丝在推荐系统中的权重。今日头条上线"关注"频道,用户在此频道里,看到的都是已关注的头条号发布的微头条和问答内容。

(2)给新入驻微头条和悟空问答的优质用户提供"冷启动流量包"。

(3)加大"推荐关注卡片"出现在信息流中的频率,将优质账号主动推荐给可能感兴趣的用户。

(4)提供关注红包等运营工具。

(三)出现平台补贴营销现象的原因

以上介绍的各种平台补贴营销现象出现的原因,归根结底一句话:受平台利益驱使。

新媒体时代互联网公司逐鹿营销市场,腾讯公司有微信,新浪公司有微博,今日头条推出算法推荐,淘宝占据零售与物流,各个互联网企业分吃用户市场这块大蛋糕。为保证各自旗下App和UGC不流失,而且能够提供优质有特色的内容,吸引用户使用并喜欢、占据各自新媒体平台,以上这些互联网公司竞相自掏腰包,让出利益作为诱饵,因为他们看的是更长远的地方,真正让自己在未来依然有利益可图。

具体分析其原因,有以下三点内容。

(1)平台补贴其实是将流量引向自留地。微信、微博、今日头条、阿里文娱、淘宝等平台心明远瞻,平台补贴全都是逐利生态下的营销手段而已。

(2)补贴背后是粉丝经济和营销。各个平台上的App和UGC都有各自忠实的读者成为粉丝,如果内容有质量、有特色,而且可持续生产,就会吸引更多的读者和大量粉丝,到一定规模时,粉丝就进入了用户这个阶段,粉丝变成作者的客户,出现电商、直播打赏、内容付费等多种营销形式。因此,平台补贴看中的是最有价值的付费用户部分,这是他们肯掏重金试水的出发点。

(3)平台补贴确实能让创作者受益,形成利益链。老话说得好,天下没有免费的午餐。这是个共赢的时代,人人相连,利益共沾。平台内的 App 和 UGC 从补贴中学到更新的知识与理念,学会更好地可持续发展,各自的发展壮大必然会带来营销效益增加,也会反馈到平台上,互相循环,形成经济共同体和利益链。

(四)平台补贴与"围墙花园"

"围墙花园"这个术语,最早来源于收购 Malone 公司的电信公司 AT&T 的前任业主 John Malone。"围墙花园"是指在互联网中把用户限制在一个特定范围内,只允许用户访问或享受指定的内容、应用或服务。

比如,在微信里,你想分享抖音视频很困难;在微博里,如果提及"微信"两个字就会被降权;在今日头条里,也基本上不可能有链接让你跳到头条之外的网站。互联网巨头们分封割据,占领了各自市场。

目前我国平台补贴的营销手段,可以说是一种变相的"围墙花园"做法,其目的也是希望通过围墙将用户与资源掌握在自己手中,优先保护、提拔自家品牌内容,打造以自己为核心的产业链。

2018 年 12 月 19 日,中国互联网企业社会责任论坛在北京召开。国家互联网信息办公室网络社会工作局副局长易涤非,在讲话中提出的增强共享意识和社会效益意识两条建议很值得我们学习。

第二节 "IP+品牌"携手变现

一、IP

IP 英文全称是 intellectual property,翻译成中文是知识产权。从原始意义上讲,它包括发明专利、商标等的工业产权,也包括文学艺术等的作品版权,是一个用于特定领域的术语化词汇,属于狭义概念。

谈到 IP,离不开吴声。

吴声,场景实验室创始人,京东集团终身顾问,中国互联网原创商业思想的重要研究者和实践者。著有《场景革命:重构人与商业的连接》《超级 IP:互联网新物种方法论》和《新物种爆炸:认知升级时代的新商业思维》三部专著。

吴声关于 IP 的经典定义为:IP 是以内容力为基础的新流量,是以新计算平台完成意义覆盖的新生活标签。一切商业皆内容,一切内容皆 IP。吴声认为:"IP 价值绝不局限于网络文学影视改编或手游。当万物皆媒的时代来临,IP 不只代表一种新的话语体系,更需要快速渗透到新的商业生态,成为超级 IP。它代表了新的话语体系和叙事方式,正从泛娱乐渗透到新商业生态的全维度。"[①]

---

① 李婧璇.《互联网新物种方法论》全方位解读超级 IP[EB/OL].(2016-07-04)[2019-08-03]. http://www.cssn.cn/ts/ts_wxsh/201607/t20160704_3097896.shtml? COLLCC=3551705627&.

本教材认为,当下的 IP 逐渐演化为一个强调内容主题的宽泛概念,它不再具体指某一特定产品,而是变成了一种文化标签,并以此为核心,形成特定的文化圈。

二、成为超级 IP 的要素

成为超级 IP 与品牌携手,这是新媒体时代营销变现的重要手段。下面,探讨一下成为超级 IP 的要素组成。

(一)独特、持续的内容生产和长期的注意力聚焦

没有个性化、持续的内容,凭借一两篇 10 万以上阅读量的超级文章想变现是很困难的。任何 IP,无论其内容是运动、健身、科普、航天还是美食等,想成为超级 IP 开拓市场,赢得更多关注,如果不能够形成持续的内容生产,就不能真正去获取非常有价值的用户。实际上,很多 O2O 企业、上门服务企业、新生活方式企业等新媒体时代赢利的企业,都拥有自己独特、长久、持续不断的内容助力。

独特、持续的内容生产会让用户产生长期的注意力聚焦,这种注意力经济会带来更多变现机会。

(二)自带话题的蓄能价值

超级 IP 常常自带话题,形成热点,引发社会大众的围观与议论。这种自带话题优势产生蓄能价值,吸引人们愿意接近它、连接它、评论它,甚至反对它。

自带话题的蓄能价值能够快速、持久获取流量,有良好口碑会在以人为中心的社交圈中多次传播。

(三)IP 本身的人格化魅力

IP 本身与众不同的魅力人格非常重要。差异化的魅力人格,如同万绿丛中一点红,吸引用户形成情感的连接。IP 本身的人格化魅力,可以外化为真实的自我表达方式,另类的审美趣味,小众化的需求,不一样的情感映射,等等,这些东西会与有着同类情怀与兴趣的用户产生共情、共鸣、共振,会使用户对此 IP 关注的温度感和参与感增强。

(四)新技术的整合善用

科技是第一生产力,在新媒体时代尤其要重视新技术的运用。新技术能带来先进的生产工具和传播平台,有利于 IP 的脱颖而出。像美国的 YouTube 视频平台、中国腾讯微信社交平台等,在新媒体技术引领下流量红利强,分享传播能力强。

(五)高效率的流量变现

要想成为超级 IP,一定要有高效率的流量变现能力。这就要以用户为中心,以粉丝为导向,按新媒体市场商业逻辑形成自造血能力、自组织能力、自传播能力的生产体系,这种流量变现离不开独特诱人的内容因素和富有转化能力和愿意购买的场景因素,用户因为喜欢所以关注,因为关注产生熟悉,因为接触所以支付购买,即所爱所见产生所购,让一个流量通过支付实

现变现,转化成很好的 ROI(投资回报率)。

三、"超级 IP+品牌"发展阶段

2015 年以来,我国超级 IP 与品牌联手进行营销变现,经历了抢夺大 IP、重新发现新 IP、创造个性化 IP 三个阶段。其中,以网络文学的开发最为突出。

(一)抢夺大 IP 阶段

2015 年我国网络小说和网络游戏开始兴盛。这一时期,大量的知名网络小说和网游被争相改编成了电视剧,像《花千骨》《芈月传》《何以笙箫默》《琅琊榜》等热门作品,被搬上荧屏后引发全民追剧热潮。有关研究把 2015 年称为我国的"IP 元年",从此,文化 IP 借助新媒体时代东风,以"内容+卫视+电商"的模式形成产业链条,并采用广告植入等方式激励用户边看边买,从线上到线下,从虚拟到实体,再到"泛娱乐生态"衍生产品的火爆,把这些内容本身的商业价值发挥得淋漓尽致。

(二)重新发现新 IP 阶段

重新发现新 IP 阶段以故宫文创的出现为典型代表。故宫博物院挖掘自身潜能,打出传统文化底牌,打造了"故宫文创"《我在故宫修文物》《如果国宝会说话》等一系列文化品牌,拉近了故宫博物院与社会大众之间的距离,开创了故宫博物院在新媒体时代的超级 IP 营销模式,这让社会大众眼前一亮。目前,拥有近 200 万粉丝的故宫淘宝已成为我国最具影响力的故宫博物院官方网店,其线上线下均创造出了巨大的商业利润。

(三)创造个性化 IP 阶段

伴随着网红经济和粉丝经济的发酵,一大批选秀形式的"偶像养成"类综艺节目应运而生,其中《偶像练习生》《创造 101》以打造特有的人设形式的品牌标签最为突出。这种个性化 IP 充分利用微博互动、话题热度和粉丝社群,以"偶像由你来定义"的思路,来调动用户成为消费者,最大程度上将 IP 的自由性开发了出来。

四、无 IP,不营销

当下的大环境中,构建 IP 标签、发掘 IP 价值、做 IP 营销已成为新媒体营销变现的必然趋势。其具体内容有以下三个方面。

(一)形成产业链,推动产品升值

在技术高度发达的今天,单一的媒介形式在营销竞争中往往显得单薄,而多种形式的媒介介入,多种形式的感官体验,多元化的营销方式成为当下最为热门的抓取用户方式,全媒体、多平台的互动营销变现应运而生。

在《创造 101》节目中,生产者打造了线上线下"投票打榜""公演门票售卖""同款饰品推荐"等一系列的产品,在粉红色"101"的背景下,凡是印上这个标识的产品都自带潮流气息,全方位植入和影响到喜欢它的用户心中。用户主动掏钱,为这个短短一百天的节目创造了4000万的直接经济收益。

(二)结合时代特色,创意取胜

如果说技术平台多元化是必要手段,那么创意一定是赢得受众的关键。不是所有的IP都能够像《创造101》这样规模宏大、影响力超凡,但是所有当下的热门IP都足够有新意。

IP营销的实质,就是品牌文化的进一步发掘和构建,要想吸引用户实现良好变现,就必须推陈出新。如"999感冒灵"尝试了一系列微电影,清新有创意的名字和温馨的剧情,让人重新认识了"999感冒灵"这个传统品牌。

(三)打造文化大IP衍生产品

以小说《白鹿原》为基础拍摄的同名电影、电视剧播出后,陕西省就出现了一座白鹿原影视城,其中不仅有传统关中民俗的呈现,还有"网红"室外观光电梯,吸引了众多游客光顾。这是近年来一个非常典型的文化大IP变现的手法。

自故宫文创火爆营销圈后,这种以传统和经典为支撑的文化大IP开始融入电视节目,像《中华诗词大会》《经典咏流传》《国家宝藏》等传统文化类节目,一经播出就引发社会大众空前的关注,与节目相应的大文化产品相继产生,营销变现数目可观。

五、案例分析

"黎贝卡的异想世界"是由原南方都市报首席记者方夷敏创办的一个超级IP。方夷敏在报社时,总喜欢带着大家购物,总能带大家买到好货,2014年10月25日,方夷敏创办自己的时尚公众号"黎贝卡的异想世界",从此方夷敏变身黎贝卡,创造出黎贝卡时尚品牌。

超级IP与品牌携手实现新媒体变现。"黎贝卡的异想世界"的成功,有以下五点值得我们学习借鉴。

(一)新媒体时代超级IP要货真价实

自媒体让每个人的专属价值都大放异彩,在社会化媒体高速发展的移动互联网时代,IP成为一个很重要的交易入口。"黎贝卡的异想世界"在时尚圈的公众号中独树一帜,关键是见解独特,内容优雅。新媒体时代超级IP要货真价实的具体表现如下。

1. 将心比心巧定位

黎贝卡说自己热爱购物,喜欢对比不同产品,把最值得买的东西分享给大家。所以她知道一个普通女孩在买牛仔裤或裙子时会想些什么。女孩天生都爱美,都需要有个信得过的、有眼光的过来人的指点。爱美是第一个定位选择,但还要有一定的经济实力,实现品质与品位的追求。黎贝卡将心比心巧定位,把有追求有品位的、有经济实力的、爱美喜欢打扮的女孩吸引到自己旗下,即其主要用户是白领、爱美女性。

2. 珍惜用户信任不透支

黎贝卡非常珍惜读者的信任,从不轻易透支,凡是公众号推荐的东西,都是自己亲自使用过、觉得认可的好品牌或者产品,这种真实的体验感和认真负责的态度,让用户虽然看不见但摸得着、感觉得到,有温度、有好感。

用户不傻,如果公众号推荐的产品不好、品质不优,她们绝不会用钱乱投票,绝不会一而再再而三地购买黎贝卡推荐的品牌产品。

3. 严格区分内容分享与广告推广

这也许是与方夷敏做记者的经历有关,她拎得清主观倾向性的个人情怀与利益导向的广告推广之间的区别。黎贝卡在公众号里每天只发两篇文章,一篇头条是纯内容分享,另外一篇在标题就标注了是"推广",将广告推介文字和原创文章主体严格区分开来,读者很容易分辨出哪一部分是品牌赞助的,哪一部分是原创的。

(二)粉丝购买力旺盛变现效果好

黎贝卡在不同社交媒体平台拥有超过 1000 万的粉丝,她将粉丝定位在那些有相当消费能力、收入比较高的都市女性,推荐有品质的中高端产品;同时还会兼顾那些追求档次、有审美需求的工薪女性,向她们推荐价格适中但品位好、性价比较高的产品,并且认真阅读粉丝留言,定期举办线下粉丝沙龙,与粉丝良性互动。因为粉丝喜欢公众号内容和她推荐的产品,购买力旺盛,平台变现效果好。

(三)吸引品牌携手共赢市场

近两三年来,随着社交媒体的迅速兴起,人们开始更加注重产品质量和个人表达,越来越多的品牌开始关注时尚博主或意见领袖。随着粉丝增多,信任度增强,美誉度广播,一些品牌留意到黎贝卡的与众不同,双方合作水到渠成,"黎贝卡的异想世界"营销市场向纵广处延伸。

2016 年七夕期间,黎贝卡与故宫文化珠宝的联名款 400 件产品在 20 分钟内售罄,总成交额突破 200 万;2016 年"双十一"期间,黎贝卡与美国设计师 Rebecca Minkoff 联名推出 Rebecca Minkoff×黎贝卡的异想世界限量版马鞍包 Miss Fantasy,这是 Rebecca Minkoff 第一次和中国博主合作;2017 年七夕期间,黎贝卡的异想世界在两周内发布了 15 篇广告文章,合作品牌包括 Gucci、Dior、Louis Vuitton 等。

(四)经营自己的时尚产品线

黎贝卡是内容类时尚博主中第一个推出个人品牌的博主。黎贝卡利用微信小程序上线自己的电商平台,收获颇丰,曾在短短两小时内,卖光了所推荐的九个系列产品,营业额高达 300 万元。2017 年 12 月 19 日,黎贝卡发布了一个基础系列,开始经营自有时尚产品线。

为什么决定创建自己的品牌呢?黎贝卡在 2018 年 1 月 12 日,WWD 时尚与美妆报告对她的专访中这样回答:"那就是我的很多白领女性粉平常都很忙,她们很少有时间去购物。不论我跟大家推荐了什么,我最常收到的问题是:我在哪里可以买到?"

(五)努力做到极致

黎贝卡的公众号火了,营销成绩傲人,这与方夷敏做人、做事追求极致关系深刻。也许从她身上可以得到这样的总结:你是什么样的人,就会做什么样的产品,你就会有什么样的营销收入。

原南方报业传媒集团副总编辑江艺平说她,"做时政记者,她努力做到极致。做娱乐记者,她同样做到极致。极致之后,还能极致乎？方夷敏证明了,一个人的潜能可以有多么强。她不惮于跨界,一而再,再而三,从报纸,到电视,逐一试高低。她是天生做记者的人。热爱在哪里,幸福就在哪里。"

原南方日报社社长、总编辑,南方报业传媒集团董事长,暨南大学新闻与传播学院院长、教授范以锦评价方夷敏属于优秀的报人向自媒体转型的成功者。

第三节 "内容＋电商"携手变现

个人、团体或是商业机构做新媒体比如微信公众号时,一般不直接求财,而是求原创内容被认同后产生口碑与影响力,求原创内容阅读后的流量带来变现能力,最终从内容顺利转向电商。

今天变现好的新媒体,走的就是内容＋电商之路。罗辑思维与"一条"就是内容与电商结合的变现典范。

一、罗辑思维

2012年12月21日,一个叫《罗辑思维》的长视频脱口秀节目开始在优酷视频播出,节目主讲人是罗振宇。罗辑思维由一款互联网自媒体视频产品,逐渐延伸成长为全新的互联网社群品牌。2013年8月,罗辑思维出了微信会员收费制度,短短6个小时5500名会员的名额被一抢而空,创收160万,成了一个坐拥千万粉丝的公众号大号。

在拥有了庞大的粉丝群体、有了流量变现的能力后,罗辑思维开始走上了商业化的快车道,抓住社群经济的关键点,将个人影响力变现,创造了一个跟用户有强连接关系的IP,解决了流量、信誉度、用户黏性等问题,成为消费者购买商品的直接入口,实现前号(罗辑思维)后店(罗辑思维微信商城),内容＋电商携手变现模式。

2016年5月,罗辑思维的母公司北京思维造物有限公司上线得到App,邀请很多知识名人入驻,开始卖书、卖专栏知识、卖语音等,实现从IP打造到流量变现的转变。

二、"一条"

2014年9月8日,"一条"的第一个视频上线,成为发布原创生活类短视频的内容制造商,并在微信开办了"一条""美食台"两个公众号。

(一)"一条"的成功源于优质内容

优质的内容是"一条"的核心优势,"一条"的成功源于优质内容,其成功之处有以下五个方面。

(1)明确媒体、电商定位是生活媒体＋生活集合店。

(2)明确内容定位是生活类视频,包括美食、酒店、汽车、小店美物、潮流、建筑、摄影、艺术等。

(3)明确读者与用户定位。"一条"所针对的读者主要为18至38岁,他们是具有良好教育、注重生活品质的中产阶级,以及喜欢看视频、对日常生活美学良品有极大渴求的人。目前"一条"与400个微信号合作,触达2亿用户。

(4)明确PGC专业风格定位。"一条"不做幽默的段子,也不做接地气的UGC,而是严格坚持PGC专业生产内容,统一风格。"一条"的标准是格调+流量。"一条"严格保证视频的统一调性,即视频都是杂志化的形成,其镜头缓慢、趋于静态,强调布景与摆设,视频画面干净、安静,定格的每一帧都像杂志大片,展现器物细节之美、镜头大气。

(5)每条视频都精耕细作。每条视频平均3分钟左右,生产周期平均是3周,最长的一个纪录是半年,其视频所采集的素材量之多,令人刮目相看。它的每个镜头平均600个素材,最高纪录达到1400个素材;3分钟视频有800字旁白,其原稿量每篇平均15000字,最高纪录是一篇30000字。"一条"真正做到了精益求精,所出必精品。

(二)从优质内容到优质电商

"一条"就是这样靠原创内容赢得口碑与变现的。正是在这种不慌不忙、精益求精的制作理念指导下,"一条"的内容成为优质的第一生产力,带动营销变现良好发展。

2016年5月9日晚8点,"一条"发布了关于美国热销悬疑书《S.》的图文推送,这本定价为168元的小众图书,在接下来的2天内,卖出25000本,产生收入420多万元。此外,"一条"还曾在一周内卖出60台,总计180多万元的独立音响;1万多个总计720多万元的猫王收音机。

据不完全统计,截止到2018年秋,"一条"已发布了近2000条原创视频,用户人数到达3500万,完成5轮共约5亿元融资,估值20亿,成为一个不烧钱还赚钱的互联网公司。

(三)"一条"变现的启示

1. 坚持内容至上,讲述独特故事

"一条"副总裁范致行曾撰文《一条视频:"媒体+电商"之路的危险与美丽》,他谈到"一条"的优势时这样说:"我们选择了生活视频来作为切入口。与算法匹配为核心效率的新型媒体不同,尽管使用的是诸如微信、微博、今日头条这样的平台,但我们坚持手工职人式的讲故事。这一选择与优势才能相关。但更主要的,是相信人对故事从根本上的塑造,才是一切传播的本质——我们在一个个故事的讲述中获取自身之意义,明了将来之方向。而算法,依然是装鱼的筌,渡水的舟。"[①]

2. 最会讲故事带来传播效应

2015年"一条"爆款视频《全中国最孤独的图书馆》推出3天后,该图书馆成为"全中国最不孤独的图书馆",人流量激增,可见其传播影响力。

3. 特立独行但要找对切入口

"一条"选择了生活视频来作为切入口,特立独行。"一条"生产出优质的生活视频内容,用专业手法拍好、拍美生活视频,让用户对视频内容产生黏性,看了视频就想购买里面呈现的商品,这为"一条"营销变现带来极大推动力。

---

① 腾讯传媒研究院.众媒时代:文字、图像与声音的新世界秩序[M].北京:中信出版社,2016:325。

正是通过具有良好传播属性的独特内容,"一条"让3500万用户与几千个优良品牌互相找到了对方。

4. 统一调性,严格要求自己

"一条"自创办以来,持续报道有品质的中产生活,专业大气,调性一致,严格标准。"一条"曾经因为广告的气质与本身的格调不符,就废掉了3个价值1700万元的广告单。正是这样的专业坚守,让"一条"在用户心中保有非常高的忠诚度和美誉度,获得信用背书。

5. 移动互联网电商变现是趋势

2017年"一条"广告收入近1个亿。"一条"创始人徐沪生在一次分享中表示,"不想把'一条'做成广告公司",并果断转向成为优质生活内容电商公司。

移动电商变现这是大势所趋。移动电商的主要用户是"90后",这些人是互联网原住民,拥有完全不同的逻辑和习惯;当然,也包括对互联网热爱的各个年龄层用户。他们对新技术有天然的敏感性,并对于新的商业实践有天然的拥抱能力和理解能力。基于这种全新的思维,做移动电商的核心就是要快速切换、快速到达、快速响应、快速解决用户的需求和愿望,现在及未来数据技术的驱动一定要产生更快的场景解决方案。

用户喜欢"一条"制作的视频内容,也喜欢上"一条"视频内容里的杯子、画像、生活用品,想拥有视频里调性一致的优质生活用品,线上线下需求都在提升。

2016年5月,"一条"电商上线,月收入即超1000万元。同年8月,"一条"旗下生活美学电商"一条"App正式上线,如今每月商品销售收入已破1亿元,并应用户所需在北京、上海等大城市开设实体店,成为中国发展最迅猛的中产阶级生活美学精选电商平台。

第四节 事件传播带来变现

新媒体可以策划利用某个事件,靠这个事件传播自己的品牌及策划活动,引起广泛关注与分享转发。好的事件传播,可以带来强流量和变现机会。新世相就是以事件传播为契机,取得良好营销利润的典型案例。

一、新世相的逃离北上广事件

2016年7月8日早上,很多人被一个叫"4小时后,逃离北上广"的话题刷屏了。这是新世相联合一直播和航班管家在微信上发起的一个活动:"现在是早上8点,从现在开始倒计时,只要你在4小时内赶到北京、上海、广州3个城市的机场,我准备了30张往返机票,马上起飞,去一个未知但美好的目的地。"

活动发出后,新世相北上广的三个直播间实时滚动播出机场的现场实况。仅仅早上两个小时,新世相北上广三个直播间获得了累计87.4万人次围观;而新世相微信在3个小时内阅读量超过100万,涨粉10万;微博话题"♯4小时后逃离北上广♯"的阅读量迅速突破700万。

这个事件成为当年最具刷屏能力的新媒体营销传播活动,社会大众对这个话题津津乐道,使之呈病毒式传播。

二、新世相逃离北上广事件的启示

让我们分析下新世相此次活动的成功点,主要包含以下八方面。

(一)策划巧妙抓人心

这是新世相精心策划出的一场事件。策划的题目"4小时后,逃离北上广"非常抓人,精明扼要,切中读者心怀。用户一读题目就感觉本次活动很酷,激励很多人去参加、转载。这次策划,巧妙迎合了广大用户情感与情绪中,都有一种一直以来都想做,却又不敢做某些事情的心里认同感。

(二)活动文案具体明确

这次逃离北上广活动文案十分具体明确。其中,活动的目标群体定位为在现实生活中心中有梦想的文艺青年;活动目标也很简明直白,主要是拉新,扩大新世相和航班管家的知名度。

(三)活动的推广文章和海报有特色

这次活动的推广文章和海报,不仅将内容介绍得清楚明白,而且很有特色,富有画面感与冲击力。文章与海报的设计都是红黑字体,红色给人的感觉是热情、奔放、激情,红色字体入标题,更加突出重点,有一种想要逃离大城市的急迫感;文章中类似的数字和能激发人勇气的词语,都黑色粗体,加深了用户的第一印象。

(四)时机选择到位

在周五早高峰做这个活动容易成功,如果是周一、周二等正常工作日,很多想逃离北上广的用户,也舍不得工作的羁绊,想走也走不了。周五连着周六、周日,让用户感觉到逃离北上广有充分的时间,工作压力不会太大,又可体验一次旷工旅行的乐趣,尝试一次对日常规范生活的挑战。

(五)传播渠道很重要

新世相与一直播联手,靠各自粉丝汇集到这次活动。新世相是百万文艺爱好者聚集地,一直播背靠微博巨大的流量池。1+1形成了远远大于2的传播合力。

(六)让用户有主动权与选择权

在这次事件中,最有吸引力的是让用户主动选择机票,去他想去的地方,完成提前设计好的线路探索任务。

比如,北京到漠河线路的探索任务是等中国的第一缕阳光;北京到宁波线路的探索任务是到亚洲最古老的图书馆天一阁看看,搞清楚起码两本书的名字;上海到泉州的探索任务是寻访惠安女,并学会一个惠安女的技能;广州到北海的探索任务是至少在老街上找到一栋100年以上的骑楼,等等。

这些线路探索任务非常有趣、有挑战、有魅力,增强了用户的自主性,让活动更好玩。如此有细节、有乐趣、有悬念的任务,迅速构成二次传播、N次传播的层层迭爆效应。

(七)活动场所选择恰当

这次活动选择了北上广三个城市为出发地,十分恰当,非常方便。因为这三个特大城市的航班十分丰富,而且在这三个大城市里生活的人们压力大,想要逃离的用户会相对多一些,三个大城市的影响力远比其他城市大很多。

(八)活动有期限规定

本次活动有限制规定,4个小时来到北上广的机场,超过4小时就不能参与此次活动,这增加了用户参与活动的急迫性。在这4个小时期限之内,来一次说走就走的旅行,很浪漫。

三、"逃离北上广"事件的第二季活动

2017年4月21日,新世相启动"逃离北上广"第二季活动,由新世相携手必去机票共同发起。这次提供了100张免费的往返机票,送给前100名到达北上广三地机场的用户,共计有70余万人次参与,送出15万份滴滴专车大礼包。

在第二季活动中,滴滴、摩拜、QQ音乐、一直播等众品牌分别在各自App、小程序中接入"逃离北上广"活动。第二季活动在规模和量级上,都有了很大的突破,尤其是在逃离的方式上,将机票数量由原来的30张增加到了100张,目的地增加到了51个。

为了保障活动的顺利进行,必去机票还提供了北上广三地的集合区和机场贵宾厅等直播区场地。不仅如此,必去机票还解决了所有用户的出发目的地设计、短时间内大量临近航班出票两大难题。新世相同时邀请了知名艺人,作为任务设计师加入,陈可辛、陈妍希、马伊琍等多位艺人在微博上为参与者设置逃离任务,其微博阅读数量超过100万。

新世相第一季推出"逃离北上广"活动时,重在事件传播,提高知名度,吸引流量,取得良好效应;第二季仍是事件传播手段带来变现,但是手法多样,开始打造IP,将品牌与新世相的用户、读者和伙伴集中在社群里,缝合起来,拍摄网剧,吸引名人,加入粉丝营销,影响力增值,营销变现向更广阔处拓展。

四、总结

事件传播其实是一种很好的营销手段,要想达到事件营销的最大化,需要做好用户定位分析,把握用户特征与喜好。

比如前面提到的新世相,经过调研把自己的用户定位为在一线城市打拼的、具有文艺情怀的年轻白领阶层,"80后""90后"是这个群体的主力军,他们的内心怀揣文艺情结,向往诗与远方,在小小的反叛精神与巨大的现实压力的夹缝中生存。

在此基础上,策划推出直击用户痛点的优质内容和互动性强的活动,塑造价值共同体,从而构建起品牌好感与良好形象,吸引更多用户跟进,形成社群,这种良性循环自然带来营销变现。

据了解,新世相的文章内容大多涉及职场、社交、恋爱、成长、旅行等,针对年轻的精英阶层

所处的困境,切准用户的内心情感,在文艺范上下功夫,有心灵鸡汤气质,斩获一大批忠实粉丝。新世相一方面生产优质内容服务用户,另一方面,极其注重与用户的互动体验,经常与用户讨论话题、征集故事、倾听烦恼、组织有趣有品质的活动,这让用户感受到自己被尊重、被重视、被关爱,增强了自己与新世相的认同感与归属感,形成价值共同体,最终新世相成为一个知名度很高的品牌,有自己的公信力、传播力与营销变现力。

本章思考题

1. 新媒体变现的途径有哪几种?找出一两个你感兴趣的,举例说明。
2. 腾讯与今日头条在平台补贴方面各有怎样的计划与行动?
3. "一切商业皆内容,一切内容皆IP",你对这种观点如何认识?举例说明。
4. 举例说明"超级IP+品牌"这种营销方式的特点。
5. 你如何看待新世相策划的"4小时后,逃离北上广"事件?
6. 找到一个内容与电商结合的变现案例,试分析其特点。

第十章

新媒体监管与危机公关

第一节 新媒体的网络监管

一、新媒体营销出现乱象

新媒体网络传播的双向性,使每个人既是传播者又是受传者,传播过程从而变得更加平等。新媒介技术保障了每个人自主发表言论的权利和机会,形成了"观点的自由市场",这本无可厚非,但是,如果每个人任意妄论是非,成了网络暴力者就很可悲、很可怕了。

前些年有一则新闻,男演员乔某某在上海意外身亡。消息公布后,网上出现了各种不同的说法,愈演愈烈。人们抱着看戏的态度,对此后续事件进行评论,波及许多无辜艺人,其中更有人被网友指责没有发微博致哀。

网络暴力杀人于无形,尤为可惧!每个人的评论、分享转发都有可能推波助澜,这亦是令人深思,不寒而栗。

新媒体营销活动在正常进行新闻、资讯、广告品牌和产品传播行为的同时,想方设法搞营销变现,想获取利益,无可厚非。但是,在新媒体营销活动中牟利欺诈;在新媒体传播过程中混淆视听;在新媒体广告、软文中弄虚作假;为牟取利益,不少微信公众号或微博账号等新媒体公司或个人,凭空捏造事实,炮制图片、视频等,目的是敲诈勒索和故意抹黑竞争对手;为追求关注与噱头,很多网络自媒体公开造假、造谣;新媒体侵权、泄露个人隐私,传播涉及暴力、色情、赌博的内容,严重伤害未成年人身心健康,等等,这种种乱象令人焦虑、令人担忧。

2018年10月23日,新华社记者王阳、鲍晓菁在山东专门采访报道了自媒体造谣事件,发表新闻报道《"以谣生利",自媒体"谣言加工厂"公司化操作》,指出食品安全领域已成为自媒体传谣"重灾区"。

《2017年食品造谣治理报告》显示,微信是食品谣言传播主平台,占比高达72%;其次是微博,占21%。记者调查发现,利用自媒体造谣已呈现公司化运作趋势,形成"以谣生利"的产业模式。①

一位自媒体公众号运营者告诉记者,部分自媒体与广告商形成了一条利益链,阅读量和粉丝数高,就会有广告商找上门。粉丝达到 5000,就可以成为流量主接广告,每个粉丝每条可以收 0.2 元到 0.5 元不等。如果有 1 万粉丝,每条推广就可以收取 2000 元到 5000 元。

二、国家对新媒体网络监管力度加大

互联网作为重要的信息传播平台和媒介,自发展之初,如何规范化、合理化地保障相关信息发布、内容呈现,就成为网络监管的重要议题。令人欣慰的是,我国对新媒体网络监管的力度正在日益加大。

2018 年 7 月 16 日,国家版权局、国家互联网信息办公室、工信部、公安部联合召开新闻通气会,宣布启动打击网络侵权盗版"剑网 2018"专项行动,利用 4 个多月的时间开展网络转载、短视频及网络直播等多个重点领域的专项整治行动。

这次专项活动针对网络媒体,特别是微博、微信公众号、头条号等自媒体网络转载侵权现象,重点打击了未经许可转载新闻作品的侵权行为和未经许可摘编整合、歪曲篡改新闻作品的侵权行为,严厉整治了自媒体通过洗稿方式抄袭剽窃、篡改删减原创作品的侵权行为,详细规范了搜索引擎、浏览器、应用商店、微博、微信等涉及的网络转载行为。

据中国网信网报道,国家网信办开始启动网络治理专项行动,严格按照谁主管谁负责、谁主办谁负责原则,自 2019 年 1 月开始实施,持续治理各类网站、移动客户端、论坛贴吧、即时通信工具、直播平台等重点环节中的淫秽色情、低俗庸俗、暴力血腥、恐怖惊悚、赌博欺诈、网络谣言、封建迷信、谩骂恶搞、威胁恐吓、标题党、仇恨煽动、传播不良生活方式和不良流行文化等十二类负面、有害的信息环境,严厉查处关闭一批违法违规网站和账号。

各地网信部门切实履行属地管理责任,各网站平台狠抓落实企业主体责任,全力推动网络生态专项治理工作取得实效。

三、网络监管有法可依、有规可循

互联网作为电信行业的一部分,按照《电信条例》的规定,其主管部门是信息产业部,在各省、自治区、直辖市都设有相应的电信管理机构,互联网站在从事专项信息服务的时候,还应该同时接受国务院新闻办公室,或省、自治区、直辖市的新闻办公室的监督管理。同时,公安、国家安全等部门对于互联网站也负有依法监督的职责。

新媒体营销各方都要遵守网络监管,用现行法律原则和规章制度来规范自己的网络信息传播活动。

下面列举一些重要的法律法规,供大家学习参考。

(一)《互联网信息服务管理办法》

2000 年 9 月 25 日公布施行的《互联网信息服务管理办法》中规定,从事新闻、出版以及电

---

① 王阳,鲍晓菁."以谣生利",自媒体"谣言加工厂"公司化操作[N].新华每日电讯,2018-10-23(5).

子公告等服务项目的互联网信息服务提供者,应当记录提供的信息内容及其发布时间、互联网地址或者域名;互联网接入服务提供者应当记录上网用户的上网时间、用户账号、互联网地址或者域名、主叫电话号码等信息。

其中第十五条明确规定,互联网信息服务提供者不得制作、复制、发布、传播含有下列内容的信息:

(1)反对宪法所确定的基本原则的;
(2)危害国家安全,泄露国家秘密,颠覆国家政权,破坏国家统一的;
(3)损害国家荣誉和利益的;
(4)煽动民族仇恨、民族歧视,破坏民族团结的;
(5)破坏国家宗教政策,宣扬邪教和封建迷信的;
(6)散布谣言,扰乱社会秩序,破坏社会稳定的;
(7)散布淫秽、色情、赌博、暴力、凶杀、恐怖或者教唆犯罪的;
(8)侮辱或者诽谤他人,侵害他人合法权益的;
(9)含有法律、行政法规禁止的其他内容的。

据龙川县人民法院消息,2018年9月19日,龙川县人民法院依法判处"欣哥话事""欣哥说事"等自媒体微信公众号管理员李某宏有期徒刑14年,剥夺政治权利2年,并处罚金人民币66000元。经查,从2016年11月起,被告人李某宏先后注册开通"欣哥话事""欣哥说事""欣海怡言""欣哥叙事"等微信公众号,发布虚假信息,发文辱骂他人,建立"欣哥粉丝特别群""龙川新1群""非常7+1"等微信群,鼓动群成员向其打赏,获得人民币32334.97元。

(二)《互联网新闻信息服务管理条例》和《互联网新闻信息服务管理规定》

2005年,国务院新闻办公室、信息产业部联合发布了《互联网新闻信息服务管理条例》,这是中国规范互联网信息服务的一个重要规章。

由于个别组织和个人在通过新媒体方式提供新闻信息服务时,存在肆意篡改、嫁接、虚构新闻信息等情况。针对这些新问题,2017年5月2日,国家互联网信息办公室对规定予以修订,发布新的《互联网新闻信息服务管理规定》,并于2017年6月1日开始施行。

(三)《即时通信工具公众信息服务发展管理暂行规定》

2014年8月7日,网信办发布《即时通信工具公众信息服务发展管理暂行规定》,内容简要如下:

(1)服务提供者从事公众信息服务需取得资质;
(2)强调保护隐私;
(3)实名注册,遵守七条底线;
(4)公众号需审核备案;
(5)时政新闻发布设限;
(6)明确违规如何处罚。

(四)《互联网广告管理暂行办法》

由国家工商行政管理总局局务会议审议通过公布的《互联网广告管理暂行办法》,于2016

年9月1日起施行。

本办法所称互联网广告,是指通过网站、网页、互联网应用程序等互联网媒介,以文字、图片、音频、视频或者其他形式,直接或者间接地推销商品或者服务的商业广告。具体包括:

(1)推销商品或者服务的含有链接的文字、图片或者视频等形式的广告;

(2)推销商品或者服务的电子邮件广告;

(3)推销商品或者服务的付费搜索广告;

(4)推销商品或者服务的商业性展示中的广告;

(5)其他通过互联网媒介推销商品或者服务的商业广告。

《互联网广告管理暂行办法》第十条规定指出,互联网广告主应当对广告内容的真实性负责。广告主发布互联网广告需具备的主体身份、行政许可、引证内容等证明文件,应当真实、合法、有效。

在第十六条,规定了互联网广告活动中不得有下列行为:

(1)提供或者利用应用程序、硬件等对他人正当经营的广告采取拦截、过滤、覆盖、快进等限制措施;

(2)利用网络通路、网络设备、应用程序等破坏正常广告数据传输,篡改或者遮挡他人正当经营的广告,擅自加载广告;

(3)利用虚假的统计数据、传播效果或者互联网媒介价值,诱导错误报价,谋取不正当利益或者损害他人利益。

(五)《中华人民共和国网络安全法》

2016年11月7日,全国人民代表大会常务委员发布《中华人民共和国网络安全法》,自2017年6月1日起施行。其中第四章网络信息安全的第四十条规定,网络运营者应当对其收集的用户信息严格保密,并建立健全用户信息保护制度。

(六)《国务院办公厅关于推进政务新媒体健康有序发展的意见》

2018年12月7日,国务院办公厅发文对一些政务新媒体存在功能定位不清晰、信息发布不严谨、建设运营不规范、监督管理不到位等突出问题,和"僵尸""睡眠""雷人雷语""不互动无服务"等现象提出具体意见,明确规定政务新媒体不得擅自发表个人观点和情绪言论。

本意见所称政务新媒体,是指各级行政机关、承担行政职能的事业单位及其内设机构,在微博、微信等第三方平台上开设的政务账号或应用,以及自行开发建设的移动客户端等。

政务新媒体主办单位按照"谁开设、谁主办"的原则确定,履行政务新媒体的规划建设、组织保障、健康发展、安全管理等职责。可通过购买服务等方式委托相关机构具体承担政务新媒体日常运维工作。意见要求各地政务新媒体严格内容发布审核制度,坚持分级分类审核、先审后发,明确审核主体、审核流程,严把政治关、法律关、政策关、保密关、文字关。

规范转载发布工作,原则上只转载党委和政府网站以及有关主管部门确定的稿源单位发布的信息,不得擅自发布代表个人观点、意见及情绪的言论,不得刊登商业广告或链接商业广告页面。

建立值班值守制度,加强日常监测,确保信息更新及时、内容准确权威,发现违法有害信息要第一时间处理,发现重大舆情要按程序转送相关部门办理。

政务新媒体如从事互联网新闻信息服务或传播网络视听节目,须按照有关规定具备相应资质。

(七)《金融信息服务管理规定》

2018年12月26日,国家互联网信息办公室公布的《金融信息服务管理规定》指出,金融信息服务提供者不得制作、复制、发布、传播含有下列内容的信息:

(1)散布虚假金融信息,危害国家金融安全以及社会稳定的;
(2)歪曲国家财政货币政策、金融管理政策,扰乱经济秩序、损害国家利益的;
(3)教唆他人商业欺诈或经济犯罪,造成社会影响的;
(4)虚构证券、基金、期货、外汇等金融市场事件或新闻的;
(5)宣传有关主管部门禁止的金融产品与服务的;
(6)法律、法规和规章禁止的其他内容。

四、腾讯官方发布《微信公众平台运营规范》

为了让公众号用户和运营者更加清晰地了解微信公众平台运营规则,共同创建绿色健康、和谐共赢的平台生态体系,2014年4月腾讯官方发布《微信公众平台运营规范》,详细规定了腾讯微信公众平台运营各方的资质、内容,按此规范封闭查处了大量违规的个人大号、公众号,监管力度不断加大,目前的公众号市场已经逐渐变得规范。

了解以上这些内容对新媒体营销方非常重要,这是法律和行业红线,一定要跟得上形势,否则就会违规受到处罚,可信度、美誉度就会大打折扣。

自由和秩序是辩证的关系,任何个人的自由必须在法律的范围内行使,不能突破法律与道德的底线,妨碍他人自由。

世界上任何一个国家都不允许谣言、暴力、欺诈、色情、恐怖、虚假信息传播,任何一个国家都会有相应的法律法规来约束违法行为。

新媒体营销一定要遵纪守法,不触底线!

第二节 新媒体危机公关

一、后真相带来更多危机事件

后真相的初始含义是指"当真相被披露后"。

1992年,美国《国家》杂志在一篇有关海湾战争的文章中使用后真相这个词语,表达出这样的意思:在事实之外,情绪占了主流,情绪的影响力大大增加,事实真相如何已不太重要。

在新媒体时代这个大背景下,流言蜚语、杂闻趣解掩盖真相,从政治权力到民众生活,各种逆袭事件让人对事实的真相不再执着,人们习惯了各种反转的事实,内幕真相如何,真相到底在哪里,几乎没有太多人关注了。后真相时代的人们更倾向于主观、率性地表达自己的情感、情绪、意见与评论。媒体从业人员对事实真相的挖掘与报道也似乎越来越少了,即从事新闻调查的记者越来越少了。

根据牛津词典,后真相这个词在2016年使用频度增长2000%。现在,后真相流行颇广,从专业、学术渗透到普通大众、日常生活。加上移动互联网下,碎片化阅读成了热门,海量信息中,热点事件层出不穷,人们搜索浏览着各种各样新闻或资讯,渐渐不再揪着一个个事件的真相不放。

从近年来新媒体危机公关的各种案例中,我们可以看到各种热点新闻事件从爆发到反转,中间谣言四起,小道消息乱飞,人们第一时间段内期待事实水落石出,但真相总是迟迟不肯露面,也许正是因为没有第一落点的真相公布,人们的情绪、评论开始做主,时常有失控局面发生,时常会有各种危机公关事件出现。

二、危机公关

公关这个概念首次出现在20世纪初的美国。尽管行业和市场经历了无数变化,其三个核心要素:组织、传达和大众一直存在。公关最主要的要素是传达。

20世纪初,公关主要围绕报纸、广播、电视等大众传统媒体展开,大众传媒时代的危机公关发生之后,一般有较充分的时间找比较合适的公关公司或中间人走关系、走流程。

新媒体时代公关,相对集中在移动互联网的微信、微博、客户端等新媒体上,互动是新媒体时代公关的核心。当出现危机公关事件时,很难再像大众传媒时代那样,靠四平八稳走关系、走流程来迅速摆平危机,因为危机的引爆点大部分来自个人情绪与相关群体的共鸣,新媒体互动传播的即时性又加快了危机扩散速度。

2019年奔驰发动机漏油事件发生后,涉事的4S店根本没有理清此事即售后服务对奔驰品牌的影响,其含糊、不负责任的服务态度,让以女研究生为代表的消费者的情绪被共振起来,经过新媒体互动传播,事态发酵迅速。4S店与奔驰品牌漠视危机,没有及时应对,处于被动状态,危机重重。因此,要用新媒体思维来处理各类危机事件中的公关应对问题。

危机事件公关应对的步骤包含以下三方面。

(1)理清危机来源,第一时间段内发声担责。

(2)提出解决方案,贵在行动。

(3)重视危机提醒,防患未然。

2017年海底捞被曝光食品安全问题,3小时后,海底捞立即在自己的官方平台发表致歉信,之后,迅速公布37条处理通报,包括聘请第三方公司对各个卫生死角进行排查,等等,成功地降低了负面影响。

三、滴滴顺风车事件及启示

(一)滴滴顺风车事件

2018年5月和8月,滴滴顺风车连续爆出两起顺风车车主恶性杀人事件。尤其是备受关注的8月24日温州顺风车命案之乐清女孩被害事件,在该事件中,滴滴公司面对此次危机事件,不与警方配合,不公开司机信息,删除相关历史记录,客服应对报警反应拖沓,消极不作为,公司上下在事发后三四天内不道歉、不发声,引起民情激愤,造成非常被动,甚至可以说非常狼狈的危机公关现象。

8月28日,危机事件四天后,滴滴出行平台官微放出消息,滴滴出行创始人程维、总裁柳青发布道歉声明,滴滴顺风车业务模式将重新评估,在安全保护措施没有获得用户认可之前,无限期下线。

此后滴滴进行全平台安全整改,加强平台司机安全审核和培训、深夜期间提高司机接单门槛、增加客服人员和推出行程录音功能等。但是毕竟致命创伤已形成,滴滴在这起危机事件中的公关应对大失水准,真是令人大跌眼镜。

(二)滴滴顺风车事件的启示

第一,绝不拒绝政府监管、警方介入调查。

任何企业单位和个人,发生危机公关事件的时候,如果拒绝政府监管、警方介入调查,等于自绝于国家、社会与民众,这是极端行为,坚决要不得!

第二,当事人或是最高层一定要尽快在第一时间内诚恳表态。

在危机公关事件中,当事人或是最高领导层闭语是最大失策。当事人或最高层一定要尽快在第一时间内,诚恳表态,执行层要切实落实。

本教材认为新媒体时代背景下,出现任何舆情、危机,正确的应对态度首先是真诚正视,诚恳回应,不该一味回避、掩盖。此时,危机事件中的当事人、相关领导以及运营、公关、宣传等部门应协调联动,一致发声,坦承错误,及时整改。

第三,尊重生命,保证公众安全是底线。

做企业除了懂得资源整合、企业管理、运营、销售产品之外,了解人文关怀、文化底蕴也是很重要的。新媒体营销不可碰触生命安全这条底线,否则会是一败涂地、一塌糊涂。

第四,追求经济效益一定要适度,唯利是图易出事。

第五,舆情持续发酵危机四伏时,谨言慎行很重要。

危机公关事件中的个人、群体、媒体人,都应先核实事实之后再发言发声。同时,每个人在各个社群、朋友圈发言一定要谨慎小心,否则会发生连锁反应,陷入被动局面。

从滴滴顺风车危机事件的应对中,我们应该吸取教训,他山之石,可以攻玉,他人之错,避免于我。

四、危机公关正面案例

(一)快看漫画

快看漫画是快看世界科技有限公司2014年发行的一款移动漫画App,旗下业务包括漫画作者签约、内容自制、付费阅读、游戏、电商、社区、IP开发授权、广告等。

快看漫画创始人陈安妮是名"90后"网红漫画家,创立快看漫画App之前,已有微博账号"伟大的安妮",拥有大量的粉丝。

2014年12月13日,陈安妮在微博上发布《对不起,我只过1%的生活》,以漫画形式讲述自己实现梦想的经历,同时推出了快看漫画 App。因为贴近当下年轻人的成长经历,这则漫画引起了年轻一代群体性情感共鸣,在微博平台快速传播,并且很快传播到微信朋友圈,精准到达目标用户,App 下载量急速上升,仅仅三天就斩获了 100 万用户。与此同时,陈安妮拿到第一笔融资,公司得以正常运转。

快看漫画自创始以来,坚持用优质的内容留住用户,打造了《怦然心动》《零分偶像》《快把我哥带走》等诸多优质漫画,并且不断提升平台技术水平,采用"条浸"方式发布漫画,改善用户体验,收获了一批忠实用户。

(二)快看漫画危机事件及公关措施

《对不起,我只过 1% 的生活》引爆后,越来越多人关注快看漫画 App,危机悄然而至。

快看漫画 App 成立初期,因库存内容不足,发布了一些未经授权的作品。在用户关注量增加后,很多网友发现了这个问题,指责快看漫画 App 侵权。创始人陈安妮被指责消费了大家的情怀,虽然官方快速采取行动下架侵权作品,舆论危机已经形成。

如何应对这场危机公关?

快看漫画 App 选择传统公关与新媒体团队特色公关相结合的方式来缓和危机。

一方面,团队利用传统公关方式快速反应,在微博上检索相关话题,对网民的疑问进行诚恳、及时的解答。在 2014 年 12 月 15 日,进行官方回应与致歉,16 日又对新一轮指责进行更新回应,明确否定快看漫画 App 属创意抄袭。

另一方面,团队正视错误所在,从哪里跌倒从哪里爬起,两周之后的 12 月 21 日,团队对抄袭事件进行终极回应,采取与爆款相同发布形式发布"谢谢你,这次让你来实现 1% 的梦想——30 万正版计划正式启动"消息,诚心诚意道歉,同时积极支持正版,获得了用户的谅解,留住了快看漫画 App 用户。

五、新媒体危机事件公关措施

(一)所有人都要有公关意识

在新媒体时代,任何单位、个人都要有公关应对意识,提前对危机事件会在哪些方面出现进行预案,并且准备出真实可靠的应急方案,有备无患。

(二)要随时监测舆情

无论做新闻、做资讯、做广告,还是做营销、做策划,都要有舆情监测理念和随时监测舆情的行动,随时掌握全局情况,做到心中有数。

(三)对已经发生的危机事件要认真进行核实

对已经发生的危机事件,要认真进行核实,有一说一,不能颠倒黑白,不能混淆视听,否则后果不堪设想。移动互联网发达的今天,一条条劲爆的新闻却一会一个反转。个别媒体和大 V 在抢热点、抓眼球的同时,一定要提醒自己先等一等,多些求证、核实;网民、用户在以打抱不平名义、义愤填膺进行评说、转发、分享的同时,也要时刻提醒自己先静一静,多些耐心与思考,多想想后果三思而行。

后真相时代,情绪与评说常常是第一位的,主观倾向性非常强势。新媒体时代客观性原则与主观倾向性如何平衡?这个问题值得我们每个人认真思索、认真对待。因为,选择角度不同,呈现的信息就不同,传播效果也会不同,要时刻学会换位思考,从对方角度思考问题,与人为善。

(四)合理、合法公布信息,不侵权、不泄密

新媒体时代,任何人在制作上传视频、文字、声音、图画等信息时,要保证其来源一定是合理合法,不涉及隐私或泄密,否则会涉及民事侵权或承担刑事责任。在消息源众多,无从考究真假事实时,千万别主观造假上传、发布、分享、转发,坚决杜绝从自己这里传播未经核实的小道消息。

(五)第一时间公布真相或表态

无论企业还是个人,应对危机事件,在第一时间公布真相或表态(比如真诚道歉)是上策。如果隐瞒真相、欺骗公众,被揭露出来的时候会更被动,会更易引起民愤,会产生更多舆情。

这个世界上,从来都只有三种真相:真相,别人口中的真相,自己愿意相信的真相。出现危机事件后,要用真诚的态度坦然陈述事件,表明整改措施,公布真相,说明整改的情况。

(六)危机公关应对重在及时

危机公关应对重在及时反应,在第一落点行动,如果是自己错了,马上认错;第二是诚恳行动,推出有效措施去改善;第三是转换关注点后的推进工作,重塑自己的公信力。

(七)在危机当下挺住

新媒体时代三天就换关注点。美国波普艺术家安迪·沃霍尔曾对未来做出了两个相互关联的论述:"每个人都可能在15分钟内出名"和"每个人都可能只出名15分钟"。这两句话用在新媒体时代能提示出一种瞬间成名、瞬间销匿的现象,用一个现在流行语形容就是:迭代。

总有新的事件涌出,危机总会过去。但正在危机进行时的当下,如何挺住?日后的路如何修正?这就需要拿出真东西。

(八)远离权、钱、名、黄、赌、毒这些公众关注热点、新闻焦点

权、钱、名、黄、赌、毒永远是公众关注热点、新闻焦点,也是最容易出现危险的话题。企业、个人若明白这些,自动远离权、钱、名、黄、赌、毒这些公众关注热点、新闻焦点问题,危机自然会减少。

(九)不能忘记底线与良心

当我们作为管理者、领导者、执行者时,在我们策划、营销一个产品前,一定要考虑到观者的耐心、时间与心理承受,广告营销尤其如此。不能见利忘"义"、见利忘"责"、见利忘"底线"、见利忘"良心"等。

(十)谁也离不开网络监管

政府部门、企业、媒体、各种组织团体、大V(意见领袖)、普通公民,谁也离不开网络监管,一定要遵纪守法,按规矩出牌。

言论自由与网络监管是辩证统一的,在接受网络监管的前提下,发表言论,不主动碰触敏感词与底线(道德底线、良心底线、职责或专业底线、生命底线等),就不会出现危机。

(十一)领导者的定位格局要大

资本运营、扩张发展、投资、入股、上市,最后总会定格在领导者的人格、人品、能力与格局上。

你是什么样的人,就有可能是什么样的媒体人(或其他职业者);你是什么样的人,就有可能是什么样的经营销售者;你是什么样的人,就有可能是什么样的领导者与应对处理问题者;你是什么样的人,就有可能有什么样的企业(或事业)与命运。

行有不得,反求诸己。增强自己的个人修养与品德素质教育,到任何时代都不会过时。

我们在学习掌握新媒体营销与策划专业技能的同时,时刻不忘记自身修养,拓展生命格局,宽容大度,与人为善,在追求利益最大化的同时,也顾及他人利益,谋求共赢共利,总是不会错的。

本章思考题

1. 目前新媒体运营出现了哪些乱象?试举例说明。
2. 结合案例分析目前网络监管的重要性。
3. 谈谈你对后真相的认识。
4. 腾讯官方发布的《微信公众平台运营规范》,你认为有必要吗?
5. 滴滴顺风车事件对新媒体危机公关应对有哪些启示?
6. 新媒体危机事件公关应对的具体措施有哪些?

参考文献

[1]麦克卢汉.理解媒介:论人的延伸[M].何道宽,译.南京:译林出版社,2019.
[2]麦克卢汉,秦格龙.麦克卢汉精粹[M].何道宽,译.南京:南京大学出版社,2000.
[3]腾讯传媒研究院.众媒时代:文字、图像与声音的新世界秩序[M].北京:中信出版社,2016.
[4]刘芸畅.新媒体营销+互联网时代的娱乐营销解密[M].北京:中国文史出版社,2015.
[5]李科成.个性化自媒体运营与推广一册通[M].北京:人民邮电出版社,2017.
[6]吴信训.世界传播新潮[M].成都:四川人民出版社,1994.
[7]沙建军.我知道他想看什么[M].北京:中信出版社,2018.
[8]舍费尔.热点:引爆内容营销的6个密码[M].北京:中国人民大学出版社,2017.
[9]李晓晔.新媒体时代[M].北京:中国发展出版社,2015.
[10]孙健.微信营销与运营:公众号、微商与自媒体实战揭秘[M].北京:电子工业出版社,2017.
[11]舒尔茨,凯奇.全球整合营销传播[M].北京:机械工业出版社,2012.
[12]黄有璨.运营之光[M].北京:电子工业出版社,2017.
[13]张亮.从零开始做运营[M].北京:中信出版社,2015.
[14]龙共火火.高阶运营[M].北京:人民邮电出版社,2018.
[15]倪林峰.全栈运营 人人都是运营经理[M].北京:电子工业出版社,2018.
[16]查克布莱默.互联网营销的本质点亮社群[M].曾虎翼,译.上海:东方出版社,2010.
[17]郑文博.互联网运营进阶之道[M].北京:人民邮电出版社,2018.
[18]喻国明.微博:一种新传播形态的考察影响力模型和社会性应用[M].北京:人民日报出版社,2011.
[19]李开复.微博改变一切[M].上海:上海财经大学出版社,2011.
[20]喻晓蕾.网络营销[M].北京:中国经济出版社,2018.
[21]吴华清.麦克卢汉的视角:读《理解媒介》随感[J].新闻前哨,2005(1).
[22]廖祥忠.何为新媒体?[J].现代传播(中国传媒大学学报),2008(5):121-125.
[23]陈小莉.论新媒体编辑的基本素养[J].科学咨询(科技·管理),2013(11):47-48.
[24]刘帅.当代新媒体发展关键问题初步讨论[J].科技风,2009(15):261.
[25]冯锐,金婧.论新媒体时代的泛在传播特征[J].新闻界,2007(4):27.
[26]匡文波."新媒体"概念辨析[J].国际新闻界,2008(6):66-69.

[27]周进.新媒体之我见[J].广播电视研究,2005(3/4).
[28]张毓强.新媒体:威胁还是机遇[J].中国记者,2005(8):32-33.
[29]王东熙.论新媒体之"新":从传播模式角度谈新媒体的分类和定义[J].东南传播,2009(5):25-27.
[30]闵大洪.全球化时代中文网络的价值[J].新闻与传播研究,2001(1):28-35.
[31]闵大洪.中国步入计算机网络时代[J].新闻与传播研究,1996(1):22-29.
[32]吴为民.中国第一封电子邮件[J].现代物理知识,2009,21(3):57-61.
[33]邓冠文.中国互联网宽带技术的历史与发展方向[J].中国新技术新产品,2011(9):26-27.
[34]方兴东,王俊秀.鲍勃·泰勒:数字时代的精神领袖[J].软件工程师,2008(Z1):15-19.
[35]吴晓芳,姜奇平,张明.昨天篇:互联网的中国之路[J].世界知识,2011(11):14-17.
[36]王知津,王金花.布什的 memex 构想对后世的影响[J].图书与情报,2008(5):13-17+40.
[37]魏宁.信息技术教材中的科学史探秘之六:互联网是如何发明的[J].中国信息技术教育,2008(11):38-40.
[38]吴鹤龄.Internet 诞生记(上)[J].中国计算机用户,1997(29):14-15.
[39]曹茸.浅析普利策新闻奖的价值取向[J].新闻传播,2003(12):36-38.
[40]中共中央文献研究室.习近平关于全面深化改革论述摘编[M].北京:中央文献出版社,2014:84.
[41]新华社.习近平:强化互联网思维打造一批具有竞争力的新型主流媒体[EB/OL].(2014-08-19)[2019-10-26].http://www.xinhuanet.com/zgjx/2014-08/19/c_133566806.html.
[42]智颖,王叔良.移动化时代的营销关键词:腾讯智慧营销峰会观点综述[J].中国广告,2013(7):136-138.
[43]董平.UGC 将是移动互联网的新热点[J].通信世界,2008(5):35-36.
[44]郑波,汤文仙.全球无人机产业发展现状与趋势[J].军民两用技术与产品,2014(8):8-11.
[45]详解网络爬虫与 Web 安全[J].计算机与网络,2012,38(12):38-39.
[46]詹建徽,张代远.传感器应用、挑战与发展[J].计算机技术与发展,2013,23(8):118-121.
[47]洪杰文,兰雪,李程.中国新闻机器人现象分析:数据与技术困境下的填字游戏[J].中国媒体发展研究报告,2017(1):205-223+243.
[48]杨允.大数据技术对新闻传播的影响[J].科技传播,2019,11(5):96-97.
[49]尹芳,吴敏.基于信息瀑布模型的回报式众筹中的羊群行为分析[J].知识经济,2015(10):83+85.
[50]钱辰璐.新媒体环境下的中国风文创品牌传播浅析:以北京故宫博物院为例[J].科技视界,2018(28):18-20.
[51]高贵武,刘娟.内容依旧为王:融合背景下的媒体发展之道[J].电视研究,2015(4):27-30.
[52]第六届网络视听大会媒体融合发展峰会举行大咖们怎么说?[EB/OL].(2018-12-01)

[2019-10-26]. http://local.newssc.org/system/20181201/002566303.htm.

[53] 李良荣. 短视频将成为未来新闻发布的主要方式. [EB/OL]. (2018-10-10)[2019-10-26]. http://economy.gmw.cn/2018-10/10/content_31631135.html.

[54] 崔保国,郑维雄,何丹崃. 数字经济时代的传媒产业创新发展[J]. 新闻战线,2018(11):73-78.